Achim Krallmann, Diana Dockter, Alexander Ritter
Modellbasiertes Requirements Engineering

Achim Krallmann, Diana Dockter, Alexander Ritter

Modellbasiertes Requirements Engineering

Von der Anforderung zum ausführbaren Testfall

entwickler.press

Achim Krallmann, Diana Dockter, Alexander Ritter
Modellbasiertes Requirements Engineering. Von der Anforderung zum ausführbaren Testfall

ISBN: 978-3-86802-805-8

© 2017 entwickler.press
Ein Imprint der Software & Support Media GmbH

Bibliografische Information Der Deutschen Bibliothek

Die Deutsche Bibliothek verzeichnet diese Publikation in der Deutschen Nationalbibliografie; detaillierte bibliografische Daten sind im Internet über http://dnb.ddb.de abrufbar.

Ihr Kontakt zum Verlag und Lektorat:
Software & Support Media GmbH
entwickler.press
Schwedlerstraße 8
60314 Frankfurt am Main
Tel.: +49 (0)69 630089-0
Fax: +49 (0)69 630089-89
lektorat@entwickler-press.de
http://www.entwickler-press.de

Lektorat und Korrektorat: Björn Bohn, Martina Raschke
Copy-Editor: Nicole Bechtel
Satz: Sibel Sarli
Umschlaggestaltung: Maria Rudi
Titelbild: © SmirkDingo | shutterstock.com
Belichtung, Druck & Bindung: Media-Print Informationstechnologie GmbH, Paderborn

Alle Rechte, auch für Übersetzungen, sind vorbehalten. Reproduktion jeglicher Art (Fotokopie, Nachdruck, Mikrofilm, Erfassung auf elektronischen Datenträgern oder anderen Verfahren) nur mit schriftlicher Genehmigung des Verlags. Jegliche Haftung für die Richtigkeit des gesamten Werks kann, trotz sorgfältiger Prüfung durch Autor und Verlag, nicht übernommen werden. Die im Buch genannten Produkte, Warenzeichen und Firmennamen sind in der Regel durch deren Inhaber geschützt.

Inhaltsverzeichnis

1 **Einleitung**   9
    1.1 Motivation zu diesem Buch   9
    1.2 Zielgruppen des Buchs   11
    1.3 Gliederung des Buchs   11
    1.4 Danksagungen   12

2 **Requirements Engineering**   15
    2.1 Grundsätzliches zum Requirements Engineering   15
       2.1.1 Der Begriffswald   15
       2.1.2 Die Beteiligten   16
       2.1.3 Die Nutzer des Fachkonzepts   17
       2.1.4 Die fachliche Beschreibung   17
       2.1.5 Die Anforderungsarten   18
       2.1.6 Die Qualitätskriterien einer Anforderung   20
       2.1.7 Zusammenfassung   21
    2.2 Methodisches Vorgehen zur Fachkonzepterstellung   21
       2.2.1 Zuerst ist die Idee   22
       2.2.2 Weitere Detaillierung mit der Strukturierten Analyse   25
       2.2.3 Wesentliche Inhalte eines Fachkonzepts   30
       2.2.4 Zusammenfassung   39
    2.3 Agile Ansätze   39
       2.3.1 Das agile Manifest und seine Auswirkungen im Entwicklungsalltag   40
       2.3.2 Meetings und Artefakte   42
       2.3.3 Anwendung in überlappenden Zyklen   47
       2.3.4 Anwendung auf das Beispiel   48
       2.3.5 Anwendungsfälle   49
       2.3.6 Prozesse   50
       2.3.7 Geschäftsobjekte   51
       2.3.8 Beteiligte Systeme und Schnittstellen   53
       2.3.9 Masken und Felder   54
       2.3.10 Entwicklungsprozess „Mini-V-Modelle"   54
       2.3.11 Zusammenfassung   56

Inhaltsverzeichnis

3 Umsetzung des modellbasierten Requirements Engineerings   57

    3.1 Modellierungssprachen   57

    3.2 Beispiel Urlaubsplanung   60

        3.2.1 Geschäftsobjektmodell   60

        3.2.2 Präsentationsmodell   63

        3.2.3 Kontextmodell   65

        3.2.4 Prozessmodell   66

        3.2.5 Anwendungsfallmodell   68

        3.2.6 Zusammenfassung   71

    3.3 Definition der Modellierungssprache über Metamodelle   73

    3.4 Der Einsatz von Modellierungswerkzeugen   79

        3.4.1 Einfache Konfiguration   82

        3.4.2 Komplexe Konfigurationen   87

        3.4.3 Framework   91

        3.4.4 Generator für die Metamodelle   94

        3.4.5 Plausibilisierungen   99

        3.4.6 Benutzeroberflächen   110

        3.4.7 Metriken   122

        3.4.8 Dokumentengenerierung   123

        3.4.9 Versionsmanagement   126

        3.4.10 Architektur   128

4 Test Engineering   131

5 Requirements und Test Engineering   137

    5.1 Erstellen der Testobjekte   138

    5.2 Generierung von Testfällen   145

    5.3 Meldung von Abweichungen   150

    5.4 Weitere Beispiele   151

6 Teamaufbau   157

    6.1 Artefakte   159

    6.2 Klassisches Vorgehen   161

        6.2.1 Rollen   161

        6.2.2 Prozess   165

    6.3 Agiles Vorgehen   167

7 Einsatzszenarien — 169

7.1 Modellbasiertes Requirements Engineering im klassischen Projektumfeld — 170
7.2 Modellbasiertes Requirements Engineering im agilen Projektumfeld — 172
7.3 Modellbasiertes Requirements Engineering als Service — 178

8 Change-Management-Prozess — 183

9 Zusammenfassung — 185

10 Anhang — 191

10.1 Jira und Rest API — 191
10.2 Modellbasierte Testautomatisierung — 201
10.3 Problemkind Projektkommunikation — 210

Literaturliste — 219

Stichwortverzeichnis — 221

1 Einleitung

1.1 Motivation zu diesem Buch

Es ist Freitagmittag. Herr Maier denkt bereits genüsslich über seinen baldigen Feierabend nach – da steht sein Chef in der Tür: „Wir haben hier ein neues Thema auf dem Tisch. In zwei Wochen muss das Fachkonzept „Urlaub beantragen" fertig erstellt sein. Bitte übernehmen Sie das." Na super, denkt sich Maier. Und das vor dem Wochenende. Keine Ahnung, was ich da genau machen soll. Jetzt bräuchte man eine Anleitung, wie das konkret funktioniert und die IT-Abteilung auch was damit anfangen kann …

Das ist eine Situation, wie sie in der Praxis sehr häufig in ganz verschiedenen Themengebieten vorkommt. Im Zuge der wachsenden Globalisierung und des enormen Wettbewerbsdrucks sind wir mit ständigen Veränderungen in immer kürzeren Zeiten konfrontiert. Es ist eine große Herausforderung für alle Beteiligten, den Anforderungen gerecht zu werden und dabei die Qualität in ausreichendem Maße sicherzustellen. Das erfahren und erleben wir täglich in unseren Projektaufträgen bei Unternehmen in unterschiedlichen Branchen.

Es ist eine ständige Gratwanderung in der Abwägung zwischen Zeit, Ressourcen und Qualität. In der Regel wird – teils bewusst, teils unbewusst – bereits auf dem kritischen Pfad geplant, ohne jeglichen Puffer. Dabei wissen wir alle aus Erfahrung, dass Projekte niemals zu 100 % von Beginn bis zum Schluss so ablaufen, wie anfangs gedacht. Es passieren immer Dinge auf dem Weg, die nicht absehbar waren, übersehen wurden oder als neue Randbedingung aus aktuellen Gegebenheiten dazu kommen.

Zusätzlich zu alledem wird ein Thema besonders stiefmütterlich behandelt – die Dokumentation. Wir hören oft „das können wir später noch machen" – wir wissen alle: Später wird in der Regel nichts mehr dokumentiert. Leider fehlen in der Praxis häufig ganze Fachkonzepte für bestehende Programme, oder Fachkonzepte sind nicht einheitlich strukturiert und archiviert. Vorhandene Dokumentationen liegen an verschiedenen („versteckten") Orten, in unterschiedlichen Formaten. Oft wird nur ein fachliches Grobkonzept erstellt, ein fachliches Feinkonzept – also eine Detaillierung bis auf Datenfeldebene – existiert nicht. Ein Beispiel dazu aus dem Projektalltag:

Ein Unternehmen erteilte den Auftrag, zwei Kernsysteme, die bereits seit über 30 Jahren im Einsatz waren, nachzudokumentieren. Grund dafür war, dass die einzigen beiden Mitarbeiter, die die Systeme noch umfangreich kannten und eine Masse von Informationen dazu im Kopf hatte, in sechs Monaten in Rente gehen würden. Jetzt galt es, soviel wie möglich an Dokumentation zu sichern. Aber jeder kann sich vorstellen, wie eingeschränkt diese Aufgabe zu erfüllen war. Denn die Zeit war beschränkt auf sechs Monate. Es gab nur eine uralte fachliche Dokumentationsbasis. In 30 Jahren wurden massenweise fachliche

Änderungen vorgenommen. Und keiner konnte im Detail sagen, wie diese umgesetzt waren. Warum ist das in der Praxis ganz häufig so? Dafür gibt es verschiedene Gründe.

Aus unserer Erfahrung liegt es oft an mangelnder geplanter Zeit und unzureichenden methodischen Kenntnissen. Der Kostenfaktor spielt immer eine entscheidende Rolle. Es wird angenommen, dass ein Projekt Geld sparen könnte, wenn es weniger Zeit in die fachliche Konzeption steckt – ein Irrtum, wie sich in den meisten Fällen herausstellt. Häufig besteht auch ein unterschiedliches Verständnis der Aufgabenabgrenzung zwischen Fachbereich und IT – sprich: Was ist fachliche Beschreibung und was ist IT-Umsetzung?

Der vermeintliche Gedanke, dass alle doch wüssten, worum es geht, beweist sich in der Praxis als absoluter Trugschluss. Aber kaum jemand traut sich zu fragen – denn niemand möchte als unwissend dastehen. Dabei ist die Dokumentation entscheidend wichtig, um im Detail zu klären, was getan werden soll. Niemand kann alles wissen und hat sämtliche relevante Sichtweisen im Fokus. Es braucht die Köpfe und das Know-how aller Beteiligten. Geschieht das nicht, ist ganz viel Raum für Interpretation und genau das wird zum großen Problem.

Das Grobe in der Software funktioniert oft, aber der Teufel steckt im Detail und das bringt häufig hohe zusätzliche Kosten, enorme Zeitverschiebungen, gravierende Mängel in der Qualität, Unzufriedenheit bei den Beteiligten, Akzeptanzprobleme bei den Anwendern und vieles mehr. Jeder von uns kennt das. Um trotz aller dieser Gegebenheiten ein bestmögliches Ergebnis zu erreichen, gibt es praxistaugliche, strukturierte Vorgehensweisen, die durch verschiedene Methoden unterstützt werden. Wir möchten aus unserer Erfahrung einen möglichen Weg aufzeigen, der funktioniert. Das ist Anlass und Motivation zu diesem Buch.

Zum Thema Requirements Engineering und Management gibt es zahlreiche Literatur auf dem Markt, die ausführlich nach verschiedenen Schwerpunkten das Thema analysiert und darstellt. Beispielhaft sei hier genannt das Werk von Chris Rupp u. die SOPHISTen[1], das wir, soweit relevant für unser Buch, referenzieren.

Definierte Standards, wie das Vorgehen nach dem International Requirements Engineering Board (IREB), unterstützen zudem eine Vereinheitlichung des Sprachgebrauchs und sorgen für gemeinsames Verständnis in den Begrifflichkeiten. Das ist in jedem Fall hilfreich, wenn wir bedenken, wie viele unterschiedliche Beteiligte es im Rahmen des gesamten Softwareentwicklungsprozesses geben kann, mit ganz unterschiedlichen Kenntnissen, Sichtweisen, Zielsetzungen, Interpretationen der Geschehnisse und so weiter.

„IREB, das International Requirements Engineering Board, ist eine Non-Profit-Organisation und der Entwickler des CPRE(Certified Professional for Requirements Engineering)-Zertifizierungskonzepts. Die Boardmitglieder sind unabhängige und international anerkannte Experten aus Industrie, Beratung, Forschung und Lehre. Das Board wurde 2006 gegründet. Seine Mitglieder haben sich mit der Vision zusammengeschlossen, Requirements Engineering auf ein professionelles Fundament zu stellen, um dieser Disziplin den

---

1   Siehe Rupp, C. (2012) und Rupp, C. (2014).

Stellenwert und die Ausprägung zu geben, die ihrem Mehrwert für die Industrie entspricht. IREB ist heute zum weltweit anerkannten Expertengremium für die Personenzertifizierung von Fachkräften im Requirements Engineering geworden"[2].

Unser Buch konzentriert sich speziell auf ein konkretes operatives Vorgehen – eine Handlungsanleitung zum modellbasierten Requirements Engineering. Inhaltlicher Schwerpunkt ist das methodische Vorgehen, basierend auf den praktischen Erfahrungen der Autoren. Es gibt keinen besonderen Branchenbezug.

1.2 Zielgruppen des Buchs

Alle Leser sind herzlich eingeladen, die sich für unser Buch interessieren!

Besonders spannend ist es für alle Beteiligten, die das Fachkonzept erstellen bzw. es als Basis für die weiterführenden Aufgaben im Rahmen der Softwareentwicklung verwenden. Das betrifft Fachabteilungen, IT-Bereiche, Testverantwortliche, aber auch Projektmanager und organisatorische Bereiche, die aus dem Umfang der Fachkonzeption die entsprechenden Zeit-, Budget- und Ressourcenplanungen ableiten und umsetzen.

Die namentliche Definition der einzelnen Konzepte, Rollen und Aufgaben sind nach unserer Erfahrung in den Unternehmen sehr unterschiedlich. Am Ende ist aber nicht entscheidend, ob es „Fachliche Beschreibung", „Fachliches Feinkonzept" oder anders heißt. Egal, ob die Rolle Anforderungsmanager, Koordinator oder anders heißt, es kommt auf das sinnvolle methodische Vorgehen im Rahmen des gesamten Softwareentwicklungsprozesses und die Richtigkeit und Vollständigkeit der Inhalte an, um am Ende das Ergebnis zu erzielen, das vom Auftraggeber angefordert ist – in Qualität, Zeit und Budget.

1.3 Gliederung des Buchs

Der „rote Faden" dieses Buchs zeigt einen praktischen Weg von der Idee zur fachlichen Beschreibung mit Hilfe der Methoden im Requirements Engineering – differenziert betrachtet nach klassischem und agilem Vorgehen. Es wird erläutert, wie durch das modellbasierte Requirements Engineering mit Hilfe von UML eine strukturierte Dokumentation erarbeitet wird, die Anforderungen nachvollziehbar macht und die Basis zur gezielten Umsetzung liefert.

Zum praktischen Verständnis verwenden wir das durchgängige Beispiel „Urlaubsantrag". Darauf kommen wir immer wieder zurück und verdeutlichen das methodische Vorgehen.

Im ersten Teil beschäftigen wir uns mit dem gedanklichen Weg von der Idee hin zu weiter detaillierten Anforderungen – mit methodischer Unterstützung. Es wird das klassische Requirements Engineering kurz vorgestellt und einer der wichtigsten Er-

---

2   https://www.ireb.org/de/about/basics/

gebnistypen, das Fachkonzept, detailliert erläutert. Das konkrete Vorgehen ist in den einzelnen Kapiteln mit Schritten versehen. Am Ende jedes Schritts ist das Ergebnis formuliert, die in der Zusammenfassung nochmals im Sinne einer Checkliste aufgeführt sind. Daran anschließend wird das Requirements Engineering in agilen Projektkontexten betrachtet.

Der zweite Teil beschreibt eine Methodik, wie das Requirements Engineering durch modellbasierte Ansätze unterstützt und professionalisiert werden kann. Dabei wird unter anderem die Modellierungssprache UML verwendet. Gezeigt werden auch die vielfältigen Einsatzmöglichkeiten von Modellierungswerkzeugen für ein modellbasiertes Requirements Engineering.

In diesem zweiten Teil kommen verstärkt Programmierbeispiele zum Einsatz. Der Leser, der mit dem Thema Programmierung nicht vertraut ist, kann diese Programmierabschnitte bedenkenlos überspringen. Leser, die sich mit der Programmiersprache C# gut auskennen, mögen die teilweise naive Implementierung entschuldigen, aber bei dem Beispielcode geht es darum, die Ideen zu verdeutlichen und die dargestellte Programmierung sollte eher als Pseudocode verstanden werden, denn als perfekte C#-Implementierung.

Abgeleitet daraus erfolgt in einem dritten Teil die Betrachtung des Nutzens für den Test bzw. das Test Engineering. Es werden die grundlegenden Testbegriffe und Teststufen erläutert und diese mit dem modellbasierten Requirements Engineering verbunden. Daraus ergeben sich dann elegante Möglichkeiten, aus fachlichen Modellen Testfälle automatisiert zu generieren.

Ein weiteres wichtiges Kapitel beschäftigt sich mit dem Aufbau der Projektstruktur, dem Teamaufbau und den notwendigen Rollen, die beim modellbasierten Requirements Engineering erforderlich sind. In diesem Zusammenhang wird auch betrachtet, welche Rahmenbedingungen für dieses Vorgehen geschaffen werden müssen, beispielsweise die Unterstützung durch das Management oder die ausreichende Vermittlung von entsprechenden methodischen Kenntnissen für die Beteiligten.

Modellbasiertes Requirements Engineering ist ein spannendes Thema, dass die Herausforderungen unserer heutigen Zeit in der Softwareentwicklung aufgreift und einen konstruktiven Weg zeigt, damit effizient umzugehen und gleichermaßen das Ziel einer hohen Qualität und Zufriedenheit bei den Beteiligten zu verfolgen. Lassen Sie sich ein auf neue Wege – es lohnt sich, das können wir aus eigener Erfahrung berichten.

1.4 Danksagungen

Die Autoren sprechen allen Mitwirkenden an diesem Buch ihren herzlichen Dank aus.

Insbesondere bedanke ich, Alexander Ritter, mich sehr bei meiner Frau Yvette für die Unterstützung und die Verbesserungsvorschläge, während ich an meinen Texten schrieb. Nicht zuletzt wurde während dieser Zeit unser erstes Kind geboren – wofür ich ihr ebenfalls sehr zu Dank verpflichtet bin.

Danksagungen

Dank gilt insbesondere unseren vier Reviewern, ohne deren Hinweise dieses Buch nicht diese Kohärenz erhalten hätte, die bei drei Autoren zwangsläufig schnell verloren geht: Birgit Bruchmüller, Sven Dockter, Stefan Petersen und Heinz Scheeres.[3]

Dank auch an die Unterstützung durch den entwickler.press-Verlag, hier namentlich erwähnt, als Stellvertreterin für ihre Kollegen und Kolleginnen: Martina Raschke. Ohne ihren Einsatz wären wir gar nicht auf die Idee gekommen, dieses Buch zu publizieren.

Die Autoren erreichen Sie unter der E-Mail Adresse: *mReqEng@gmx.de*.

---

3 In alphabetischer Reihenfolge.

2 Requirements Engineering

2.1 Grundsätzliches zum Requirements Engineering

2.1.1 Der Begriffswald

Zu Beginn hatten wir unseren Herrn Maier vorgestellt. Der kämpft nach wie vor mit seiner Aufgabe zur Fachkonzepterstellung und denkt sich: „Man sieht den Wald vor lauter Bäumen nicht. Wovon reden die hier eigentlich alle?" Gehen wir gemeinsam mit Herrn Maier diesen Unklarheiten nach.

Wenn wir in Unternehmen die Frage nach dem Requirements Engineering stellen, sind die Ausprägungen der damit verbundenen Begriffe, Konzepte, Vorgehensweisen, Rollen und Aufgaben oft sehr unterschiedlich. Es gibt eine gewisse Bandbreite, was darunter verstanden wird, wo Requirements Engineering, häufig auch mit dem deutschen Begriff *Anforderungsmanagement*, anfängt bzw. aufhört. Aus dem Grund ist es hilfreich, zu Beginn eines Projektauftrages unter allen Beteiligten ein gemeinsames Verständnis herzustellen, um Missverständnissen vorzubeugen und Erwartungshaltungen abzugleichen. Dokumentiert in einem Glossar sind die Festlegungen dazu nachhaltig und können auch von neuen Projektmitarbeitern ohne zusätzlichen Aufwand nachvollzogen werden.

Zur Orientierung dienen auch hier wieder Standards:

Definition des Requirements Engineerings laut dem IREB[1]:

Das Requirements Engineering ist ein systematischer und disziplinierter Ansatz zur Spezifikation und zum Management von Anforderungen mit den folgenden Zielen:

- Die relevanten Anforderungen zu kennen, Konsens unter den Stakeholdern über die Anforderungen herzustellen, die Anforderungen konform zu vorgegebenen Standards zu dokumentieren und die Anforderungen systematisch zu managen.
- Die Wünsche und Bedürfnisse der Stakeholder zu verstehen und zu dokumentieren.
- Die Anforderungen zu spezifizieren und zu managen, um das Risiko zu minimieren, ein System auszuliefern, das nicht den Wünschen und Bedürfnissen der Stakeholder entspricht.

---

1 Siehe IREB und Rupp, C. (2014).

Definition der Anforderung nach IEEE[2]:

Eine Anforderung ist

1. eine Eigenschaft oder Fähigkeit, die von einem Benutzer (Person oder System) zur Lösung eines Problems oder zur Erreichung eines Ziels benötigt wird.
2. eine Eigenschaft oder Fähigkeit, die ein System oder Teilsystem erfüllen oder besitzen muss, um einen Vertrag, eine Norm, eine Spezifikation oder andere, formell vorgegebenen Dokumente zu erfüllen.
3. eine dokumentierte Repräsentation einer Eigenschaft oder Fähigkeit gemäß (1) oder (2).

> **Herr Maier, hier ein praktischer Tipp für Sie:**
> Legen Sie ein Glossar mit einheitlich definierten Begriffen an in dem Maß, wie es in Ihrer Situation sinnvoll und erforderlich ist. Unterstützung liefert auch der Standard:
> CPRE Glossar – Die Grundlage für die RE Begriffswelt[3]
> **Ergebnis: Glossar liegt vor.**

2.1.2 Die Beteiligten

Wer sind eigentlich „die Beteiligten", die frühzeitig mit einzubinden sind? Das ist die Kernfrage der sogenannten Stakeholderanalyse.

„Ein Stakeholder eines Systems ist eine Person oder Organisation, welche (direkt oder indirekt) Einfluss auf die Anforderungen des betrachteten Systems hat."[4]

Dazu gehören beispielsweise Vertreter des Auftraggebers, Entscheider, Fachexperten, Architekten, Entwickler, Tester und Endanwender, um nur einige zu nennen. Werden wichtige Stakeholder zu Beginn vergessen und damit wesentliche Sichten nicht mit eingebunden, kann das später zu aufwendigen und teuren Änderungen führen. Deshalb ist die gewissenhafte Analyse von großer Bedeutung.

Nach dem IREB sollten mindestens folgende Stakeholderinformationen erfasst werden:

1. Name
2. Funktion (Rolle)
3. weitere Personen- und Kontaktdaten
4. zeitliche und räumliche Verfügbarkeit während der Projektlaufzeit
5. Relevanz des Stakeholders
6. sein Wissensgebiet und -umfang
7. seine Ziele und Interessen bezogen auf das Projekt

---

2   Siehe IEEE 610 und Rupp, C. (2014).
3   Siehe CPRE-Glossar.
4   Siehe Rupp, C. (2014), S. 79 und CPRE-Glossar.

> **Herr Maier, hier ein praktischer Tipp für Sie:**
> Erstellen Sie sich eine Tabelle mit den in IREB genannten Kriterien. Bitten Sie bereits bekannte Stakeholder darum zu überlegen, wer noch mit beteiligt werden müsste. Auf diese Art decken Sie einen großen Kreis der Sichtweisen ab und werden die wesentlichen Beteiligten gemeinsam identifizieren.
> **Ergebnis: Übersicht über die Stakeholder liegt vor.**

2.1.3 Die Nutzer des Fachkonzepts

Das Fachkonzept stellt grundsätzlich die Basis für den Fachbereich, die IT, den Test und das Projektmanagement dar.

- Der Fachbereich erstellt das Fachkonzept zur konkreten und detaillierten Beschreibung seiner Anforderungen.
- Gleichzeitig ist es die Grundlage für vertragliche Vereinbarungen im Fall externer Umsetzung.
- Die IT benötigt das Fachkonzept zur gezielten Realisierung der Anforderungen.
- Der Test verwendet das Fachkonzept zur strukturierten Ableitung von Testfällen.
- Das Projektmanagement nutzt das Fachkonzept zur Überprüfung und ggf. Anpassung des geplanten Aufwands, der Zeit und des Budgets.

Wichtig ist die durchgängige Betrachtung und Nachvollziehbarkeit der Anforderungen über die verschiedenen Nutzergruppen und deren spezifischen Konzepte hinweg. Bedeutet: Eine Anforderung ist nachvollziehbar von der Anforderungsliste, über das Fachkonzept, das DV-Konzept, das Testkonzept bis hin zur Abnahme. Nur so kann sichergestellt werden, dass das Ergebnis aussieht, wie gewünscht.

> **Herr Maier, hier ein praktischer Tipp für Sie:**
> Erstellen Sie sich eine Tabelle mit Namen, Kontaktdaten und Rollen der einzelnen Nutzer des Fachkonzeptes. Wichtig ist, dass es auch immer benannte Vertreter im Fall von Abwesenheiten gibt, damit Abstimmungen zu jeder Zeit möglich sind und nicht wertvolle Zeit verloren geht.
> **Ergebnis: Übersicht über die Nutzer liegt vor.**

2.1.4 Die fachliche Beschreibung

Warum ist das alles eigentlich so wichtig? Das kann doch die IT machen. Ich verstehe davon nichts, das ist nicht mein Job. Diese und ähnliche Aussagen begegnen uns in der Praxis immer wieder. Teilweise ist das auch durchaus nachvollziehbar. Denn in der Regel wird auf der sogenannten Fachseite niemand eingestellt mit der Kernaufgabe, Fachkonzepte zu schreiben.

Das denkt sich wohl auch unser Herr Maier, aber es hilft ihm nichts. Also helfen wir ihm schrittweise weiter.

Im Kern geht es darum, Anforderungen zu sammeln, zu strukturieren und verständlich zu dokumentieren. Und genau dafür sind Mitarbeiter der Fachseite zwingend notwendig, denn das sind die Anwender und die „Kenner" der fachlichen Abläufe, die durch IT-Systeme sinnvoll unterstützt werden sollen. Genau das Wissen wird gebraucht.

Grundsätzlich kann man sagen: Solange es um **Was**-Fragen geht (Was soll umgesetzt werden?), handelt es sich um fachliche Beschreibungen, die im Fachkonzept dargestellt werden. Alle **Wie**-Fragen (Wie soll etwas umgesetzt werden?) beschreibt die IT im DV-Konzept. Welche Namen dabei die einzelnen Konzepte haben, ist individuell sehr unterschiedlich und am Ende nicht entscheidend.

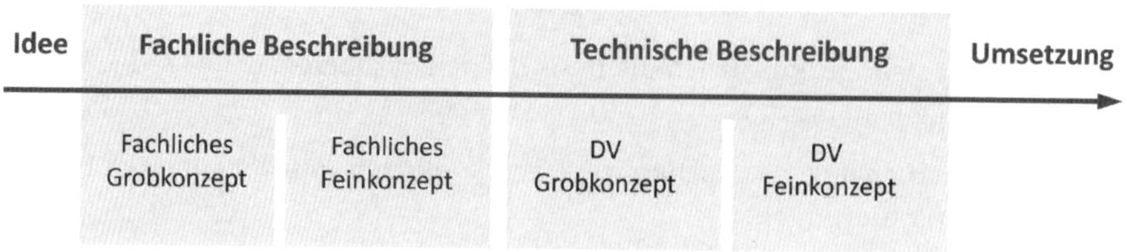

Abbildung 2.1: Fach- und DV-Konzepte im Softwareentwicklungsprozess

Wichtig ist, dass alle notwendigen fachlichen und technischen Inhalte vollständig, eindeutig verständlich, nachvollziehbar und nicht über diverse Dokumente verlinkt beschrieben sind, so dass sie auch gefunden werden können. Leider ist das oft nicht der Fall.

Eines der größten Probleme im Requirements Engineering und in der Softwareentwicklung ist die Interpretation aufgrund unzureichend detaillierter Beschreibung. Es wird (zu) häufig davon ausgegangen, dass Dinge für alle Beteiligten gleichermaßen klar sind, zum Beispiel aktuelle Prozesse und Abläufe, Vorgehensweisen oder Softwaresysteme. Und oft trauen sich Mitarbeiter auch nicht zu fragen, wenn sie etwas nicht verstanden haben und etwas unklar ist. In der Rolle als externer Berater können und müssen wir nachfragen und stellen darüber oft fest, dass es sehr unterschiedliche Kenntnisstände der Beteiligten gibt. Wenn dann noch die Situation dazukommt, dass die Entwicklung und der Test an externe Firmen ausgelagert werden, die über keine internen Kenntnisse der Abläufe verfügen und sich ausschließlich an das Fachkonzept halten, gewinnt die interpretationsfreie Beschreibung der Anforderungen zusätzlich an Bedeutung. Aus dem Grund bedarf Requirements Engineering eines strukturierten und methodischen Vorgehens.

Ein ganz wichtiger Punkt ist, und das soll an dieser Stelle nochmals ausdrücklich erwähnt werden, dass die späteren Anwender frühzeitig mit eingebunden werden. Sonst besteht das Risiko, dass Softwarefunktionen konzipiert und umgesetzt sind, die später niemand nutzt. Das verschwendet Zeit, Budget, Ressourcen und mindert die Akzeptanz der Software bei den Anwendern, eine schlechte Voraussetzung für die Produktivsetzung.

2.1.5 Die Anforderungsarten

Wichtig für die Vollständigkeit der Beschreibung im Fachkonzept ist die Berücksichtigung der unterschiedlichen Anforderungsarten.

Anforderungen lassen sich nach Rupp[5] in ihrer Art unterscheiden und damit auch geeignet in Gruppen sortieren:

- funktionale Anforderungen
- technologische Anforderungen
- Qualitätsanforderungen
- Anforderungen an die Benutzeroberfläche
- Anforderungen an sonstige Lieferbestandteile
- Anforderungen an durchzuführende Tätigkeiten
- rechtlich-vertragliche Anforderungen

Das IREB definiert eine funktionale Anforderung wie folgt:

„Eine funktionale Anforderung ist eine Anforderung bezüglich des Ergebnisses eines Verhaltens, das von einer Funktion des Systems (oder einer Komponente eines Service) bereitgestellt werden soll."[6]

Oft werden allerdings nur die funktionalen Anforderungen beschrieben, andere werden vergessen oder (fälschlicherweise) ausschließlich in der Verantwortung der IT gesehen. Das betrifft vielfach die sogenannten nicht-funktionalen Anforderungen wie beispielsweise Performance, Antwortzeiten, Mengengerüste oder Anforderungen an Sicherheit. Die generellen Anforderungen dazu sind fachlich begründet. Je nachdem, um welches konkrete Thema es sich im Fachkonzept handelt, stellen sich Fragen wie:

1. Wie viele Anwender werden grundsätzlich mit dem System arbeiten?
2. Wie viele Anwender werden maximal parallel in dem System arbeiten?
3. Wie kritisch bzw. vertraulich/geheim sind die Daten, die im System verarbeitet werden?
4. Wie lange darf das System zwischenzeitlich ausfallen?
5. Muss die Verarbeitung im System in Echtzeit laufen?
6. Ist eine Hochverfügbarkeit des Systems erforderlich?
7. Wie lange dürfen bestimmte Antwortzeiten des Systems dauern? Was kann dem Anwender „zugemutet" werden und ist wirtschaftlich vertretbar?

Aus den Aussagen des Fachbereiches dazu leitet die IT entsprechende Maßnahmen für die Umsetzung ab. Gegebenenfalls muss zusätzliche Hardware gekauft oder es müssen neue Sicherheitsstufen eingebaut werden. Vielleicht ist auch eine Systemspiegelung notwendig. In jedem Fall sind es IT-seitig angepasste Maßnahmen, die häufig mit zusätzlichen Kosten verbunden sind und damit geplant und genehmigt werden müssen. Der Nachweis der fachlichen Notwendigkeit ist dafür zwingend erforderlich, um die Ausgaben entsprechend zu begründen.

Auch technische Anforderungen stellen eine wichtige Rahmenbedingung für die fachliche Konzeption dar und werden, sofern vorhanden, von der IT zugeliefert. Sie können die fach-

---

5 Rupp, C. (2014), S. 17.
6 IREB nach Rupp, C. (2014), S. 17.

liche Konzeption wesentlich beeinflussen, beispielsweise wenn es Änderungen in der technischen Architektur gibt oder auf neue (moderne) Verfahren umgestellt wird. Aus dem Grund ist es wichtig, sich frühzeitig mit dem IT-Bereich abzustimmen, damit später auch der Weg fachlich beschrieben wird, der auf der IT-Seite grundsätzlich umgesetzt werden kann.

> **Herr Maier, hier ein praktischer Tipp für Sie:**
> Klären Sie frühzeitig, wer erster Ansprechpartner für Sie und Ihr fachliches Thema auf der IT-Seite ist. Binden Sie die Person direkt mit ein und stimmen sich ab. Die Intensität der Zusammenarbeit wird im späteren Verlauf zunehmen. Aber auf diese Art können bereits zu Beginn wichtige Eckpunkte gemeinsam besprochen werden, bevor es in eine falsche Richtung geht, die für die IT so nicht umsetzbar ist.
> **Ergebnis: IT-Ansprechpartner ist bekannt und eingebunden.**

2.1.6 Die Qualitätskriterien einer Anforderung

Wenn Anforderungen nachfolgende grundsätzliche Qualitätskriterien erfüllen, stellen sie eine methodisch korrekte und aussagekräftige Basis für den Fachbereich, die Entwicklung und den Test dar:

- Vollständigkeit
- Korrektheit
- Konsistenz
- Lesbarkeit/Verständlichkeit
- Wartbarkeit/Erweiterbarkeit
- Testbarkeit

Das klingt vielleicht erstmal einfach, ist aber eine echte Herausforderung. Denn der Faktor Mensch spielt eine sehr große Rolle. Jeder von uns hat seine individuellen Kenntnisse und Erfahrungen, bringt seine eigenen Sichtweisen mit, verfolgt bestimmte methodische Schwerpunkte und vieles mehr. Wir haben ja bereits zu Beginn darüber gesprochen, dass Standards und Methoden da „eine gewisse Ordnung" in die Vielfalt bringen, aber eine individuelle Interpretation unter den Beteiligten bleibt. Das sollte einem zumindest immer bewusst sein. Genau deshalb ist es wichtig, so konkret wie möglich zu beschreiben und darzustellen, was gefordert wird. Nach den Sophisten gibt es tiefgehende methodische Möglichkeiten der Anforderungsbeschreibung, zum Beispiel nach Anforderungsschablonen. Wir wollen uns hier im Rahmen unseres Buchs auf einige wesentliche Hinweise beschränken. Folgende Beschreibungsformen sollen **vermieden** werden:

- Konjunktiv: könnte, sollte, müsste ...
- Unbestimmte Artikel: ein, eine ...
- Mehrdeutigkeiten
- „man"
- lange, geschachtelte Sätze
- Negationen (Anforderungen immer positiv ausdrücken, außer es handelt sich um eine bewusste Formulierung zur Negativ-Abgrenzung, also „Was ist explizit nicht gewünscht")

> **Herr Maier, hier ein praktischer Tipp für Sie:**
> Verwenden Sie später in der fachlichen Beschreibung zusätzlich zu textlich formulierten Anforderungen grafische Darstellungen. Das bietet die Möglichkeit, andere Beteiligte auf verschiedenen Wegen zu erreichen und unterstützt ein gemeinsames Verständnis. Planen Sie, Ihre fachlichen Beschreibungen auch „unbeteiligten Dritten" zum Review zu geben. Da diese Personen keine wesentlichen Vorkenntnisse haben, können Sie hier gut überprüfen, wie verständlich und nachvollziehbar Ihre Anforderungen beschrieben sind.
> **Ergebnis: Übersicht über Ansprechpartner für Fachkonzeptreview ist erstellt.**

2.1.7 Zusammenfassung

In diesem Kapitel haben wir uns erarbeitet, dass:

- es sinnvoll ist, ein Glossar anzulegen – zur Klärung von Begrifflichkeiten und Festlegung eines gemeinsamen Verständnisses unter den Beteiligten.
- es wichtig ist, alle Beteiligten (Stakeholder) in dem Thema des Fachkonzepts zu identifizieren, um die unterschiedlichen Sichtweisen mit einzubinden und ein möglichst vollumfängliches Bild der Situation zu erhalten.
- die Nutzer des Fachkonzepts (der Fachbereich, die IT, der Test, die Projektorganisation) alle frühzeitig mit einzubinden sind, da das Fachkonzept ein wesentliches Basisdokument für fachliche Klärung, Umsetzung, Testinhalte und Planung darstellt.
- alle notwendigen fachlichen und technischen Inhalte vollständig, eindeutig verständlich, nachvollziehbar und nicht über diverse Dokumente verlinkt beschrieben sind.
- es verschiedene Anforderungsarten gibt, die zu prüfen sind, um alle notwendigen Aspekte bei der Anforderungsbeschreibung zu berücksichtigen.
- die Einhaltung von Qualitätskriterien für die Anforderungsbeschreibung eine entscheidende Bedeutung hat, um ein aussagekräftiges Basisdokument zu liefern.

2.2 Methodisches Vorgehen zur Fachkonzepterstellung

Nachdem wir uns mit wichtigen grundsätzlichen Fragen rund um das Fachkonzept beschäftigt haben, wenden wir uns jetzt einem möglichen methodischen Vorgehen zu, wie wir von der Idee immer konkreter in die fachlichen Details und Beschreibungen kommen. Warum betone ich hier „**einem** möglichen methodischen Vorgehen"? Ganz einfach: Weil es verschiedene Wege zum Ziel gibt.

Wir haben ja bereits erwähnt, dass es diverse Standards, Vorgehensmodelle und Methoden im Rahmen des Requirements Engineerings gibt, mit unterschiedlichen Schwerpunkten. Zur Anforderungsermittlung stehen beispielsweise eine Reihe von Kreativitäts-, Befragungs- und Beobachtungstechniken zur Verfügung. Abläufe können über Visio dargestellt werden, eine umfangreichere Variante ist die Modellierung im Prozesstool ARIS.[7]

Es bleibt die Aufgabe des Projekts zu entscheiden, welches konkrete Vorgehen angewendet wird und wie es auf die Projektsituation anzupassen ist. Häufig gibt es auch einheitlich festgelegte Vorgaben dazu im Unternehmen, die dann den verbindlichen Rahmen für das Projekt bilden.

Wir werden uns hier zur konkreten Erarbeitung unseres Beispiels in den ersten Schritten von der Idee zu mehr Details der methodischen Unterstützung des Brainstormings und der Strukturierten Analyse bedienen. Es gibt hinreichend Literatur zur detaillierten Erläuterung der genannten Methoden. Aus dem Grund wird im Rahmen dieses Buchs nur soweit darauf eingegangen, wie es zum unmittelbaren Verständnis notwendig ist.

2.2.1 Zuerst ist die Idee

Jedes Thema in der Softwareentwicklung beginnt mit einer Idee oder einer Anforderung bezüglich einer Softwareänderung. Es gilt erst einmal zu klären, worum es generell geht und wer sinnvoll bei der Erarbeitung und Umsetzung mitarbeiten kann.

Dazu wird ein sogenannter Brainstormingtermin unter Einbindung weiterer Beteiligter (aus Fachbereichen, IT, Test, Orga, ggf. weitere) organisiert, die aus verschiedenen Blickwinkeln auf das Thema schauen und wichtigen Input liefern können. Im Brainstorming geht es zuerst einmal darum, Gedanken und Ideen zum Thema zu sammeln, vorerst unabhängig von den Umsetzungsmöglichkeiten, um sich nicht direkt einzuschränken und keine potenziellen Chancen außer Acht zu lassen.

Brainstorming bedeutet „kreatives Spinnen" der Beteiligten. Dabei sollen alle möglichen Anwendergruppen hinsichtlich ihrer Anforderungen berücksichtigt werden. Es werden alle Gedanken und Ideen im Sinne einer Liste notiert. Wichtig ist, dass jeder genannte Punkt eine laufende Nummer bekommt. Unerheblich ist beim Brainstorming, auf welcher Detaillierungsebene sich die Inhalte bewegen.

Wenden wir uns zur Konkretisierung wieder der Aufgabenstellung von Herrn Maier zu. Er hat lediglich die Information von seinem Chef erhalten, dass er ein Fachkonzept „Urlaub beantragen" erstellen soll. Was das im Detail heißt, ist unklar. Aus dem Grund organisiert er als Erstes einen Brainstormingtermin und spricht dazu alle Personen an, die aus seiner Sicht aus unterschiedlichen Rollen heraus im Thema eingebunden sein müssen. Dieser Personenkreis prüft dann seinerseits nochmals, ob es darüber hinaus notwendige Beteiligte gibt, die einzuladen sind.

Der Brainstormingtermin wird von Herrn Maier moderiert. Er stellt zu Beginn dem Teilnehmerkreis vor, worum es geht und welche Informationen ihm bereits vorliegen. Danach beginnt die Kreativität in der Runde. Es werden Ideen und Gedanken zum Thema

---

7 Nähere Informationen liefert Rupp, C. (2014). Zahlreiche Literatur auf dem Markt vertieft diese Themen weiter.

gesammelt, die an dieser Stelle noch nicht bewertet werden. Es geht erst einmal darum, ein möglichst umfangreiches Bild der Beteiligten auf die Situation zu bekommen. Damit sinkt das Risiko, dass wichtige Aspekte vergessen werden.

Die Brainstormingliste kann zum Beispiel einfach auf einem Flipchart erstellt oder über Kärtchen an eine Wand geheftet werden, Hauptsache sichtbar für alle dokumentiert:

Brainstormingliste „Urlaub beantragen"

1. Urlaub soll vollständig elektronisch erfasst werden können
2. Urlaubsantrag drucken
3. Urlaubsantrag an Führungskraft weiterleiten
4. Information über Urlaubsantrag soll an Personalabteilung gesendet werden
5. Antragsteller soll eine elektronische Rückmeldung erhalten
6. Kalenderfunktion soll genutzt werden
7. Urlaubsantrag soll Urlaubstagebestand des Mitarbeiters aktualisieren
8. Funktion zum Urlaubsantrag soll über Intranet laufen
9. Urlaubsantrag muss in Deutsch und Englisch vorliegen

Wichtig ist: Die Brainstormingliste erhebt keinen Anspruch auf Vollständigkeit. Sie ist der Start zur Anforderungsdefinition. Im Verlauf des Projekts können weitere Anforderungen dazukommen oder sich bestehende Anforderungen verändern. Geregelt wird das dann über ein enftsprechendes CR-Verfahren (Change Request).

Überführt werden die Themen aus dem Brainstorming in eine Anforderungsliste. Dazu eignet sich eine Darstellung als Tabelle, die in einzelnen Spalten unterschiedliche Informationen zu der jeweiligen Anforderung festhält. Zwingend ist, dass jede Anforderung eine ID erhält. Damit ist sie eindeutig identifizierbar und erleichtert die Nachvollziehbarkeit der Anforderung über den gesamten Softwareentwicklungsprozess hinweg. Weitere wertvolle Informationen zu einer Anforderung sind Aussagen über die Herkunft, Priorität, Status und Konsequenzen bei Nicht-Umsetzung. Der Status einer Anforderung kann beispielsweise definiert werden mit:

- Offen
- In Konzeption
- Umsetzung geplant in Release N.N. (Release gemäß Releaseplan)
- Umsetzung ist erfolgt mit Release N.N. (Release gemäß Releaseplan)
- Zurückgestellt
- Nicht mehr relevant

Die Statusdefinitionen können nach Bedarf erweitert bzw. gestaltet werden. Zu Bedenken ist: Je detaillierter der Grad der Statusdefinition, umso aussagekräftiger, aber auch umso größer ist der Aufwand zur Pflege der Informationen. Da gilt es, ein angemessenes Maß von Aufwand und Nutzen zu finden. Denn es bringt keinen Mehrwert, kleinteilige Statusdefinitionen festzulegen, die dann aber nicht gepflegt werden. Wichtig ist, dass **keine**

Anforderung gelöscht wird, denn in diesem Fall wäre die vollständige Transparenz und Nachvollziehbarkeit nicht mehr gegeben.

Für die Aufgabenstellung von Herrn Maier könnte die Anforderungsliste auf Basis der Brainstormingergebnisse wie folgt aussehen:

ID	Anforderung	eingestellt von	Abteilung	eingestellt am	Priorität	Status
	Anforderungsliste "Urlaub beantragen"					
1	Urlaub soll vollständig elektronisch erfasst werden können	A. Maier	Fach 1	21.11.2016	hoch	offen
2	Urlaubsantrag drucken	A. Maier	Fach 1	21.11.2016	mittel	in Konzeption
3	Urlaubsantrag an Führungskraft weiterleiten	A. Maier	Fach 1	21.11.2016	hoch	offen
4	Information über Urlaubsantrag soll an Personalabteilung gesendet werden	A. Maier	Fach 1	21.11.2016	noch zu klären	offen
5	Antragsteller soll eine elektronische Rückmeldung erhalten	A. Maier	Fach 1	21.11.2016	noch zu klären	offen
6	Kalenderfunktion soll genutzt	R. Müller	Orga	21.11.2016	gering	in Konzeption
7	Urlaubsantrag soll Urlaubstagebestand des Mitarbeiters aktualisieren	A. Maier	Fach 1	21.11.2016	mittel	offen
8	Funktion zum Urlaubsantrag soll über Intranet laufen	S. Schmitt	IT 3	23.11.2016	hoch	in Konzeption
9	Urlaubsantrag muss in Deutsch und Englisch vorliegen	R. Müller	Orga	25.11.2016	hoch	in Konzeption
10						

Abbildung 2.2: Anforderungsliste

Sinnvoll ist, auch die Anforderungen entsprechend zu kennzeichnen, die nicht umsetzbar sind, aus welchen Gründen auch immer (fachlich, technisch, physikalisch usw.). Eventuell ist eine spätere Realisierung möglich. Dann können die bisher erhobenen Fakten direkt weiter verwendet werden. Allerdings ist zu prüfen, ob es zwischenzeitlich Änderungen gegeben hat, die zu berücksichtigen sind.

Wie bereits zuvor erwähnt: Eine Anforderungsliste „lebt" und wird ergänzt, wenn neue Anforderungen dazu kommen. In welchem Maß und zu welchem Zeitpunkt dann Anforderungen konzipiert und umgesetzt werden, ist eine Entscheidung im Projekt unter Berücksichtigung aller Gegebenheiten und Rahmenbedingungen (u. a. Budget, Zeit- und Ressourcenplanung, ggf. gesetzliche Anforderungen etc.).

An dieser Stelle (unabhängig von der Nutzung agiler Vorgehensweisen) ist bei Festlegung von Objekten mit durchlaufendem Status immer die Möglichkeit gegeben, ein Kanban-System zu nutzen: Auf einer echte Tafel oder in einem Softwareprodukt werden die einzelnen Anforderungen als Aufgabenkarten erfasst und entsprechend ihrem aktuellen Status in eine der selbst geschaffenen Statuskategorien erfasst. Ändert sich der Status, wird die Karte in Wirklichkeit oder virtuell in die entsprechende Tafelunterteilung (meist von links nach rechts) verschoben. Der Vorteil an dieser Vorgehensweise ist der schnelle Überblick und die erreichte Transparenz gegenüber allen Beteiligten.

Die Anforderungsliste ist die Basis für die weitere Detaillierung des Themas. Jede Anforderung muss spezifiziert werden. Ziel ist die Beschreibung der Anforderungen bis auf die Datenfeldebene (Beispiel: Name, Vorname eines Mitarbeiters). Eine methodische Unterstützung dafür liefert die Strukturierte Analyse.

Offen	in Konzeption	Umsetzung geplant in Release a.b	Umsetzung ist erfolgt in Release c.d	Zurückgestellt	Nicht mehr relevant
ID 1					
	ID 2				
ID 3					
ID 4					
ID 5					
	ID 6				

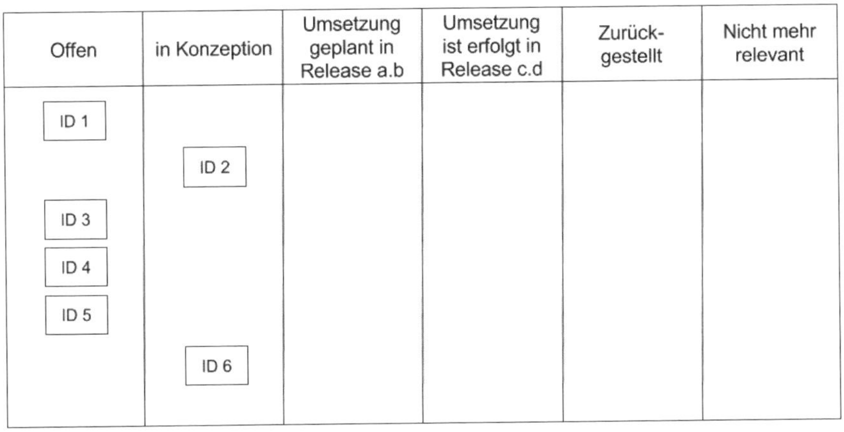

Abbildung 2.3: Kanban-Tafel mit Durchlaufstatus mehrerer Anforderungen

2.2.2 Weitere Detaillierung mit der Strukturierten Analyse

Die Strukturierte Analyse ist eine Methode in der Softwareentwicklung zur Darstellung von Anforderungen und notwendigen Datenflüssen, die sowohl bei der fachlichen als auch bei der technischen Beschreibung eingesetzt werden kann. Sie ist ein Hilfsmittel zur detaillierten Erarbeitung der Inhalte. Die einzelnen Diagramme der Strukturierten Analyse werden in der Regel nicht in das Konzept aufgenommen. Stattdessen werden die Inhalte aus den Diagrammen in die jeweils geltende Struktur und Formatvorlage des Fachkonzeptes übertragen. Im Wesentlichen werden drei Diagramme unterschieden: Kontextdiagramm, Diagramm Stufe 0 und Diagramm Stufe 1-n.

„Der Begriff Strukturierte Analyse (SA, structured analysis) beschreibt eine Methodenklasse. Die Methode SA wurde zuerst von Tom DeMarco 1978 in seinem Buch »Structured Analysis and System Specification« beschrieben."[8]

Das klingt vielleicht im ersten Moment sehr technisch. Aber lassen Sie sich davon bitte nicht abschrecken. Jede Methode, egal wie hilfreich sie sein möge, ist ungewohnt, wenn man sie nicht kennt. Um es hier so einfach wie möglich zu halten, gehen wir im Rahmen dieses Buchs nur soweit auf die Methode der Strukturierten Analyse ein, wie es zum Gesamtverständnis des Schwerpunktes „Modellbasiertes Requirements Engineering" sinnvoll ist. Anhand der Aufgabenstellung von Herrn Maier erklären wir wieder praktisch und nachvollziehbar.

---

8   Quelle Balzert, H. (2011), S. 423.

Wer braucht das System? (Kontextdiagramm)

Das Kontextdiagramm unterstützt uns, die Inhalte aus der Anforderungsliste in eine erste grobe Struktur zu bringen. Es beschreibt die Schnittstellen des zu modellierenden Systems (oder Funktion) mit seiner Umwelt und identifiziert die Beteiligten, sogenannte Akteure. Das können Personen sein, organisatorische Einheiten (manuelle Schnittstellen) oder auch andere Softwaresysteme (technische Schnittstellen).

Um eine praktische Vorstellung des Kontextdiagramms zu bekommen, werden wir uns wieder die Aufgabe von Herrn Maier „Urlaub beantragen" anschauen. Das Softwaresystem bzw. die Softwarefunktion wird im Kontextdiagramm als Blackbox betrachtet. Es geht erst einmal darum darzustellen, welche Anforderungen von Personen, Organisationen oder anderen Softwaresystemen bestehen und wer in welcher Form mit dem neuen System/ der neuen Funktion kommunizieren möchte (Eingangsdatenflüsse/Ausgangsdatenflüsse).

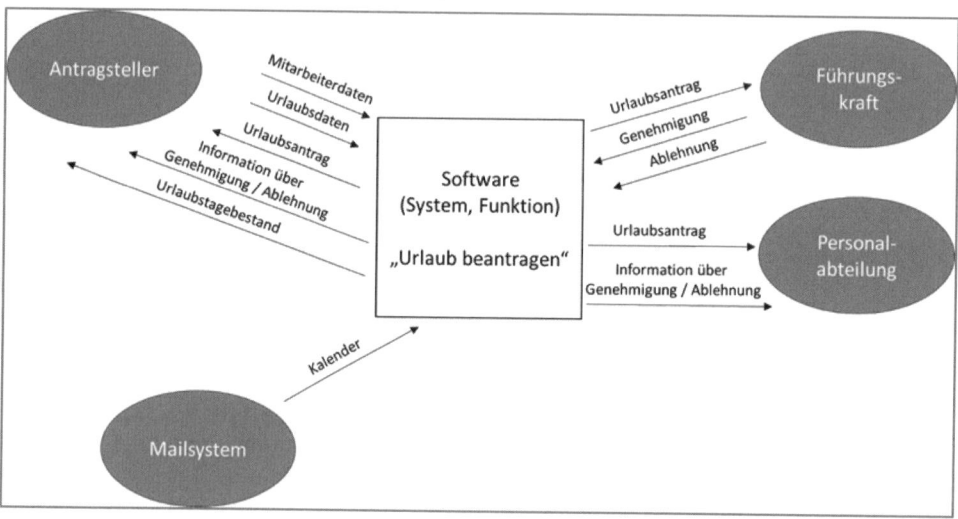

Abbildung 2.4: Kontextdiagramm

In dem Kasten in der Mitte steht das zu entwickelnde System „Urlaub beantragen". Außen herum finden sich die sogenannten Akteure (Antragsteller, Führungskraft, Personalabteilung, Mailsystem), also Beteiligte, die das System später nutzen werden. Die Pfeile stellen eine erste grobe Aussage dar, in welcher Form die Systemnutzung notwendig ist. Zum Beispiel wird das Mailsystem den Kalender über eine Schnittstelle zuliefern, die Führungskraft soll direkt in den Genehmigungsprozess mit eingebunden werden usw.

Inhaltliche Basis ist die Anforderungsliste. Die einzelnen Anforderungen werden in der Darstellung des Kontextdiagramms abgebildet. Wird festgestellt, dass ein Punkt aus der Liste doch nicht weiterverfolgt werden soll, entfällt dieser (einfach), wird aber entsprechend in der Liste gekennzeichnet. So wird eine durchgängige Nachvollziehbarkeit sichergestellt. Gleichermaßen können während der Erstellung des Kontextdiagramms (später auch der weiteren Diagramme) neue Anforderungen dazukommen. Das ist richtig und sinnvoll, denn mit fortschreitender Erarbeitung werden auch die Ideen und Informationen immer detaillierter. Das ist normal auf dem Weg von der Idee zum fachlichen Detail.

Kennzeichnung der Brainstormingliste (Anforderungsliste) „Urlaub beantragen"

1. Urlaub soll vollständig elektronisch erfasst werden können √
2. Urlaubsantrag soll gedruckt werden können √
3. Urlaubsantrag soll an Führungskraft weitergeleitet werden können √
4. Information über Urlaubsantrag soll an Personalabteilung gesendet werden √
5. Antragsteller soll eine elektronische Rückmeldung erhalten √
6. Kalenderfunktion soll genutzt werden √
7. Urlaubsantrag soll Urlaubstagebestand des Mitarbeiters aktualisieren √
8. Funktion zum Urlaubsantrag soll über Intranet laufen X
9. Urlaubsantrag muss in Deutsch und Englisch vorliegen X

Legende: √ Punkt in Kontextdiagramm übernommen   X Punkt entfällt

Strukturierte Analyse – Ableitung von Teilsystemen aus dem Kontextdiagramm

Der nächste methodische Schritt ist die Bildung von ersten Ideen, welche Daten und Funktionen man in einem Teilsystem integrieren möchte. Das ist eine Definitionsfrage im Rahmen der möglichen Freiheitsgrade zur Gestaltung. Unternehmensvorgaben sind hier zu beachten. In unserer Aufgabenstellung von Herrn Maier haben wir hier folgende Teilsysteme definiert:

1. Antragsverwaltung
2. Genehmigungsverwaltung
3. Personalverwaltung
4. Kalender

Zur Vereinfachung des Beispiels haben wir hier die Teilsysteme immer dem Akteur zugeordnet. Das muss aber keineswegs so sein. Das „Schneiden" der Daten und Funktionen kann je nach Definition absolut übergreifend stattfinden.

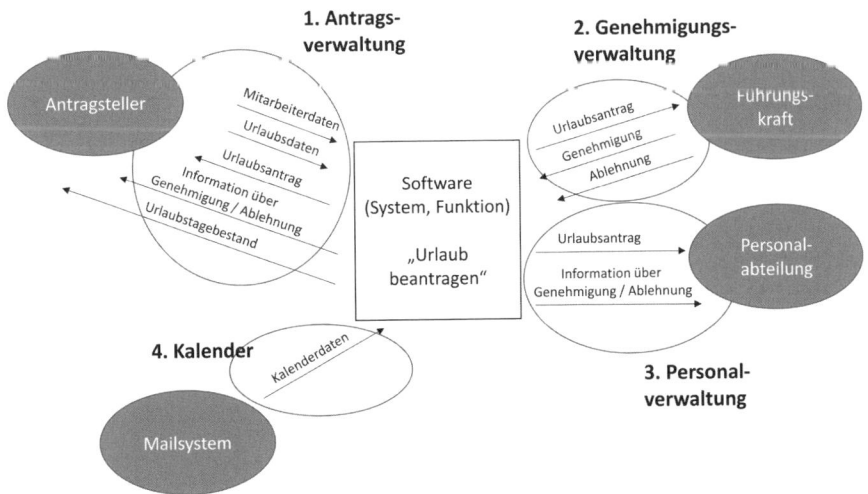

Abbildung 2.5: Ableitung von Teilsystemen aus dem Kontextdiagramm

Modellbasiertes Requirements Engineering

Der erste Blick in das System – Diagramm Stufe 0

Bis eben war unser System noch eine Blackbox. Wir haben mit dem Kontextdiagramm erarbeitet, wer das System nutzen möchte und in welcher Form, erst einmal auf grober Ebene, soweit das zu Beginn bekannt ist. Jetzt schauen wir in die Blackbox, also in das System hinein und überlegen uns, wie die gewünschte Nutzung des Systems im System selbst abgebildet werden kann. Dazu haben wir ja bereits Teilsysteme definiert, mit denen wir jetzt weiter arbeiten, indem wir sie in Beziehung setzen und überlegen, welche Daten wiederum zwischen den Teilsystemen ausgetauscht werden.

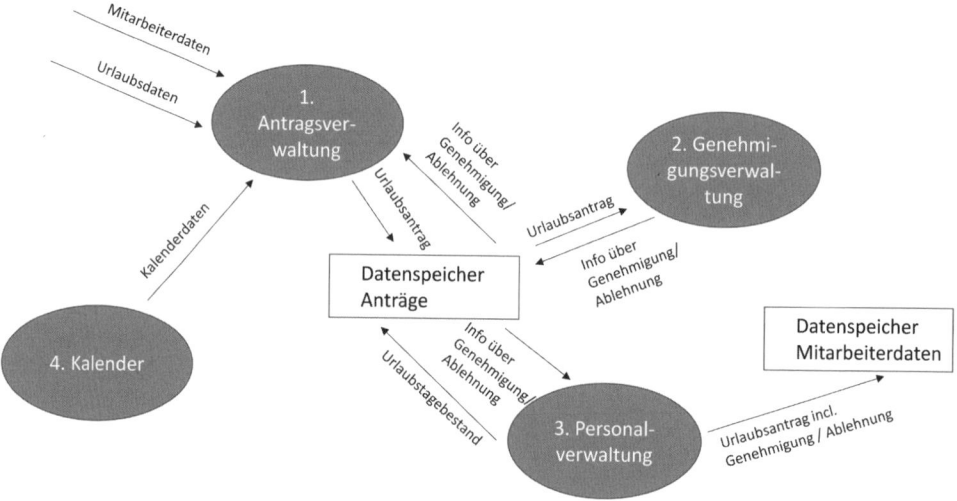

Abbildung 2.6: Diagramm Stufe 0 „Urlaub beantragen"

Der gedankliche Sprung vom Kontextdiagramm zum Diagramm Stufe 0 ist aus unserer Erfahrung oft schwierig in der fachlichen Erarbeitung, weil er die Sicht von außen auf das System verändert in die systeminterne Sicht. Hier hilft es, sich mit den Kollegen aus IT und Test abzustimmen. Gemeinsam wird es gelingen, die fachliche Sicht des Anwenders zu übertragen auf die systeminternen Strukturen.

Der tiefere Blick in das System – Diagramm Stufe 1

Mit diesem Diagramm gehen wir den nächsten Schritt in der Detaillierung und betrachten die einzelnen Teilsysteme bis auf die Ebene der einzelnen Datenfelder. Selbstverständlich können beliebig viele einzelne Diagramme dazu erstellt werden, je nach Komplexität des Themas und sinnvoller Strukturierung zur Übersichtlichkeit.

Zur leichteren Verständlichkeit unserer Aufgabenstellung „Urlaub beantragen" von Herrn Maier werden wir die nächsten Schritte beispielhaft anhand des Teilsystems „Antragsverwaltung" weiter darstellen. In der Praxis sind selbstverständlich alle Teilsysteme gleichermaßen zu bearbeiten.

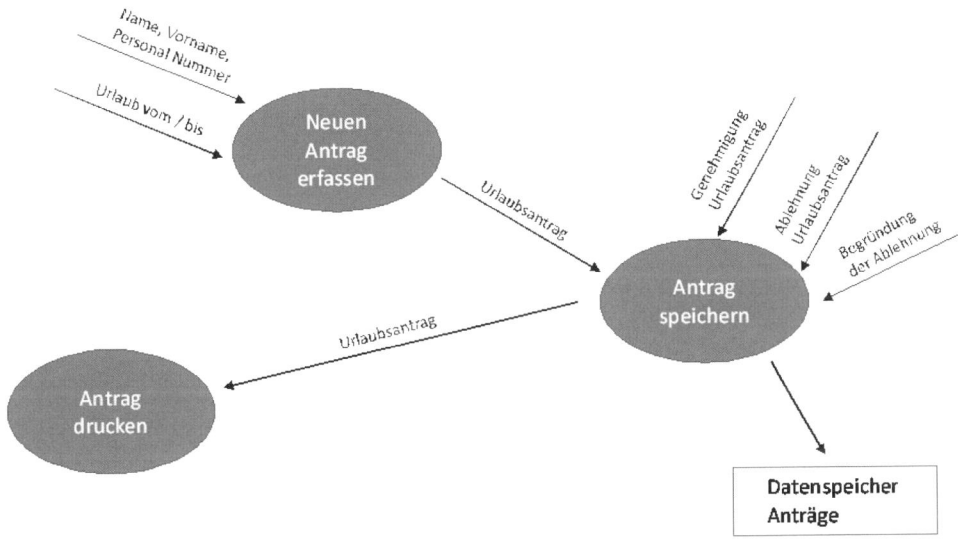

Abbildung 2.7: Diagramm Stufe 1 für das Teilsystem 1. Auftragsverwaltung

In diesem Diagramm denken wir bereits in einzelnen Funktionen des Systems, mit denen wir bestimmte Anforderungen ausführen können, im Beispiel hier sind das:

- Neuen Antrag erfassen
- Antrag speichern
- Antrag drucken

An der Funktion „neuen Antrag erfassen" hängen beispielsweise dann die Datenfelder:

- Name
- Vorname
- Personalnummer
- Urlaub vom/bis

Datenfelder werden im Fachkonzept in einer Datenfeldtabelle näher beschrieben hinsichtlich Datenfeldlänge, Wertebereiche, Pflichtfelder etc. Darauf gehen wir im nachfolgenden Kapitel ein.

Wir sind damit auf der untersten Beschreibungsebene angekommen. Von der ersten Idee „Urlaub beantragen" haben wir uns mithilfe der Methoden Brainstorming und Strukturierte Analyse weitere Details erarbeitet. Die Ergebnisse werden strukturiert im Fachkonzept erfasst und weiter ergänzt. In diesem Rahmen können sich bisherige Erkenntnisse über Anforderungen und deren Detaillierung auch weiter vervollständigen bzw. ändern. Die Anforderungsliste ist entsprechend zu pflegen. Bezüglich Brainstormingliste und Diagramme der Strukturierten Analyse ist es vom Grundsatz nicht erforderlich, dass diese Änderungen/Ergänzungen auch nachgetragen werden. Diese Methoden stellen lediglich ein Hilfsmittel dar, um sich gedanklich weiter in die Details vorzuarbeiten und die Ergebnisse strukturiert zu erfassen. Damit können auch zielgerichtet inhaltliche Diskussionen stattfinden und Abstimmungen erfolgen. Die Ergebnisse werden im Fachkonzept strukturiert erfasst und weiter vervollständigt.

Welche Informationen in jedem Fall im Fachkonzept zu beschreiben sind, um eine umfassende Basis für die Umsetzung in der IT, den Test und die weitere Planung zu bekommen, ist Thema des nächsten Kapitels.

2.2.3 Wesentliche Inhalte eines Fachkonzepts

In einem vorangegangenen Kapitel haben wir bereits festgehalten, dass ein fachliches Grobkonzept zu erstellen ist mit der generellen Beschreibung der notwendigen Anforderungen und Rahmenbedingungen zur Umsetzung. Es geht darum, sich den Themen und Inhalten zu nähern und Informationen, soweit bereits bekannt, zu dokumentieren. Das fachliche Grobkonzept stellt eine erste Basis dar für die Planung von Zeit, Budget und Ressourcen. Es liefert den Beteiligten in Fachbereich, IT, Test und organisatorischen Bereichen ein erstes gemeinsames Verständnis der Anforderungen. Anlage zum Dokument ist auf jeden Fall die aktuelle Anforderungsliste. Das fachliche Feinkonzept sorgt anschließend für die Konkretisierung der Anforderungen bis hin zu einzelnen Datenfeldern, genauen Darstellungen auf Bildschirmmasken und Ablaufbeschreibungen (siehe spätere Kapitel zur Darstellung mit UML).

Wenn beispielsweise die Anforderung lautet, Adressdaten anzugeben, so wird im fachlichen Feinkonzept beschrieben, um welche Adressdaten (einzelne Datenfelder) es sich ganz konkret handelt: Name, Vorname, Postleitzahl, Ort, Land, Straße, Hausnummer.

Mithilfe von Screenshots oder grafischen Programmen wird eine Darstellung der geforderten Ansicht auf der Bildschirmmaske erstellt. Orientiert wird sich dabei immer an den geltenden Vorgaben zur Gestaltung von Software im Unternehmen. Das betrifft auch Kriterien wie Schriftart, Schriftgrößen, Farbgestaltung, Verwendung von Begrifflichkeiten, Anordnung von Datenfeldern, Beschreibungen von Hilfen in der Anwendung etc. (siehe Abbildung 2.8).

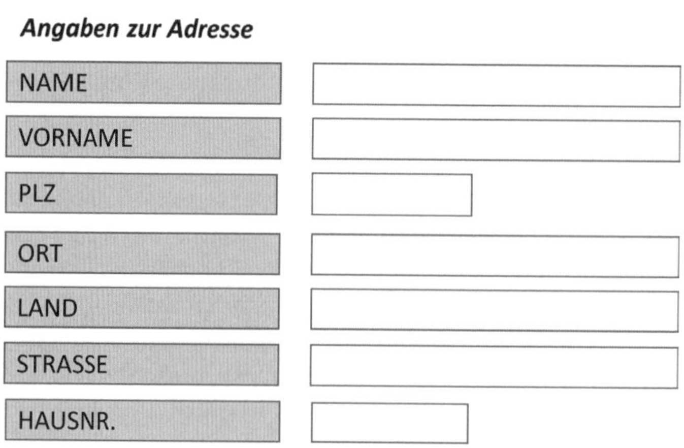

Angaben zur Adresse

NAME	
VORNAME	
PLZ	
ORT	
LAND	
STRASSE	
HAUSNR.	

Abbildung 2.8: Beispieloberfläche

Es hat sich in der Praxis bewährt, im fachlichen Feinkonzept mit strukturellen Darstellungen, Tabellen und Grafiken zu arbeiten. Das erhöht die Übersichtlichkeit und Verständlichkeit der Informationen und zeigt frühzeitig Lücken in den vorliegenden Informationen auf (Tabelle 2.1).

H_01	Bitte speichern Sie die Adressdaten, bevor Sie die Seite verlassen.
H_02	Die Adressdaten werden bei Speicherung an das Personalsystem weitergeleitet.

Tabelle 2.1: Beispiel für Hinweismeldungen

Auf diese Art und Weise werden im fachlichen Feinkonzept dann nur noch die IDs (z. B. H_01) an den Stellen vermerkt, wo die Hinweismeldung erfolgen soll, und die Entwicklung weiß ganz konkret, welcher Text umzusetzen ist.

Exemplarisch könnte eine **Struktur des fachlichen Feinkonzepts** wie folgt aussehen:

1. Projektauftrag/Thema des fachlichen Feinkonzepts
2. Angaben zur Dokumenthistorie
3. Beschreibung der Ausgangssituation
4. Prozess-/Ablaufbeschreibungen
5. Anforderungsliste
6. Beschreibung der Bildschirmmasken
7. Fehler-/Hinweis-/Warnmeldungen
8. Folgeverarbeitungen
9. Beschreibung nicht-funktionaler Anforderungen
10. Systemschnittstellen
11. Mengengerüst
12. Berechtigungskonzept
13. Anlagen
14. Dokumentfreigaben

1 Projektauftrag/Thema des fachlichen Feinkonzepts

Der Projektauftrag formuliert das Thema des Fachkonzepts und den inhaltlichen Umfang, der in dem Dokument detailliert beschrieben wird. Nur wenn das Ziel vollständig, verständlich und nachvollziehbar definiert ist, kann es im Ergebnis wie gefordert umgesetzt werden. Hilfreich ist oft auch eine formulierte Negativ-Abgrenzung, also was ist definitiv nicht Auftrag des Projekts.

Unsere Erfahrung in der Praxis zeigt, dass es bereits an dieser Stelle häufig Unklarheiten bzw. unterschiedliches Verständnis bei den Beteiligten gibt, das allerdings nicht beseitigt wird. Häufig hören wir Argumente wie „keine Zeit", „alle wissen, worum es geht", „wir fangen schon mal an, Details können wir später besprechen". Probleme im weiteren Projektverlauf bezüglich Umsetzung, Test und Abnahme sind somit vorprogrammiert. Die Zeit zur konkreten Auftragsklärung zu Beginn ist absolut sinnvoll investiert und spart am Ende nicht nur Geld, sondern auch eine Menge Stress und Missverständnisse.

> **Herr Maier, hier ein praktischer Tipp für Sie:**
>
> Ihr direkter Auftraggeber für das Fachkonzept „Urlaub beantragen" ist Ihr Chef. Er gehört somit direkt zum Kreis der Beteiligten und ist auch Ihr erster Ansprechpartner zur Auftragsklärung. Dazu gehören unter anderem folgende Fragen:
> - Bis wann muss die Umsetzung vollständig erfolgt sein? Wann ist Go-Live?
> - Wieviel Budget steht zur Verfügung?
> - Welche Rahmenbedingungen sind zu beachten?
> - Was wären die fachlichen Auswirkungen, wenn die Umsetzung nicht rechtzeitig erfolgt?
> - Welche Ressourcen stehen zur Verfügung?
> - In welchem System soll die Umsetzung erfolgen?
> - Muss die umgesetzte Funktion über Intranet erreichbar sein?
> - In welchen Sprachen muss die Umsetzung erfolgen?
> - Usw.

2 Angaben zur Dokumenthistorie

Angaben zu Erstellung und Änderungen im Dokument erscheinen banal, sind aber extrem wichtig für die Nachvollziehbarkeit. Wir erleben sehr oft, dass die Frage im Raum steht, wer eine Aussage oder Entscheidung getroffen hat und warum gerade in dieser Form. Das kann maßgebend sein für den Projekterfolg, ist aber häufig nicht transparent, sorgt für zusätzlichen Aufwand und kann im schlimmsten Fall weiterführende Fehlentscheidungen nach sich ziehen. Aus diesem Grund ist es sehr wichtig, eine Versionierung des Dokumentes mit Datum zu pflegen sowie den ergänzten Inhalt und den Autor zu benennen (Tabelle 2.2).

> **Herr Maier, hier ein praktischer Tipp für Sie:**
>
> So könnte die Historie zum Beispiel aussehen. Wichtig zur Beachtung ist, dass die Version 1.0 des Fachkonzepts der final freigegebene Stand zur Übergabe an IT und Test ist. Sofern es zum späteren Zeitpunkt noch notwendige Änderungen gibt, ist das entsprechend Version 1.1.
>
> | Version | Datum | Inhalt | Autor |
> |---|---|---|---|
> | V01 | 17.03.2017 | Initiale Erstellung, Struktur, Einleitung | Hr. Maier |
> | V02 | … | … | … |
> | V1.0 | … | Finale Freigabe zur Umsetzung | … |
>
> **Tabelle 2.2:** Beispiel Dokumentenhistorie

3 Beschreibung der Ausgangssituation

Für alle Beteiligten im Softwareentwicklungsprojekt ist es hilfreich, den Kontext des Projektauftrags und fachlichen Themas zu verstehen, nicht nur mündlich, sondern nachvollziehbar dokumentiert im Sinne eines gemeinsamen Verständnisses. In der Beschreibung der Ausgangssituation wird dargelegt, aus welchem Sachverhalt bzw. welcher Situation die Notwendigkeit für das Projekt entstanden ist. Das könnte zum Beispiel eine gesetzliche Änderung sein, die Aufnahme eines neuen Produkts im Unternehmen, eine neue IT-Strategie und vieles mehr. Das gemeinsame Verständnis der Motivation zu diesem Auftrag unterstützt die Zusammenarbeit aller Beteiligten mit dem Ziel, das Projekt erfolgreich umzusetzen.

> **Herr Maier, hier ein praktischer Tipp für Sie:**
> Es ist sehr sinnvoll, diesem Abschnitt mehr als nur einen Satz zu schenken. Wir hören oft das Argument „es wissen doch alle, worum es geht", aber die Praxis zeigt uns, dass das nur unzureichend der Fall ist und viel interpretiert wird, wie jeder meint, dass es sein könnte ... Wichtig ist, Klarheit zu schaffen über eine eindeutige Formulierung im Fachkonzept und darauf zu achten, dass allen Beteiligten diese Informationen auch zugänglich sind.

4 Prozess-/Ablaufbeschreibungen

Es ist wichtig, die neu geplanten Funktionen oder Änderungen einer Software zuerst in den fachlichen Zusammenhang zu bringen. Nur so wird sichtbar, welche Prozesse betroffen sind, welche Software zu ändern ist und welche Schnittstellen – technisch oder organisatorisch – berücksichtigt werden müssen.

In der Regel gibt es bereits beschriebene Prozesse, die die Unternehmens- und Geschäftsabläufe darstellen und die zu diesem Zweck als Basis verwendet werden können. Die geplanten Ergänzungen bzw. Änderungen sind fachlich zu modellieren (im Rahmen der bestehenden Prozessdarstellungen) und werden als Anlage dem Fachkonzept beigefügt.

> **Herr Maier, hier ein praktischer Tipp für Sie:**
> Innerhalb dieses Buchs konzentrieren wir uns auf die Darstellung mit UML. Wir werden in diesem Zusammenhang Ihre Aufgabenstellung weiter verfolgen.

5 Anforderungsliste

Dieser Abschnitt enthält die Referenz auf die Anforderungsliste, die als Anlage dem Fachkonzept beigefügt wird. Er verweist konkret auf die Anforderungs-IDs, die mit diesem Fachkonzept detailliert beschrieben werden und geplant sind zur Umsetzung.

> **Herr Maier, hier ein praktischer Tipp für Sie:**
> Achten Sie immer auf die Aktualität der Anforderungsliste und auf die Konsistenz zum Fachkonzept.

6 Beschreibung der Bildschirmmasken

Die detaillierte Beschreibung der Datenfelder ist von sehr großer Bedeutung. Hier geht es darum, geltende Standardvorgaben innerhalb des Unternehmens zu beachten, die Anwenderbedürfnisse und Arbeitsgewohnheiten (soweit möglich) zu berücksichtigen, die fachlichen Anforderungen im Detail umzusetzen, aber auch mit der IT einzelne Datenfelder abzustimmen, sofern es Rahmenbedingungen gibt, die einzuhalten sind.

Im Einzelnen sind folgende Informationen wichtig:

Layoutbeschreibung

An dieser Stelle wird dargestellt, wie die Bildschirmmaske gemäß fachlicher Anforderung und geltender Unternehmensvorgaben aussehen soll. Bei einer Änderung oder Ergänzung einer Maske kann ein Screenshot der bestehenden Bildschirmmaske verwendet und mittels Zeichenprogramm eingetragen werden. Handelt es sich um eine komplett neue Maske, bietet es sich auch an, eine Grafik in einem Zeichenprogramm mit der gewünschten Darstellung und Anordnung zu erstellen. Auf diese Weise ist für Entwicklung und Test genau verständlich, was gewünscht ist. Missverständnisse und Interpretationen können so vermieden werden.

Datenfeldbeschreibungen

Es geht um die konkrete Beschreibung der einzelnen Datenfelder, wie in der Tabelle dargestellt. In der Regel tragen Fachbereich und IT diese Informationen gemeinsam ein, da hier sowohl fachliches als auch technisches Wissen erforderlich ist.

Nr.	01	02
Fachl. Feldname	PLZ	Ort
Techn. Feldname	PZ	ORT
Kurzbeschreibung	Postleitzahl	Wohnort
Herkunft	Eingabe	Eingabe
Feldtyp	num	alphanum
Länge	5	30
Vorbelegung	nein	nein
Änderbarkeit	Ja	Ja
Gültiger Wertebereich	Alle deutschen PLZ	-
Muss / Kann	Muss	Muss

Tabelle 2.3: Datenfeldbeschreibungen

- Tabellenfeld „Nr.": Führt eine fortlaufende Nummer innerhalb der Tabelle zur eindeutigen Identifizierung des Datenfelds mit.
- Tabellenfeld „Fachl. Feldname": Enthält den Datenfeldnamen, der auf der Bildschirmmaske für den Anwender ersichtlich sein soll (sprechender Name).
- Tabellenfeld „Techn. Feldname": Enthält den Datenfeldnamen, wie er technisch in den IT-Systemen hinterlegt ist (kann auch nur ein Buchstabe oder eine Nummer sein).
- Tabellenfeld „Kurzbeschreibung": Gibt eine kurze Beschreibung, was der Inhalt des Datenfelds sein soll.
- Tabellenfeld „Herkunft": Gibt Auskunft darüber, wie das Datenfeld befüllt wird. Es kann ein Eingabefeld sein oder die Information kommt bereits aus einem anderen System und wird direkt technisch eingefügt.
- Tabellenfeld „Feldtyp": Gibt den Typ des Datenfelds an, also ob das Datenfeld ausschließlich Ziffern enthält (nummerisch) oder Buchstaben, Ziffern und Zeichen enthalten kann.

- Tabellenfeld „Länge": Gibt die Länge des Datenfelds an, bei deutschen Postleitzahlen genügt beispielsweise die Länge 5 Zeichen.
- Tabellenfeld „Vorbelegung": Gibt an, ob das Feld mit einem Wert standardmäßig vorbelegt werden soll.
- Tabellenfeld „Änderbarkeit": Gibt an, ob der Wert in dem Feld geändert werden kann oder nicht.
- Tabellenfeld „Gültiger Wertebereich": Gibt den Wertebereich an, der in dem Feld eingetragen werden darf, zum Beispiel ein Datum nur in einer bestimmten Zeitspanne.
- Tabellenfeld „Muss/Kann": Gibt an, ob es sich um ein Pflichtfeld oder ein optionales Feld handelt.

Die detailliert beschriebenen Datenfelder werden in der IT gleichermaßen umgesetzt und tragen beim Anwender später zur Arbeitserleichterung und Fehlerminimierung bei, da das System bestimmte Konstellationen direkt ausschließt.

Besonderheiten und Bedingungen von Datenfeldern

Es kann Abhängigkeiten von Datenfeldern geben, die beschrieben werden müssen.

Beispiel: Wenn das Feld „PLZ" gefüllt wird, dann muss auch das Feld „Ort" gefüllt sein, sonst wird Hinweismeldung „129" angezeigt.

Die Hinweismeldung „129" wird dann entsprechend in der Tabelle des Abschnitts „Hinweismeldungen" beschrieben.

Verarbeitungsregeln von Datenfeldern

Datenfelder können Verarbeitungsregeln enthalten, die zu beschreiben sind.

Beispiel: Beantragte Urlaubstage sollen in einem Summenfeld addiert werden.

Plausibilitätsprüfungen

Es kann sinnvoll sein, gewisse Plausibilitätsprüfungen einzubauen.

Beispiel: Wenn bei Anzahl Urlaubstage versehentlich 500 eingegeben wird, dann wäre das zwar schön, ist aber unrealistisch – leider. Um Fehler im System zu minimieren, hilft hier die Hinterlegung einer entsprechenden Plausibilitätsregel.

Reihenfolge der Bildschirmmasken (Vorgänger, Nachfolger)

Wenn komplett neue Bildschirmmasken konzipiert und erstellt werden, dann ist die Festlegung der Reihenfolge zwingend wichtig. Gleichzeitig müssen die sogenannten Absprung- und Rücksprungmöglichkeiten definiert werden, also über welche Funktion man auf die nächste Maske bzw. wieder zurückkommt.

Hinweise für den Test

An dieser Stelle werden wichtige Hinweise an den Test gegeben, über die „normale" Testfallerstellung hinaus. Wenn es zum Beispiel bedeutend ist, dass eine bestimmte Datenkonstellation getestet werden muss, wird das in diesem Kapitel vermerkt und ist im

> **Herr Maier, hier ein praktischer Tipp für Sie:**
> Bei einem größeren Umfang von Datenfeldern, die zu beschreiben sind, kann die dargestellte Tabelle auch in einem separaten Dokument gepflegt und als Anlage dem Fachkonzept beigefügt werden. Dies kann auch eine Excel-Tabelle sein. Wichtig ist, dass die Informationen alle enthalten sind.

Test entsprechend zu berücksichtigen. Die Ableitung der Testfälle erfolgt im Grundsatz nach methodischen Regeln. Der Fachbereich hat hier aber die Möglichkeit, auf spezielle fachliche Gegebenheiten besonders hinzuweisen, damit diese im Test mit betrachtet werden.

7 Fehler-/Hinweis-/Warnmeldungen

Es gibt viele Situationen innerhalb eines Systems, wo Fehler-, Hinweis- oder Warnmeldungen das Arbeiten für den Anwender erleichtern bzw. aus ablauf- oder technischer Sicht einfach notwendig sind. Wie die Texte dazu genau lauten, ist im Rahmen des Fachkonzepts zu beschreiben. Denn wichtig ist, dass die Formulierung verständlich für den Anwender ist und weiterhilft.

So sollte es nicht sein: „Der Fehler 6703 ist aufgetreten."

Sinnvoll für den Anwender ist: „Bitte die erfassten Adressdaten zuerst speichern, bevor sie gedruckt werden können."

Es hat sich in der Praxis bewährt, für die Meldungen mit entsprechenden IDs zu arbeiten: F für Fehlermeldungen, H für Hinweismeldungen und W für Warnmeldungen. Werden diese in einer Tabelle angelegt und mit fortlaufenden Nummern ergänzt, können sie innerhalb des Fachkonzepts jederzeit bei Bedarf referenziert werden; der Aufwand bei Änderungen des Texts konzentriert sich dann aber nur auf die Tabelle. Das sorgt für Übersichtlichkeit und Konsistenz der Meldungen.

8 Folgeverarbeitungen

Nachfolgende Systemverarbeitungen wie Serienbriefe oder Statistiken, die sich zum Beispiel hinter einer Speicherung oder einer Druckfunktion befinden, müssen unbedingt geprüft werden in Bezug auf Änderungen, die sich aus geplanten Funktionserweiterungen oder Anpassungen ergeben. Oft wird das vergessen. Im schlimmsten Fall geht dann ein Kundenbrief mit falschen Angaben oder wirren Formatierungen als Serienbrief raus. Hilfreich kann es sein, sich die fachlich beschriebenen Geschäftsprozesse anzuschauen und dort die Verknüpfungen zu Folgeverarbeitungen zu ermitteln.

9 Beschreibung nicht-funktionaler Anforderungen

Eine nicht-funktionale Anforderung ist laut ISTQB-Glossar „Eine Anforderung, welche sich nicht auf die Funktionalität des Systems bezieht, sondern auf Merkmale wie Zuverlässigkeit, Benutzbarkeit, Effizienz, Änderbarkeit und Übertragbarkeit."[9]

---

9   http://glossar.german-testing-board.info/#n

Nach unserer Erfahrung wird die Beschreibung dieser Anforderungen häufig nicht in der Verantwortung des Fachbereichs gesehen. Es ist sicherlich hilfreich, hier in enge Abstimmung mit der Entwicklung zu gehen, allerdings legt der Fachbereich fest, welche fachlichen Anforderungen es beispielsweise an die Zuverlässigkeit eines Systems gibt. Das hängt unter anderem von Faktoren ab, wie geschäftskritisch die jeweiligen Inhalte im System sind.

10 Systemschnittstellen

Es kann verschiedene Arten von manuellen und technischen Systemschnittstellen geben, sowohl systemintern als auch systemextern; dies bedeutet:

- Von System 1 zu System 2 und umgekehrt
- Von manuell nach System 1
- Von System 1 nach manuell

Alle Schnittstellen sind fachlich zu beschreiben in Bezug auf betroffene Systemfunktionen, Auslöser für Schnittstellenübergang (zum Beispiel Speichervorgang) und übertragene Daten. Ganz wichtig ist die Beschreibung der Datenformate. Diese müssen schnittstellenübergreifend kompatibel sein oder entsprechend transformiert werden. Diese Fragen sollten mit der Entwicklung besprochen werden, um die Möglichkeiten zu prüfen und anschließend zu entscheiden, welche Variante sinnvoll ist und entsprechend fachlich beschrieben wird.

11 Mengengerüst

Entscheidende Informationen für die Umsetzung liefert das Mengengerüst. Es enthält die Angaben über potenzielle Datenmengen, die in ein System eingehen, verarbeitet werden, ausgehen. Dahinter stehen fachliche Angaben wie zum Beispiel die Anzahl von Personen, die mit einem System arbeiten sollen, die Anzahl möglicher Parallelbenutzungen von Funktionen, fachliche Informationen darüber, ob es sich beispielsweise um durchschnittlich 10 Urlaubsanträge pro Tag handelt oder um 5 000 und so weiter. Für die IT leiten sich daraus Schlussfolgerungen ab für die Art der technischen Umsetzung, Speicherkapazitäten von Systemen etc.

12 Berechtigungskonzept

Das Berechtigungskonzept enthält alle relevanten Rollen und Rechte im Rahmen der neuen bzw. zu ändernden Funktionen. Hier werden die Kompetenzen zu den einzelnen Rollen hinterlegt. Es gibt immer eine Rolle „Administrator", die in der Regel die vollen Rechte besitzt und damit das System auch administrieren kann. Weitere Rollen werden individuell definiert. Genauso verhält es sich mit den Rechten. Typischerweise gibt es folgendes:

- Zugriff lesend
- Zugriff lesend und schreibend
- Recht zum Neuanlegen
- Recht zum Ändern

- Recht zum Speichern
- Recht zum Löschen

Die Darstellung der Rollen und Rechte bietet sich in Form einer Tabelle an. Beispielhaft könnte sie wie in Tabelle 2.4 aussehen:

Rechte /Rollen	Neuanlegen	Ändern	Speichern	Löschen
Administrator	ja	ja	ja	ja
Mitarbeiter	nein	ja	ja	ja

Tabelle 2.4: Berechtigungen

13 Anlagen

Der Abschnitt Anlagen enthält alle mitgeltenden Dokumente im Rahmen des Fachkonzeptes. Jede Anlage ist mit einer entsprechenden ID versehen, die dann im Fachkonzept an den notwendigen Stellen referenziert wird. Sinnvoll ist es, eine Tabelle zu verwenden.

Anlagen-ID	Name des Dokuments	Ablageort/Dateiname	Ansprechpartner
A_01	Prozessdarstellung Urlaubsantrag	N:/Projekt/Prozess_Urlantr_v05	Hr. Schmidt

Tabelle 2.5: Anlagen

> **Wichtiger Hinweis:** Häufig wird gerade bei Angaben zu Ablageorten mit Links gearbeitet. Das erweist sich in der Praxis oft als problematisch, da in der Regel vergessen wird, wenn Links zu aktualisieren sind. Dadurch führen sie häufig in eine Sackgasse und sorgen für Verzögerungen, fehlende Informationen etc. Sinnvoll ist es, den Pfad der Dokumentablage anzugeben oder einen übergreifenden Ordner als Link zu verwenden, der dann jeweils das aktuelle Dokument enthält.

14 Dokumentfreigaben

Dieser Abschnitt ist entscheidend für die Dokumentation der entsprechenden Freigaben. Er enthält die Beteiligten mit Namen und Rolle, die im Rahmen des im Unternehmen definierten Freigabeverfahrens verantwortlich zeichnen.

Final freigegeben wird die Dokumentversion 1.0 des Fachkonzepts mit Datum und Unterschrift. Nachgelagerte Änderungen/Ergänzungen unterliegen dem jeweils im Unternehmen definierten CR-Prozess.

Genannte Inhalte des Fachkonzepts stellen die wesentlichen Informationen dar, können bei Bedarf aber selbstverständlich erweitert werden.

Egal, ob das fachliche Dokument als Fachkonzept, Grobkonzept, Feinkonzept oder wie auch immer bezeichnet wird, auf den präzise und verständlich formulierten Inhalt kommt es an. Es gibt einige Beschreibungsformen, die in diesem Zusammenhang generell zu vermeiden sind:

- Konjunktiv: könnte, sollte, müsste ...
- Unbestimmte Artikel: ein, eine ...
- Mehrdeutigkeiten

- „man"
- lange, geschachtelte Sätze
- Programmcode
- Negationen (Anforderungen immer positiv ausdrücken)

2.2.4 Zusammenfassung

In diesem Kapitel haben wir uns erarbeitet

- wie wir mithilfe von methodischer Unterstützung von der Idee zu fachlichen Detaillierungen kommen.
- wie die Ergebnisse aus der methodischen Arbeit strukturiert im Fachkonzept erfasst werden.
- welche wesentlichen Informationen im Fachkonzept zu beschreiben sind.
- dass die Fachkonzeptversion 1.0 die final freigegebene Version ist.
- dass Änderungen danach über den geltenden CR-Prozess laufen.

Bevor wir zum Thema Modellierungssprachen, speziell UML, kommen und dort die Aufgabenstellung von Herrn Maier weiter verfolgen, unternehmen wir einen Exkurs in die agile Welt. Denn die agile Entwicklung hat in der heutigen Zeit große Bedeutung und wird oft angewendet. Aus dem Grund ist uns wichtig, das Thema unseres Buchs auch in diesem Kontext zu betrachten.

2.3 Agile Ansätze

Im Rahmen von Requirements Engineering hat die agile Vorgehensweise bisher keinen besonderen Stellenwert, obwohl gerade bei agilen Verfahren die Kommunikation zwischen allen Beteiligten im Vordergrund steht und die Qualität des Anforderungs- und Gesamtergebnisses deutlich erhöhen kann. Generell handelt es sich bei sogenannten agilen Verfahren um Weiterentwicklungen der schon früher bekannten iterativ-inkrementellen Vorgehensweise in der Softwareentwicklung[10], bei der die Anforderungsanalyse und -dokumentation als Teil des Entwicklungsprozesses einbezogen werden sollte. Agile, kommunikationsfördernde Ansätze können deutlich das gemeinsame Verständnis und die Kreativität z. B. bei der Lösungssuche erhöhen. Wir bitten, die gemischte deutsch-englische Schreibweise zu entschuldigen, da sie leider dem täglichen Gebrauch deutlich näher ist als eine rein deutsch ausgerichtete Sprachnutzung.

---

10 Zur iterativ inkrementellen Softwareentwicklung siehe insbesondere Kruchten, P. (2003).

2.3.1 Das agile Manifest und seine Auswirkungen im Entwicklungsalltag

Allen agilen Vorgehensweisen ist gemein, dass die Kommunikation das zentrale Element ist. Das spiegelt sich nicht nur in den vielen Meetingarten wider, sondern es beginnt bereits mit dem agilen Manifest[11]: *„Individuen und Interaktionen wertschätzen wir höher als Prozesse und Werkzeuge"*. Denn es kommt immer auf den Einzelnen mit seinen Fähigkeiten und Vorlieben an, sich ins Team einzubringen oder zu führen. Eine andere Person an derselben Position verhält sich unterschiedlich und bringt andere Ergebnisse hervor.

Es ist wichtig, dass sich die Beteiligten insgesamt als Team verstehen, das gemeinsam die Leistung erbringt und gemeinsam die Ergebnisse präsentiert. Unter **Team** verstehen wir die Definition eines selbstorganisierenden **„Scrum-Teams"**[12]. In Abgrenzung hierzu gibt es das **Development-Team**: Hier sind die Hauptakteure zu finden, also die Entwickler, Datenbankspezialisten und Tester bzw. Testautomatisierer. Der Scrum Master steht hierbei außerhalb des Development-Teams und berät dieses, während der Product Owner der Ansprechpartner und Verantwortliche für die Anforderungen an das Produkt ist. Je nach Projekt können weitere Funktionen innerhalb oder außerhalb des Development-Teams das Team insgesamt ergänzen, z. B. Anforderungsexperten, nur zeitweise zur Verfügung stehende Datenbankspezialisten, punktuell eingesetzte Entwickler für grafische Schnittstellen, User-Interface-Spezialisten oder speziell abgeordnete Mitglieder des Fachbereichs etc.

Der zweite Satz des agilen Manifests ist sinngemäß: *„Wir wertschätzen funktionierende Software mehr als umfassende Dokumentation"*. Hierbei geht es nicht um das vollständige Weglassen von Dokumentation, genau so wenig wie beim ersten Satz die Prozesse und Werkzeuge nicht unbeachtet bleiben dürfen. Hier wird eine Gewichtung der Begriffe genutzt. Das Ziel jedes Entwicklungszyklus (häufig mit „Sprint" übersetzt) ist eine funktionierende, auslieferbare Software, die dem Kunden einen zusätzlichen Nutzen gegenüber der vorherigen Version bietet. Hier kommt das Konzept des *minimal viable product*[13] (kurz MVP) ins Spiel: Aufbauend auf einer minimalen, eigenständig „lebensfähigen" Produktversion kann frühestmöglich eine Evaluation der Software und der zuletzt realisierten Funktionalität durchgeführt werden. Anders als bei wasserfallartigen Entwicklungsmodellen wird während des Sprints bereits integriert und getestet, sodass am Ende auf der tatsächlich erstellten und lauffähigen Version die **Sprint Review** stattfinden kann. Die Sprint Reviews sind eine Ausprägung der Meetings, bei denen das gesamte Team die Arbeitsergebnisse in einer größeren Runde allen Interessierten und speziell den Stakeholdern präsentiert.

Als **Stakeholder** sind alle Betroffenen bzw. Beteiligten des Ergebnisses des Entwicklungsprozesses zu verstehen. Hierzu gehören z. B. interne/externe Kunden, Budgetverantwortliche, höher angesiedelte Firmenverantwortliche, Gesetzgebung, Normen bis hin zur öffentlichen Meinung. An dieser Stelle möchte ich das Zitat „Betroffene zu Beteiligten machen" anbringen, was das Stakeholderdasein bei agilen Projekten auf den Punkt

---
11 *http://agilemanifesto.org/iso/de/*
12 *http://www.scrumguides.org/index.html*
13 Siehe Ries, E. (2012).

bringt: Offene Kommunikation dient hier der gegenseitigen Kontrolle und Absicherung bereits während des Prozesses.

Die in den meisten Fällen immer noch sinnvolle und notwendige **Dokumentation** wird übrigens am effizientesten mit automatisierten Prozessen „nebenbei" erzeugt: Im Quelltext können direkt von zusätzlicher Software auswertbare Kommentare miterfasst werden; Unit Tests und deren Ergebnisse lassen sich zentralisiert bei den Ergebnissen der automatisierten (Integrations-)Tests und Build Logs ablegen. Und speziell in unserem Fall gilt: Am besten sollte die Anforderungsdokumentation in einer Form vorliegen, dass sie auf Knopfdruck (oder vollständig automatisiert) aus dem erfassenden System abgeleitet und archiviert werden kann. Mit einer so zusammengefassten und automatisiert abgeleiteten Dokumentation sollten alle innerhalb und außerhalb des Teams liegenden Stakeholder zufrieden zu stellen sein.

Der dritte Satz „*Wir wertschätzen die Zusammenarbeit mit dem Kunden mehr als Vertragsverhandlungen*" skizziert die gängige Praxis von softwareentwickelnden Personen, Abteilungen oder Firmen, jede kleinste Funktionalität in den Abrechnungsprozess einfließen zu lassen. Das ist für die terminliche und inhaltliche Absicherung des Entwicklungsprojekts auch teilweise sinnvoll, kostet das Development-Team aber wertvolle und produktive Zeit.

Im Rahmen eines agilen Vorgehens findet das so nicht statt, denn man redet schnellstmöglich bei Bedarf oder zu festen Zeitpunkten, z. B. täglich, über Veränderungen und passt die Anforderungen und das Produkt möglichst noch im selben Zyklus an veränderte oder gerade erst aufgefallene Notwendigkeiten an. Der **Product Owner** als stellvertretender Abnehmer der Software bündelt die Anliegen der bekannten Stakeholder nach bestem Wissen und Gewissen und steht für die Nachfragen über Konkretisierungen und Änderungen für die Mitglieder des Development-Teams zeitnah zur Verfügung.

Zusammenarbeit mit dem Kunden findet also auf mehreren Ebenen statt: Der Product Owner spricht mit allen außerhalb des Teams angesiedelten Anspruchsinhabern (Kunden) und ist innerhalb des Teams selbst der Kunde, den die Entwickler ansprechen können. Er ist speziell für die Anforderungsanalyse, -anpassung (agiles Change Management) und Anforderungsdokumentation sowie die Umsetzungsüberprüfung alias Abnahme der Software zuständig.

Der Product Owner, kurz PO, sollte für die Kommunikation mit den eigentlichen Stakeholdern eine zentrale Anlaufadresse wie z. B. eine festgelegte E-Mail-Adresse oder einen dedizierten Ablagekorb im Büro vorhalten. Diese **Bündelung der eingehenden Anfragen** vermeidet unklare oder gar unbekannte Seiteneinstreuungen neuer Anforderungen, während der PO einen guten Überblick behalten kann über die Gesamtanforderungen und deren Änderungen.

Genau dem Reagieren auf Änderungsanforderungen wird im vierten Satz des agilen Manifests entsprochen: „*Wir wertschätzen das Reagieren auf Veränderung mehr als das Befolgen eines Plans*". Natürlich gibt es übergeordnete Pläne, denen sich auch agile Projekte unterordnen müssen, aber kurzfristig erkannte Änderungen lassen sich durch häufige Kommunikationspunkte auch meist effektiv und kurzfristig erkennen, einplanen und umsetzen. Kommt man im Gegenteil nur zu Anfang und Ende eines Projekts zusammen, bemerkt man nach dem „Big Bang" (der Zusammenführung der neuen Software in ihrer Einsatzumgebung mit den tatsächlichen Schnittstellen und anderen Altsoftwares und Altdatenbeständen), dass die neue Software das Ziel nicht ausreichend genau erreicht hat.

2.3.2 Meetings und Artefakte

Da die Kommunikation innerhalb des Teams so wichtig ist, gibt es mehrere Arten von Meetings mit jeweils unterschiedlichem Zweck. Allen Terminen gemeinsam ist die enge zeitliche Vorgabe: Das **„Time boxed"**-Verfahren bedeutet, dass Termine im Vorhinein in ihrer zeitlichen Ausdehnung konkret festgelegt werden und bei Ablauf dieser Frist der Termin hart beendet wird.

Die diversen Meetingarten und verbundene Artefakte wollen wir kurz durchgehen:

- **Daily Stand Up (Meeting)**: Es ist in jeder agilen Vorgehensweise ratsam, sich mindestens einmal am Tag innerhalb des gesamten Teams zu synchronisieren, und zwar bei einem straff organisierten und verpflichtenden Stand-up-Meeting, bei dem tatsächlich alle Beteiligten stehen. Das hat den Vorteil, dass sich keiner zurückziehen kann und alle an einem zügigen Durchkommen interessiert sind. In den meist morgendlich zur selben Zeit anberaumten Treffen bekommt zuerst das Development-Team insgesamt eine Viertelstunde Zeit, die Tätigkeitskarten auf der ggf. elektronischen Fortschrittstafel auszutauschen. Dabei berichtet jedes einzelne Mitglied des Development-Teams, was es am letzten Arbeitstag gemacht und erreicht hat, was es am heutigen Tag noch erreichen will und welche Hürden es z. B. durch den Scrum Master zu beseitigen gilt. Dabei werden die Tätigkeitskarten entsprechend auf der Fortschrittstafel weitergeschoben, ggf. beschriftet, geändert, verworfen oder es werden neue Karten erstellt. Auf der Tafel gibt es mindestens die (Status-)Einteilungen *„backlog"*, *„in progress"* und *„done"*.

Danach ist der Scrum Master an der Reihe und berichtet im selben Stil. Abschließend gibt es noch eine große Runde, wobei auch die restlichen Mitglieder des Teams (insbesondere der Product Owner) möglichst kurz und prägnant berichten. Das ganze Meeting sollte höchstens eine halbe Stunde dauern. Anschließend ist es sinnvoll, weitere beteiligte Mitarbeiter einzuladen, dass sie sich ebenfalls beteiligen und/oder Fragen stellen können.

Die Kanban-artige Tafel (**Scrum Board**) hat den Vorteil, dass leicht die für den Sprint vorgesehenen Aufgaben bzw. Items erfasst werden können und man schnell einen Überblick gewinnt: Das Ziel heißt Transparenz. Durch unterschiedliche Farben der Karten können zudem verschiedene Aspekte wie Zuständigkeiten oder (User-Story-)Zuordnungen hervorgehoben werden. Solch eine Tafel lässt sich leicht für die eigenen Zwecke anpassen, indem man z. B. weitere zeitliche (Status-)Spalten für „to review", „in review" und „review done" einführt.

Weitere optionale Verfeinerungen: Es kommt immer mal wieder vor, dass Tasks dauerhaft bei ihrer Erledigung behindert werden, wie z. B. beim Warten auf die Verfügbarkeit einer bestimmten Umgebungskomponente. Damit liegt die Verantwortung des Impediments weder beim Scrum Master noch beim Team. Für solche Tasks kann ein *„Ice Box"* genannter Sammelbereich auf dem Scrum Board geschaffen werden, in der die Tasks gesammelt werden, die zurzeit nicht fortgeführt werden können und deshalb nirgendwo zuzuordnen sind. Außerdem kann man mit weiteren Spuren (alias **Swim Lanes**) z. B. die Team Tasks und Bugs in ihrem zeitlichen Verlauf verfolgen.

- **Epics (Artefakt)** sind dabei z. B. umfassende Prozesse, die insgesamt in der Software abgebildet werden sollen; die Bearbeitung kann sich zeitlich sogar über das geplante Projektende hinaus erstrecken. Ein Epic enthält eine oder mehrere User Stories.

- Eine **User Story (Artefakt)** ist die nächst kleinere Einheit und beschreibt, was der Kunde vom zu entwickelnden System erwartet. Hierzu gibt es eine einfache Textschablone der Form „Als <Rolle> möchte ich <Ziel/Wunsch>, um <Nutzen> zu erhalten", die die Beschreibung normieren und verständlicher machen soll. Damit ist die User Story eher als Gedächtnisstütze gedacht denn als vollständige Beschreibung der umzusetzenden Funktionalität. Auf der Karte einer solchen User Story sollten maximal drei Sätze dieser Form stehen und eine User Story sollte innerhalb eines Sprints umgesetzt werden können. Auf der Karte einer User Story können bzw. sollten auch die Abnahmekriterien für die Story stehen. Es ist sinnvoll, an dieser Stelle eine Verknüpfung mit einem ausführlichen Dokumentationssystem auf die Karte aufzunehmen.

Das Requirements Engineering kann bei agilen Vorgehensweisen als losgelöste und vorgelagerte oder aber als integrierte Stufe betrachtet werden: In der einen Variante werden die Anforderungen bereits vor dem eigentlichen agilen Prozess vorbereitet und stehen zu Beginn bereits als vollständiges Backlog zur Verfügung oder in der anderen Variante wächst das Backlog vom Beginn des ersten Sprints durch ständige Bearbeitung durch den Product Owner an. Ziel ist ein vollständiges Product Backlog, welches als Items alle noch nicht verfeinerten User Stories enthält. In jedem Fall liegt das **Change Management** ebenfalls beim Product Owner. Bei ihm werden die neuen oder geänderten Anforderungen aufgenommen, verwaltet und ans restliche Team weitergegeben.

- Auf die Karte einer User Story gehört auch eine Festlegung der **Story Points (Attribut einer User Story)**. Zur inhaltlichen Nutzung gibt es divergierende Meinungen: Für die eine Fraktion sollte der Wert der vergebenen Punkte den geschätzten Aufwand der User Story widerspiegeln; für die andere Fraktion soll die Anzahl der Punkte ähnlich einer Feature-basierten Schätzung nur die Punkte darstellen, die einen tatsächlichen Mehrwert für den Kunden bedeuten. Persönliche Erfahrungen eines Autors legen nahe, dass man sowohl als Product Owner als auch als Mitglied des Development-Teams eine genauere Schätzung erreicht, wenn man hier aufwandbasiert vorgeht. Nichtsdestotrotz sollte bei jedem Sprint ein sichtbarer Mehrwert für den Kunden erzielt werden, sonst hätte das Team im später erläuterten Reviewtermin nicht viel vorzuzeigen.

- **Refinement-Meeting:** Der Product Owner ist als Verwalter der Anforderungen mit der geballten Gesamtanforderung an ein Projekt konfrontiert und muss es in abarbeitbare Teilstücke zerlegen. Er legt in Abstimmung mit dem Team fest, welche übergeordneten Themen (Epics) es gibt und wie diese zerlegt werden in kleinere User Stories. Die User Stories werden in diesem Meeting vom Product Owner dem restlichen Team vorgestellt, der Ablauf innerhalb des Gesamtbilds erklärt, mögliche grafische Benutzeroberflächen gezeigt und ggf. sogar technische Hintergründe kurz besprochen. Das Team, speziell das Development-Team, macht Vorschläge, wie sich das geplante System umsetzen lässt, gibt Verbesserungsvorschläge und schlägt auch die Zusammenführung oder Zerschneidung von User Stories vor. Der Scrum Master kann hier wertvolle Unterstützung bei Fragen zum Scrum-Vorgehen geben. Außerdem werden eine erste Priorisierung des Product Owners sowie eine erste Schätzung der Story Points durch das Development-Team genannt. So werden die User Stories immer weiter verfeinert und Fragen können schon vor den Sprint-Planning-Terminen aufgeworfen und geklärt werden. Refinement-Termine können jederzeit innerhalb eines Zyklus erfolgen.

- **Product Backlog (Artefakt):** So wie das Development-Team eine Fortschrittstafel für die User Stories des aktuellen Zyklus hat, so hat der Product Owner eine eigene Tafel für die Planung der User Stories über den gesamten Zeitraum, das bereits genannte Product Backlog. Anhand des Product Backlogs lassen sich sowohl Planung als auch Fortschritt transparent für alle Beteiligten erkennen. Um den Bogen zu schlagen zu traditionellen Entwicklungsmethoden könnte man eine User Story einem Use Case gleichsetzen.

- **Definition of Ready (DoR, Artefakt):** Bevor die genaue Schätzung erfolgt, muss das Backlog Item bzw. die User Story alle Forderungen der **Definition of Ready** (= DoR) erfüllen. Die Kriterien hierfür wurden bereits vom Team am Anfang des Entwicklungsvorhabens gemeinsam besprochen und festgelegt; sie sind aber nicht in Stein gemeißelt und bleiben verhandelbar. Die DoR ist lediglich eine Forderung an den Product Owner, die User Stories möglichst gut vorbereitet zu haben und sollte nicht überbewertet werden. Zu den möglichen Kandidaten für die DoR zählen:

    Die User Story…

    ○ muss vollständig beschrieben sein.

    ○ muss Abnahmekriterien enthalten.

    ○ muss testbar sein.

    ○ muss priorisiert sein.

    ○ soll eine erste Aufwandsschätzung enthalten.

- **Definition of Done (DoD, Artefakt):** Um dem Team eine Möglichkeit der (Selbst-) Überprüfung bezüglich des Fertigstellungsgrads von User Stories zu geben, gibt es die vorher gemeinsam festgelegte Definition of Done. Die DoD wird am Projektanfang gemeinsam festgelegt und kann im Projektverlauf verfeinert werden.

    Damit eine User Story vom Product Owner abgenommen werden kann, müssen vorher z. B. folgende Punkte erledigt worden sein:

    ○ Alle festgelegten Akzeptanzkriterien der User Story sind erfüllt.

    ○ Coding Guidelines und Standards wurden eingehalten (teilweise Überprüfung durch Build-System automatisiert möglich).

    ○ Code ist vollständig umgesetzt und im Versionierungssystem eingespielt.

    ○ Code Reviews wurden durchgeführt und Änderungen bereits eingepflegt.

    ○ Alle Unit Tests wurden erfolgreich durchgeführt; alle Tests sind grün.

- Der aktuelle Build konnte ohne Fehler durchgeführt werden.
  - Alle automatisierten funktionalen und GUI-Testfälle wurden erfolgreich durchgeführt und sind grün.
  - Branch wurde abgeschlossen.
  - Package ist installationsbereit.
  - Der Continuous Integration Server konnte die Installation fehlerfrei durchführen.
  - Release Notes liegen vor.
  - Dokumentationsupdate wurde durchgeführt.
  - Alle kritischen Bugs wurden im Zuge der Umsetzung der User Story behoben.

  Hat der Product Owner noch Auflagen, kann die Abnahme auch unter Vorbehalt passieren und wird erneut nach Erfüllung aller vorliegenden Kriterien durchgeführt.

- **Estimation Meeting:** Um für die Feinplanung von User Stories für den nächsten Sprint zu einer korrekten Priorisierung zu kommen, benötigt der Product Owner sogenannte Estimation Meetings, bei denen die User Stories nur anhand der User-Story-Karten erneut geschätzt werden. Der Termin wird vom Product Owner durchgeführt und die Mitglieder des Development-Teams sind angehalten, sich bereits vor dem Termin mit den ausgearbeiteten und ggf. geänderten oder anders geschnittenen User Stories über das Anforderungsablagesystem vertraut zu machen, so dass der Termin selbst kurzgehalten werden kann. Jetzt werden vom Development-Team die Story Points der vorgelegten User Stories geschätzt. Hierzu gibt es unterschiedliche Abstimmungsmethoden.

  Die wohl beliebteste Abstimmungsmethode ist das **Planning Poker**, bei dem jedes Mitglied des Development-Teams eine Karte mit einer Zahl der abgewandelten Fibonacci-Sequenz 0, 1, 2, 3, 5, 8, 13, 20, 40, 100 hochhält. Danach werden die Fürsprecher für die höchste und niedrigste Zahl befragt, was sie zu ihrer Einschätzung bewogen hat und es gibt eine neue Pokerrunde. Ziel ist die möglichst einstimmige Einschätzung der Story Points für die jeweilige User Story.

  Persönlich hat ein Autor schon mit der Abstimmungsmethode **Magic Estimation** gute Erfahrungen gesammelt, da sie auch für größere Mengen an User Stories eine zügige Durchführung ermöglicht: Alle User Stories werden einmal ausgedruckt und reihum an die Mitglieder des Development-Teams verteilt. Nach kurzer Bedenkpause legt jeder seine Karte bzw. Karten zu den groß ausgedruckten und ausgelegten Zahlen 0, 1, 2, 3, 5, 8, 13, 20, 40, 100. Bei einer weiteren Bedenkrunde kann jedes Mitglied des Development-Teams eine Karte nehmen und an eine andere Stelle verschieben (sollte beides notiert werden), danach werden die abweichenden Positionen bei nicht eindeutig zugeordneten Karten von den erst- und umlegenden Personen erläutert. Ziel des Verfahrens ist schnell eine einstimmige Übereinkunft bezüglich der Story Points zu erreichen. Dementsprechend kann der Product Owner seine erste Priorisierung der User Stories ggf. anpassen.

- Im Termin **Sprint Planning 1** (Meeting) geht es um die Feststellung des „**WAS?**"-Umfangs: Zuerst wird vom Scrum Master die verfügbare Arbeitszeit der Mitglieder des Development-Teams festgestellt und eine Festlegung der jenseits der umzusetzenden

User Stories zu erledigenden Arbeitsaufwände (**Team Tasks**) getätigt. Auch die Team Tasks werden vom Product Owner priorisiert. Je nach Planungsgüte des Teams werden auch die noch offenen, geschätzten Aufwände für die Restarbeiten des letzten Sprints als Team Task erneut einberechnet. Danach ist bekannt, wie viel (Rest-)Arbeitszeit für die User Stories eingeplant werden kann. Ein gutes Maß kann hierbei die 50%-Grenze sein: Wenn mehr als die Hälfte der gesamten verfügbaren Arbeitszeit für etwas Anderes als die User-Story-Umsetzung benötigt wird, sollten andere Aufgaben gestrichen oder ein dedizierter Aufholsprint eingeplant werden.

Nach der Feststellung der einsetzbaren Arbeitszeit stellt der Product Owner die User Stories vor, die laut seiner Priorisierung als nächste im kommenden Produktentwicklungszyklus umzusetzen sind. Er bespricht den umzusetzenden "WAS?"-Umfang mit den Mitgliedern des gesamten Teams. Da die Stories durch Refinement-Termine bekannt sein sollten, sollte an dieser Stelle nicht mehr viel Klärungsbedarf bestehen. Hierbei werden die bereits verfeinerten User Stories vollständig vorgelesen, Abnahmekriterien durchgegangen, ggf. Screenshots der geplanten Masken gezeigt und die Ziele für die einzelnen Stories besprochen. Nach jeder einzelnen User-Story-Vorstellung wird vom Product Owner abgefragt, ob diese Story im kommenden Zyklus fertig umgesetzt werden kann.

Wenn das Development-Team hierzu ein **Commitment** (Zusage) abgibt, bindet es sich an seine selbstgegebene Vorgabe, auch wirklich bis zum Zyklusende fertig zu werden. Sollte es Unstimmigkeiten bezüglich des Commitment geben, sollten alle bis auf die Mitglieder des Development-Teams den Raum verlassen und der ebenfalls anwesende Scrum Master versucht, eine Klärung herbeizuführen. Das Team kann auch Abstriche an der bzw. den vorher besprochenen Stories in Absprache mit dem Product Owner machen, um doch noch ein Commitment zu erreichen. Der Termin sollte pro Wochenumfang des Zyklus eine Dreiviertelstunde oder Stunde umfassen, ebenso wie der sich anschließende Sprint-Planning-2-Termin.

- Im **Sprint Planning 2** (Meeting) berät das Development-Team über das **WIE?** bezüglich der technischen Umsetzung der zugesagten User Stories. Sobald die geplante technische Lösung für die jeweilige Story festgelegt worden ist, werden die einzelnen Aufgaben auf sogenannten **Task Cards** kurz und prägnant beschrieben und an die Fortschrittstafel gehängt. Es gibt noch keine Verantwortlichkeiten für die einzelnen Aufgaben, für die Abarbeitung ist das Development-Team verantwortlich. Jede Task Card sollte eine Aufgabe für maximal vier Stunden sein, so dass jeden Arbeitstag wenigstens zwei Karten abgearbeitet werden können. Sind Aufgaben zeitlich zu lang für eine Karte, deutet das auf einen schlecht geschnittenen Aufgabenumfang hin und man sollte sich Gedanken bezüglich der Aufteilung der Aufgabe in Unteraufgaben machen. Sollten sich später Zusatzaufgaben ergeben, können diese an der Fortschrittstafel im Daily Stand-up erklärt und ergänzt werden.

- Eine weitere Terminart ist die **Sprint Review (Meeting)**: Hier werden alle Beteiligten des Projekts bzw. Interessierten eingeladen. Es geht um das Vorzeigen der vom Team erreichten Ergebnisse, am besten mit einer öffentlichen Vorführung. Hierzu kann man bei Videoclipanbietern gute Beispiele für (Sprint) Reviews großer Internetfirmen finden, die diese Meetings regelrecht zelebrieren. Das bisher Erreichte wird mit dem alten Entwicklungsstand verglichen und neu hinzugekommene Features hervorgehoben. Nach oder während der Vorführung können Fragen vom Publikum an das Team gestellt werden; hauptsächlich geht es um die Begründung getroffener Entscheidungen des Softwaredesigns und weitere neue Features, die jetzt denkbar sind.

- Die **Retrospektive** (Meeting) hat den Zweck der inneren Reflexion über den vorangegangenen Sprint und das Teamverhalten. Hierbei befasst sich das gesamte Team jeweils eine Zeitstunde pro Sprintwoche mit sich selbst. Im Zentrum stehen beispielhaft Fragen wie z. B. „Wie ist die Zufriedenheit?", „Was war schlecht und war besser?", „Was sollten wir für den nächsten Sprint unbedingt beibehalten oder nicht mehr so machen wie letztes Mal?" und „Wie können wir unser Teamgefühl, unsere Qualität und/oder unsere Performanz erhöhen?". Als Ergebnis sollte das Team eine oder mehrere Maßnahmen festgelegt haben, die im nächsten Sprint umgesetzt werden sollen. Zur Erinnerung werden Notizen für das Team oder **Impediments Backlog** geschrieben. Das Impediments Backlog ist kein offizielles Scrum-Artefakt. Dieses Backlog besteht wiederum aus den Teilen „Team" und „Organisation". Die Items im Impediments Team Backlog werden vom Team bearbeitet und wie reguläre Team Tasks behandelt; die Items im Impediments-Organisations-Backlog werden vom Scrum Master abgearbeitet. Hier werden die vom Scrum Master auszuräumenden Hürden notiert, im Daily-Stand-up-Meeting besprochen und möglichst zeitnah abgearbeitet. Auch für diese Backlogs gibt es mindestens wieder die Einteilungen „backlog", „in progress" und „done".

- Damit das Team sich besser finden kann, werden gemeinsame **Team Events** oder auch **Team Building Events** veranstaltet: Man kann z. B. als Basis eine gemeinsame Mittagspause im Betriebsrestaurant vereinbaren. Darüber hinaus sollte es auch weitere unregelmäßige Events geben: Beispielsweise mit einem sportlichen Bowlingabend, einem Radausflug oder einem Besuch in einem schicken Restaurant kann man gut den Teamzusammenhalt stärken.

2.3.3 Anwendung in überlappenden Zyklen

Damit das Requirements Engineering nicht in zeitlichen Verzug gegenüber dem restlichen Team kommt, ist eine zeitlich überlappende Arbeitsweise sinnvoll. Hier führen wir das Konzept der Aufgabenverteilung neu ein: Um überlappende Phasen optimaler zu nutzen, bildet sich auf der einen Seite ein spezialisiertes Team für Requirements Engineering heraus (**Requirements-Team**), welches die Anforderungen erhebt, abstimmt, modelliert und verwaltet. Auf der anderen Seite bleibt das Development-Team, das für die Entwicklung verantwortlich zeichnet.

Das Requirements-Team geht hierbei zeitlich gesehen voran und nutzt sinnvollerweise Kanban- und Scrum-Methoden, um selbst von den groben Anforderungen eines Epics schnell zu User Stories zu gelangen. Man kann natürlich im bereits angerissenen Verfahren der vorgelagerten Stufe mit einem Sprintvorsprung gegenüber der regulären Entwicklung starten. Oder man integriert alle Mitglieder des Scrum-Teams ab dem ersten Moment noch vor dem ersten Sprint und generiert gemeinsam das erste Epic und die erste umzusetzende User Story, während im folgenden ersten Sprint das Requirements-Team die Verfeinerung weiterer Epics durchführt und das Development-Team die Produktentwicklung vorantreibt. In jedem Fall bleibt der Product Owner der für das Anforderungsmanagement Verantwortliche und deshalb sollte er die Erstellung von Epics und User Stories überwachen und reviewen.

2.3.4 Anwendung auf das Beispiel

Der Product Owner hat im Product Backlog zu Beginn des Projekts lediglich das Epic mit dem Titel „Urlaubsantrag einreichen". Zusammen mit den Mitarbeitern des gesamten Teams wird ein Brainstorming veranstaltet. Die Ergebnisse des Brainstormings (siehe Kapitel 2.2.1) werden in einem folgenden Sprint Planning des Requirements-Teams gruppiert und priorisiert. Der Product Owner gibt auch hier die Priorisierung vor; es wird vom Groben zum Feinen (Top-Down) geplant und gearbeitet.

Um den beispielhaften Durchlauf etwas zu vereinfachen, lassen wir den Epic-Durchlauf weg und gehen gleich auf die User Stories ein. Bei größeren Projekten mit gut getrennt zu bearbeitenden Oberthemen sollte man auf Epics zurückgreifen. Ein Beispielergebnis mit User Stories, das sich an den vorher erhobenen Ideen des Brainstormings orientiert, könnte als priorisierte Liste wie folgt aussehen; über die User Story der obersten Backlog-Position wird als nächstes abgestimmt bzw. umgesetzt:

Priorität	Story Points	User-Story-Benennung (Epic: „Urlaub soll vollständig elektronisch erfasst werden können")
1	20	Kalenderfunktion soll genutzt werden
1	8	Funktion zum Urlaubsantrag soll über Intranet laufen
2	8	Information über Urlaubsantrag soll an Personalabteilung gesendet werden
2	5	Urlaubsantrag an Führungskraft weiterleiten
3	8	Urlaubsantrag soll Urlaubstagebestand des Mitarbeiters aktualisieren
3	5	Urlaubsantrag drucken
3	3	Antragsteller soll eine elektronische Rückmeldung erhalten
4	20	Urlaubsantrag muss in Deutsch und Englisch vorliegen

Tabelle 2.6: Priorisierte Liste mit User Stories

An diesem Beispiel kann man gut die Vorgehensweise „gezielt die wichtigsten Probleme zuerst lösen" begutachten: Als erstes wird das wichtigste Problem angegangen, das die meisten Story Points hat, d. h. welches auch das höchste Risiko bzw. den größten Aufwand für das Development-Team darstellt. Nachdem die Basisfunktion der Kalenderverwendung funktioniert (ein passendes Ziel für den psychologisch wichtigen ersten Erfolg im ersten Sprint), muss die Funktionalität auch über das Intranet funktionieren. Die obersten Items verschwinden aus dem Backlog und der Rest rückt höher.

Agile Ansätze

Im nächsten Schritt werden während des Sprint-Planning-2-Meetings die Taskkarten für den Anforderungssprint angefertigt. Zu den Tasks gehören die Feststellung von Stakeholdern, das Festlegen der Anwendungsfälle, Modellieren der Prozesse, Ableiten der Geschäftsobjekte, Identifizieren der betroffenen Systeme und deren Schnittstellen bis hin zur Modellierung der Benutzeroberfläche. Nicht alle Items sind am Ende des Sprints vollständig beschrieben, aber das Development-Team kann im anschließenden Sprint auf einem bereits teilweise bekannten und gut modellierten Anforderungsgerüst aufbauen. Das Development-Team hat währenddessen die Aufgabe, das Requirements-Team z. B. bei Softwarearchitekturthemen zu unterstützen, geeignete (Software-)Werkzeuge für die Umsetzung auszuwählen und nach Möglichkeit einen sinnvollen aber revidierbaren Technikentwicklungspfad zu planen.

Der **technische Entwicklungspfad** ist die Grundlage für sinnvolle Softwarearchitektur und baut auf der Idee auf, möglichst alle erlernten Techniken künftig wieder zu verwenden. Das bedingt, dass der einmal entwickelte Code so gut kommentiert sein muss, dass er bei der nächsten Verwendung wieder als Beispiel dienen und so die Geschwindigkeit der Entwicklung nachhaltig verbessern kann.

In weiteren Iterationen wird auch vom Requirements-Team die Spezifikation weiter konkretisiert, bis alle Ideen, Epics und User Stories fertig ausspezifiziert vorliegen.

2.3.5 Anwendungsfälle

Die Mitglieder des Requirements-Teams können beispielsweise bei der Erstellung der Anforderungsmodellierung so vorgehen, dass man mit dem Gedanken an einen Geschäftsfall startet: Wir modellieren den Geschäftsfall „Urlaubsantrag einreichen".

Innerhalb des soweit wie möglich vereinfachten Anwendungsfallmodells überlegen wir uns, dass prinzipiell der Mitarbeiter, dessen Vorgesetzter und die Personalabteilung beteiligt sein müssen: Der Mitarbeiter möchte seine Urlaubszeiträume erfassen und zur Freigabe an den Vorgesetzten einreichen (Use Case „Urlaub erfassen"), während der Vorgesetzte diesen bewilligen oder ablehnen soll (Use Case „Urlaubsantrag freigeben"). Die Personalabteilung (kurz HR für Human Resources) kann über einen weiteren Mitarbeiter beteiligt sein oder sie wird von unserem künftigen Programm nur im Bewilligungsfall benachrichtigt, sodass kein Mitarbeiter mit der Buchführung darüber behelligt wird.

Diese Antragsbearbeitung soll durch ein Datenverarbeitungssystem realisiert werden, das geplante System soll „Urlaubsplaner" heißen. Der dritte Geschäftsfall dient dazu, dass das vorhandene SAP-System (SAP-HR-Modul) automatisiert abgefragt und benachrichtigt wird, damit die Buchführung weiter stimmt. Eine weitere Anforderung ist, dass der Mitarbeiter seinen Urlaub innerhalb seines Outlook-Kalenders eintragen können soll.

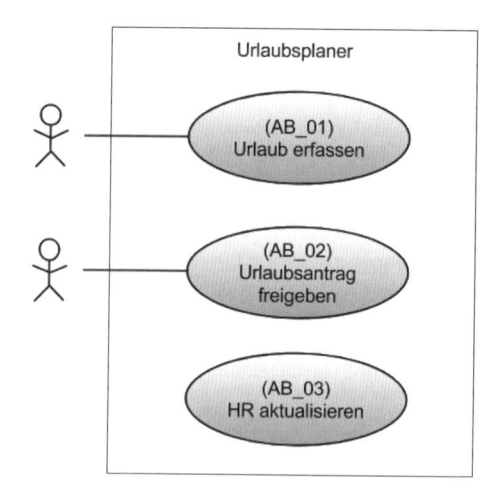

Abbildung 2.9: Anwendungsfallbeschreibung des Systems „Urlaubsplaner"

Es ergeben sich also drei zu modellierende Geschäftsfälle (Use Cases):

- AB_01: „Urlaub erfassen", ausgelöst vom Mitarbeiter
- AB_02: „Urlaubsantrag freigeben", ausgelöst vom Vorgesetzten
- AB_03: „HR aktualisieren", findet automatisiert innerhalb des Urlaubsplaners statt

Von unserem Use Case „Urlaub erfassen" kommen wir also ganz zwanglos bereits zu einem kleinen Prozess mit zwei Aktionen, bei denen der Mitarbeiter seinen nächsten Urlaubszeitraum festlegt und an den Vorgesetzten zur weiteren Bearbeitung sendet.

2.3.6 Prozesse

Die Antragsbearbeitung kann man sich so vorstellen, dass als erstes der Antrag erstellt wird und als nächstes freigegeben werden soll. Hier erfolgt eine Entscheidung, ob der Antrag angenommen oder abgelehnt wird. Wird der Antrag angenommen, wird der Bestand der restlichen Urlaubstage aktualisiert. In jedem Fall wird der Antragsteller benachrichtigt, ob seinem Antrag stattgegeben wurde.

Man kann diesen Prozess vorweg mit wenigen Textmitteln skizzieren ...

→ Urlaubsantrag erstellen
→ Antrag genehmigen
  o Bestand aktualisieren
  o Und Antragsteller informieren
→ Oder Antrag ablehnen
  o Nur Antragsteller informieren

... und später in die Business Process Modeling Notation überführen:

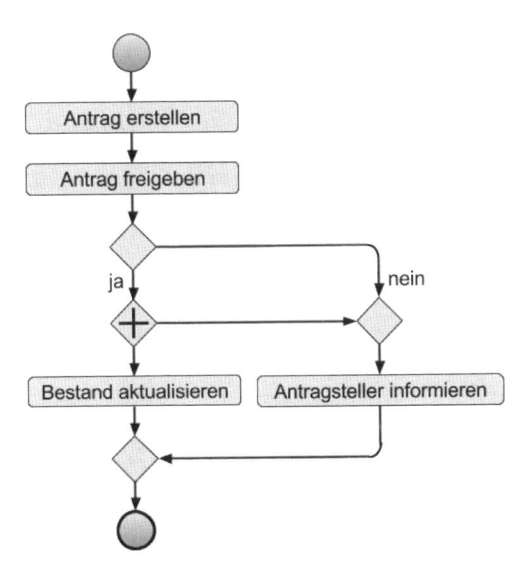

Abbildung 2.10: Prozessbeschreibung des Antragstellungsprozesses in BPMN

2.3.7 Geschäftsobjekte

Unter Zuhilfenahme der jetzt bekannten Modelle können wir auch die Geschäftsobjekte näher analysieren und deren Eigenschaften bestimmen. Als Geschäftsobjekt verstehen wir hierbei eine einzelne Entität, die wir als Klasse modellieren. Das Geschäftsobjekt *Person* verfügt über die Attribute *Name* und *Vorname*. Ein Attribut *Personalnummer* kann man sich ebenfalls gut hier vorstellen, diese ist aber für unsere modellhafte Beschreibung nicht notwendig.

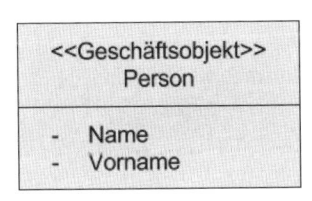

Abbildung 2.11: Geschäftsobjekt mit Attributen

Das Geschäftsobjekt *Vorgesetzter* ist hingegen vom Typ *Mitarbeiter*, welches sich vom Geschäftsobjekt *Person* ableitet. Einem Vorgesetzten muss mindestens ein Mitarbeiter zugeordnet sein; es können aber auch beliebig viele zugeordnet sein. Außerdem besitzt jeder Mitarbeiter das Attribut *Urlaubstage pro Jahr*, kurz *UrlaubstageProJahr*.

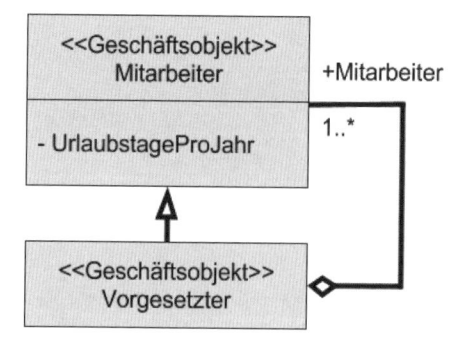

Abbildung 2.12: Ableitung und Zuordnung von Geschäftsobjekten

Jeder Mitarbeiter kann als Antragsteller beliebig viele Urlaubsanträge stellen. Jeder Urlaubsantrag hat die Attribute *Zeitraum*, *Antragsstatus*, *Anzahl* und *Bemerkung*.

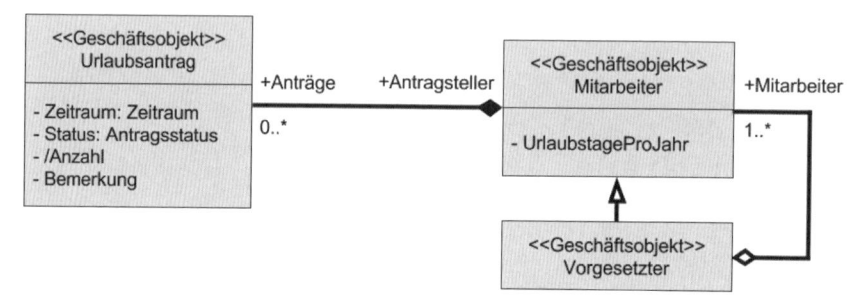

Abbildung 2.13: Geschäftsobjekte „Urlaubsantrag", „Mitarbeiter" und „Vorgesetzter"

Zudem gibt es noch die Einschränkung, dass ein Mitarbeiter nicht mehr Urlaubstage beantragen darf, als ihm pro Jahr zustehen, wir wollen es an dieser Stelle bewusst einfach halten.

> **Anmerkung:** Genau hier kann man weitere Prüfungen ergänzen und Fehlermeldungen oder Sonderregelungen im Prozess ergänzen.

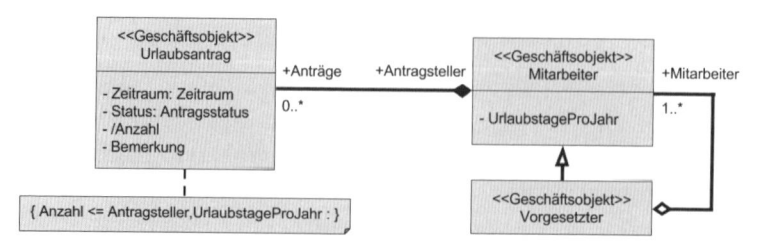

Abbildung 2.14: Ergänzung des Modells um die Anzahl der Urlaubstage

Damit es im System auch Rollen gibt, wird festgelegt, dass Mitarbeiter eine Rolle besitzen.

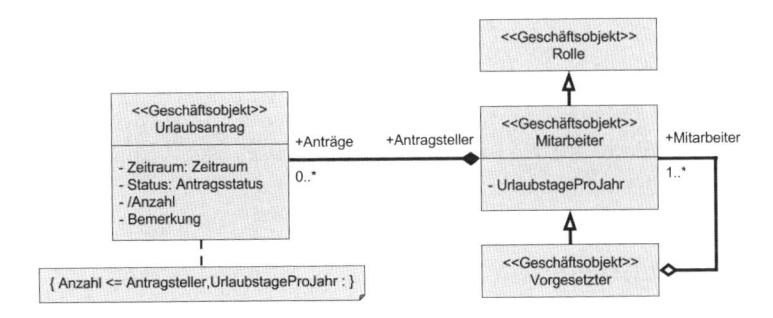

Abbildung 2.15: Festlegung von Rollen

Mitarbeiter sind aber konkrete Personen mit Namen und Vornamen, die zur besseren Unterscheidung auch an unterschiedlichen Orten wohnen.

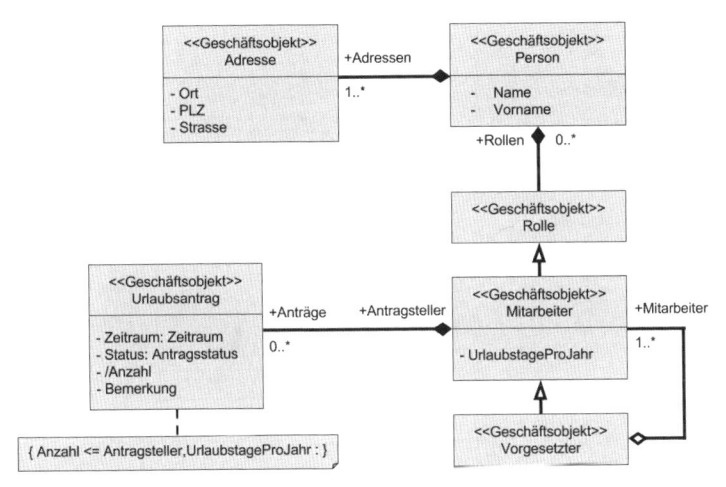

Abbildung 2.16: Ausdifferenzierung des Modells

Damit ist unsere Festlegung der Geschäftsobjekte abgeschlossen.

2.3.8 Beteiligte Systeme und Schnittstellen

Was wir auch an dieser Stelle bereits wissen, sind die beteiligten Systeme und deren Schnittstellen. Die nicht standardgemäße Notation zeigt hier die beteiligten Systeme als Kästen und die Schnittstellen mit ihren Datenflüssen als gerichtete Verbindungspfeile:

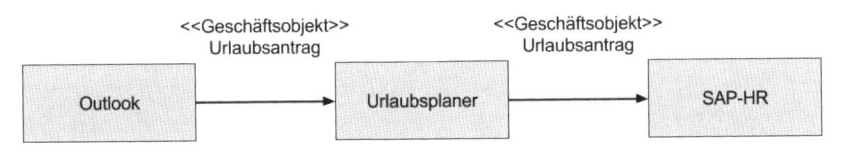

Abbildung 2.17: Beteiligte Systeme und Schnittstellen

Wir haben als Eingangssystem für das Gesamtsystem das System *Outlook*, in dem der Zeitraum für einen Urlaubsantrag festgelegt und der Antragsvorgang gestartet wird. Ein Geschäftsobjekt des Typs *Urlaubsantrag* wird über die Schnittstelle *Interface2* an das System *Urlaubsplaner* übergeben. Der Urlaubsplaner selbst sendet das Geschäftsobjekt *Urlaubsantrag* über die rechts als Pfeil erkennbare Schnittstelle an das System *SAP-HR*. Wir werden dieses Beispiel später noch elaborieren.

2.3.9 Masken und Felder

An dieser Stelle können wir noch weiter in die Modellierung unserer Anforderung gehen und konkrete Vorgaben für die grafische Benutzerschnittstelle festlegen, deren Anforderungen uns ja bereits teilweise aus den vorangegangenen Modellen bekannt sind.

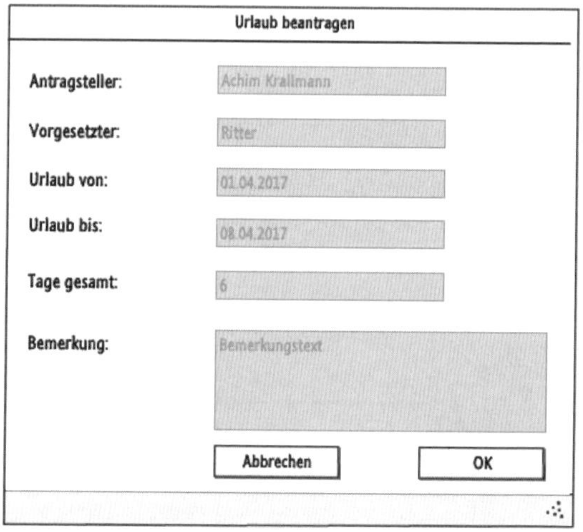

Abbildung 2.18: Pro-forma-Dialogmaske

Aufbauend auf dieser Spezifikation sind die Entwicklungsziele bereits weitgehend beschrieben. Auch für den Test lassen sich die Testfälle auf unterschiedlichen Teststufen anhand dieser Modelle relativ einfach herleiten.

2.3.10 Entwicklungsprozess „Mini-V-Modelle"

In der Praxis ist einem unserer Autoren häufiger ein Mantra der Scrum Master aufgefallen: „Wir wollen keine Mini-Wasserfälle". Aus Erfahrung plädiert dieser Autor allerdings darauf, dass es durchaus sinnvoll ist, von *Mini-V-Modellen* zu sprechen, wie hoffentlich bei der Sicht auf das als bekannt vorausgesetzte V-Modell ersichtlich wird (siehe V-Modell-Beispiel). Denn in jedem Zyklus werden eigentlich alle Phasen (absteigender und aufsteigender Ast) der Softwareentwicklung durchlaufen. Wir verweisen speziell auf die Einteilung von „Was?" und „Wie?".

Agile Ansätze

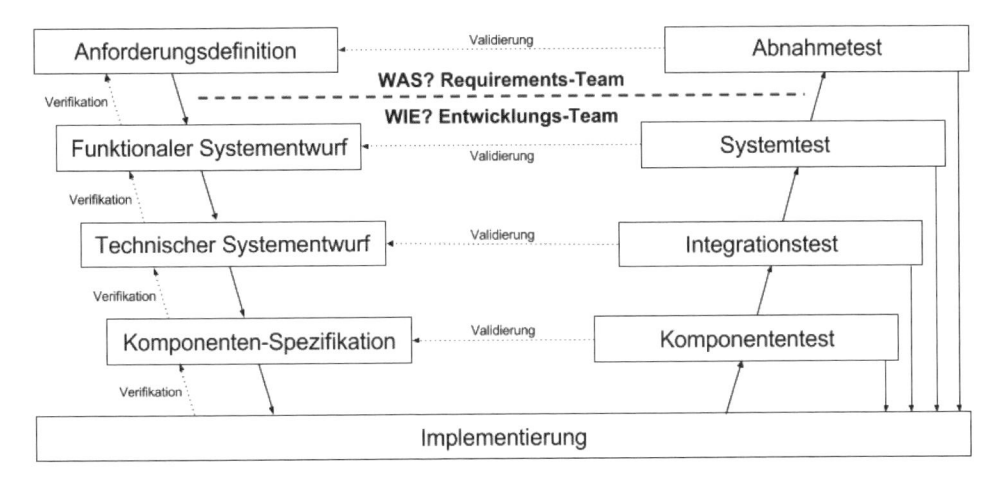

Abbildung 2.19: Allgemeines V-Modell mit Abgrenzung von Verantwortlichkeiten und mit Tests gegen das Implementationsergebnis

Denn hierum geht es in der Kürze der Zeit eines Sprints: Die sämtlichen Analysen, was das umzusetzende System können soll, stecken in der Systemanforderungsanalyse, die primär vom Requirements-Team erstellt wird und sich in den User Stories widerspiegeln sollte. Wie das System umzusetzen ist, liegt allerdings in der Hoheit des Development-Teams: Systemarchitektur, Systementwurf, Softwarearchitektur und der eigentliche Softwareentwurf. Dafür obliegt die Modellierungsrichtlinie wiederum dem Requirements-Team. Sie verlässt sich teilweise auf das später besprochene fachliche Metamodell, welches ebenfalls zum Sprintbeginn überarbeitet und versioniert werden kann, um geänderten Anforderungen an die Anforderungsmodellierung selbst Rechnung zu tragen.

Speziell für unser Gesamtentwicklungsmodell spielen die Tests auf dem aufsteigenden Ast (Teststufen) des V-Modells eine genauso wichtige Rolle wie auf dem absteigenden Ast (Entwicklungsstufen): Die automatisierten Unit Tests sichern die Module ab, die automatisierten (System-)Integrationstests sichern die Schnittstellen zwischen den Modulen und Systemen ab und der Abnahmetests kann und sollte auch so weit wie möglich mit automatisierten GUI-Tests erfolgen. Eine manuelle Abnahme durch den Product Owner oder das Requirements-Team gegen die Anforderungen ist dennoch sinnvoll und wird zur Pflicht, wenn dies in der Definition of Done als Bestandteil vereinbart wurde.

Und um sich bei den Tests Arbeit zu sparen, werden die Dinge, die bereits in den zeitlich vorangehenden Stufen geprüft wurden, später nicht erneut getestet. Diese Vorgehensweise setzt allerdings auch eine hohe Testabdeckung in den unteren Teststufen voraus, sonst können Fehler systematisch in den oberen Teststufen übersehen werden.

2.3.11 Zusammenfassung

Die vom Requirements-Team zu entwickelnden Elemente sind zuerst die Epics der Anforderungen und deren Abgrenzungen. Daraus hervorgehend können z. B. in einem weiteren Sprint die User Stories abgeleitet werden. Bei beiden Arbeitsschritten werden die Entwickler bereits z. B. bei punktuell stattfindenden Workshops mit einbezogen, damit diese dann darauf aufbauend ihre Schätzungen in den folgenden Estimation Meetings präziser abgeben können. Mit den gewonnenen Erkenntnissen kann der Product Owner wiederum die Planung über die Backlog-Reihenfolge der als nächstes umzusetzenden Items festlegen. Und wenn das Development-Team die Sprint-Planning-Termine durchführt, weiß es, welche User Stories als nächste kommen sollten.

Fazit: In diesem Gegenstromverfahren wird ein zügiges, gemeinsames Arbeiten ermöglicht, bei der die Planung, die Anforderungssammlung und die Umsetzung Hand in Hand gehen.

3 Umsetzung des modellbasierten Requirements Engineerings

In dem letzten Kapitel haben wir zwei Verfahren zur methodischen Erhebung von Anforderungen kennengelernt, zum einen die strukturierte Analyse und zum anderen das Erfassen von Anforderungen über User Stories und Epics in agilen Projekten. Der Schwerpunkt lag dabei auf der **Methodik** des Requirements Engineering. In diesem Kapitel wird der Schwerpunkt auf der **modellbasierten Erfassung** von Anforderungen liegen. Wie beide Seiten in einem konkreten Projekt miteinander verbunden werden, muss für jedes Projekt einzeln entschieden werden (siehe Kapitel 7).

Die im weiteren Verlauf vorgestellten Modelle für unser Beispielprojekt „Urlaubsplanung" werden im zeitlichen Projektablauf selbstverständlich inkrementell immer weiter vervollständigt; ob dies über klassische, inkrementell-iterative Vorgehensweisen oder agile Methoden geschieht, ist für unsere Überlegungen erstmal nicht relevant. Wir werden im Folgenden somit einen aktuellen Ausschnitt zu einem bestimmten Zeitpunkt X vorstellen. Wie die Modelle dann weiter verfeinert werden können, ist Teil des Kapitels 6.

Wie wir die Anforderungen erheben und dokumentieren können, haben wir im ersten Kapitel ausführlich beschrieben. Die erste zu treffende Entscheidung bei dem modellbasierten Requirements Engineering ist nun die, mit welchen Modellierungssprachen die Anforderungen systematisch und strukturiert abgebildet werden sollen. Dies ist Teil von Kapitel 3.1. In dem anschließenden Unterkapitel werden wir dann genau mit diesen ausgewählten Modellierungssprachen die Anforderungen zu unserer Urlaubsplanung modellieren. Dabei werden wir sehen, dass Modellierungssprachen ein so reichhaltiges Vokabular enthalten, dass es sinnvoll ist, dieses Vokabular auf einen bestimmten Sprachumfang einzuschränken. Dies wird in Kapitel 3.3 über den Begriff Metamodelle abgehandelt. Im abschließenden Kapitel 3.4 werden wir uns dann mit einem konkreten Modellierungswerkzeug auseinandersetzen.

3.1 Modellierungssprachen

Eine Modellierungssprache hat sich in den letzten Jahren als ein Quasi-Standard für die Modellierung von Anforderungen etabliert, die Unified Modeling Language (UML). Die UML wurde Mitte der 1990er Jahre als eine Zusammenführung von drei unterschiedlichen Modellierungssprachen ins Leben gerufen. Die drei Sprachen sind in den Jahren vorher parallel mit den heraufkommenden objektorientierten Programmiersprachen von unterschiedlichen Personen entwickelt worden: Grady Booch entwickelte die Booch-Methode, James Rumbaugh die Methode Object Modeling Technique (OMT) und Ivar Jacobsen die Methode Object Oriented Software Engineering (OOSE). Alle drei zusammen waren damals unter dem Namen „Die drei Amigos" bekannt, die sich dann auf eine vereinheitlichte Modellierungssprache (eben die Unified Modeling Language) geeinigt haben. Mit der UML wurden zwei wesentliche Ziele verfolgt: Zum einen eine möglichst abstrakte, aber verständliche Beschreibung von Softwaresystemen zu erstellen, um Designentscheidungen und Programmabläufe schon vor der eigentlichen Ausprogrammierung diskutieren zu können. Das zweite Ziel ist für uns von eigentlichem Interesse und erklärt, wieso die UML für uns als Modellierungssprache in Frage kommt: Mit der UML als gemeinsame Sprache sollte die Diskussion und die Vermittlung von Anforderungen und Umsetzungen zwischen Fachbereich und IT-Abteilungen optimiert werden. Dieses Versprechen hat die UML leider bis heute nicht uneingeschränkt einlösen können. Dies liegt aber nicht an der Sprache UML an sich und auch nicht an den Fachbereichen und den IT-Abteilungen. Vielmehr wird der Einsatz der UML und die Umsetzung in konkreten Projekten selten als eine umfassende Aufgabe, die in den Bereich eines organisatorischen Change Management gehört (siehe Kapitel 8), verstanden und somit nicht als eigenständige Aufgabe geplant und gesteuert.

Es gibt auf dem Markt genügend Bücher zur UML und reichhaltige Vorschläge, wie die UML für das Requirements Engineering eingesetzt werden kann.[1] Der Anspruch dieses Buchs ist es nicht, diese Liste zu erweitern. Wir werden im nächsten Kapitel einige Sprachkonstrukte der UML verwenden, um Anforderungen modellbasiert abbilden zu können. Wir werden teilweise alternative Modellierungsmöglichkeiten vorschlagen, um deutlich zu machen, dass wir hier nicht einen konkreten Umsetzungsvorschlag ausarbeiten, der dann von beliebig vielen Projekten verwendet werden kann. Jedes Projekt ist anders und jedes Projekt muss seine eigenen Modellierungsvorgaben definieren. Selbstverständlich ist es möglich, programmweit, abteilungsweit oder sogar unternehmensweit gültige Modellierungsvorgaben zu definieren, aber auch diese unterscheiden sich von Programm zu Programm oder von Unternehmen zu Unternehmen. Wir werden darauf im Kapitel 7 zurückkommen. Nichtsdestotrotz müssen wir uns, um die Grundprinzipien eines modellbasierten Requirements Engineering zu erläutern, auf ein Beispiel einlassen. Aber dieses Beispiel, unsere Urlaubsplanung, ist nicht so zu verstehen, dass man das genauso modellieren muss.

Die UML hatte von Anfang an ein Manko: Sie war nur bedingt dafür geeignet, Prozesse zu modellieren. Es gab zwar früh Bemühungen, durch in die Sprache eingebaute Erweiterungsmechanismen die UML für Prozessmodellierung zu nutzen[2], dies hat sich allerdings nie groß bewährt. Aber das war auch nicht nötig: Es gab und gibt bereits eine starke und reichhaltige Modellierungssprache für Prozesse: die ereignisgesteuerten Prozessketten (ePK). Auch zu dieser Sprache gibt es reichhaltig Literatur, so dass hier nicht weiter dar-

---

1 Siehe hierzu die reichhaltige Literaturliste am Ende des Buches, insbesondere Oestereich, B. (2013) und Rupp, C (2012). Einen dokumentierten und vollständigen Sprachumfang der UML findet sich in Rumbaugh, J. (2010) und auch Booch, G. (2005).
2 Siehe Eriksson, H.-E. (2000) und Oestereich, B. (2003).

auf eingegangen werden soll.[3] In den letzten Jahren hat sich allerdings noch eine weitere Modellierungssprache für Prozesse etabliert: die Business Process Model and Notation (BPMN)[4].

Wenn wir Anforderungen modellbasiert beschreiben wollen, müssen wir zwangsläufig Prozesse abbilden können. Wir müssen uns also auf eine Modellierungssprache für Prozesse einigen. Wir wählen für unseren Zusammenhang die BPMN, aber diese Entscheidung ist nicht als Bewertung zu verstehen. Jedes Projekt, Programm oder Unternehmen muss für sich diese Entscheidung selbst treffen. In der bisherigen Praxis sind den Autoren dabei zwei wichtige Entscheidungskriterien aufgefallen:

- Wie ist die bisherige Praxis der Prozessmodellierung? Die ePK gibt es schon sehr viel länger als die BPMN. Somit haben viele Unternehmen ihre Prozesse bereits ausführlich dokumentiert und mittels ePKs beschrieben. Eine Umstellung auf BPMN wäre also nur mit hohem Aufwand möglich.
- Sollen Medienbrüche vermieden werden? Für jede Modellierungssprache gibt es entsprechende Werkzeuge. Es ist sinnvoll, die Modellierung von Anforderungen mittels UML und die Prozessmodellierung in einem Werkzeug zu verwalten. So können zum Beispiel Abhängigkeiten viel schneller ermittelt werden. Jedes Werkzeug hat allerdings seine eigenen Vor- und Nachteile, insbesondere in Hinblick auf die unterstützten Modellierungssprachen. Hier ist dann die Entscheidung zu treffen: Soll ein Modellierungswerkzeug oder zwei eingesetzt werden?

Die UML hat neben dem Nachteil, dass keine Prozesse modelliert werden können, noch den weiteren Nachteil, dass keine graphischen Benutzeroberflächen (GUI[5]) abgebildet werden können. Auch hier gab es früh Überlegungen, dieses Manko durch Erweiterungen zu beheben[6], aber ebenfalls nur mit bedingtem Erfolg. Für das modellbasierte Requirements Engineering bieten sich drei Möglichkeiten an, um diese Lücke zu schließen:

1. Auf die Modellierung von GUIs mittels Modellierungswerkzeugen wird verzichtet. Da GUIs integraler Bestandteil von Anforderungen sein sollten, müssen dann alternative Werkzeuge (Prototypen, PowerPoint etc.) verwendet werden. An dieser Stelle entsteht dann das Problem eines Medienbruches, der im Projekt behandelt und überwacht werden muss, um die Abhängigkeiten von GUIs zu anderen Modellelementen (zum Beispiel Softwaresystemen, die diese GUIs implementieren oder Attributen von Geschäftsobjekten, die auf dem GUI abgebildet werden) konsistent sicherzustellen.
2. Es wird eine eigene Erweiterung der Sprache UML entworfen, um die GUIs in einem Modellierungswerkzeug mit abbilden zu können. Dies ist möglich, allerdings sehr kosten- und zeitintensiv.[7]
3. Es werden proprietäre Modellelemente des eingesetzten Modellierungswerkzeugs verwendet. Hier ist dann zu bedenken, dass der Standard verlassen wird und man sich

---

3 Siehe insbesondere Lehmann, F. (2007).
4 Siehe insbesondere Allweyer, T. (2015) und Freud, J; Rücker, B. (2014).
5 Wir werden im Weiteren den Begriff GUI (Graphical User Interface) verwenden, da er sich für die Oberflächen so eingebürgert hat.
6 Siehe insbesondere Harmelen, M. v. (Editor, 2001).
7 Siehe auch hier Harmelen, M. v. (Editor, 2001).

von einem Werkzeug abhängig macht. Des Weiteren ist im Vorfeld genau zu untersuchen, wie gut ein Werkzeug die Modellierung von GUIs wirklich unterstützt.

In diesem Buch werden wir die dritte Möglichkeit verfolgen, da wir dadurch interessante Aspekte des modellbasierten Requirements Engineering weiter vertiefen können, aber im vollen Bewusstsein der oben genannten Nachteile. Die zweite Möglichkeit würde den Umfang dieses Buchs schlichtweg sprengen.

Nach diesen historischen und etwas theoretischen Betrachtungen können wir nun in unsere Beispielanwendung einsteigen.

3.2 Beispiel Urlaubsplanung

In diesem Kapitel werden wir sukzessive die ermittelten Anforderungen in ein Modell überführen. Wie schon weiter oben angedeutet, entsteht dieses Modell in einem inkrementellen Prozess, und wir stellen hier nur einen Ausschnitt zu einem bestimmten Zeitpunkt dar. Aus didaktischen Gründen werden wir mit einem Klassendiagramm anfangen, weil es eines der am häufigsten eingesetzten Diagrammarten der UML ist. Aber damit sind wir schon bei der ersten Frage: Was ist ein Klassendiagramm?

3.2.1 Geschäftsobjektmodell

Ein UML-Klassendiagramm zu unseren Anforderungen finden wir in Abbildung 3.1. Bei den sechs Kästen in dem Diagramm handelt es sich um Klassen. In unserem Zusammenhang bestimmen Klassen die Begriffswelt oder die Domäne, in der sich unsere Anforderungen widerspiegeln müssen. Wir haben es zum Beispiel mit einem *Urlaubsantrag* zu tun, und es gibt *Mitarbeiter* und *Vorgesetzte*. Zu jeder Klasse ist selbstverständlich eine ausführliche Beschreibung anzulegen, die allerdings in diesem Klassendiagramm nicht sichtbar sind (aber je nach Modellierungswerkzeug bei Bedarf visualisiert werden können). Alle Klassen haben über dem Namen den Text <<*Geschäftsobjekt*>> stehen. Damit werden diese Klassen speziell als Geschäftsobjekte markiert, um sie im späteren Verlauf von anderen Klassen, die eventuell in der Entwicklung modelliert werden, unterscheiden zu können. Im Weiteren wollen wir von **Geschäftsobjekten** sprechen und den Begriff Klasse vermeiden[8]. Jedes Geschäftsobjekt kann Eigenschaften haben, die mit einem Datentyp versehen sind. So hat zum Beispiel der *Urlaubsantrag* die Eigenschaften *Zeitraum, Status, Anzahl* und *Bemerkung*. Der Schrägstrich vor der Eigenschaft *Anzahl* verdeutlicht, dass die *Anzahl* der Urlaubstage nicht extra zu einem *Urlaubsantrag* angegeben werden muss. Dieses lässt sich aus der Eigenschaft *Zeitraum* berechnen: Anzahl Tage des Zeitraumes minus Wochenenden und Feiertage. Diese Berechnungsregel ist im Modell hinterlegt, aber im Diagramm nicht visualisiert. Die Datentypen der Eigenschaften stehen nach einem Doppelpunkt. So

---

8 Dadurch wird explizit verdeutlicht, dass wir uns im modellbasierten Requirements Engineering befinden. Klassen kann es auch bei der technischen Modellierung von IT-Systemen geben oder bei der Implementierung von Anforderungen mit objektorientierten Programmiersprachen.

hat zum Beispiel die Eigenschaft *Status* den Datentyp *Antragsstatus*, bei dem es sich, wie wir später sehen werden, um eine Aufzählung von unterschiedlichen Status handelt.

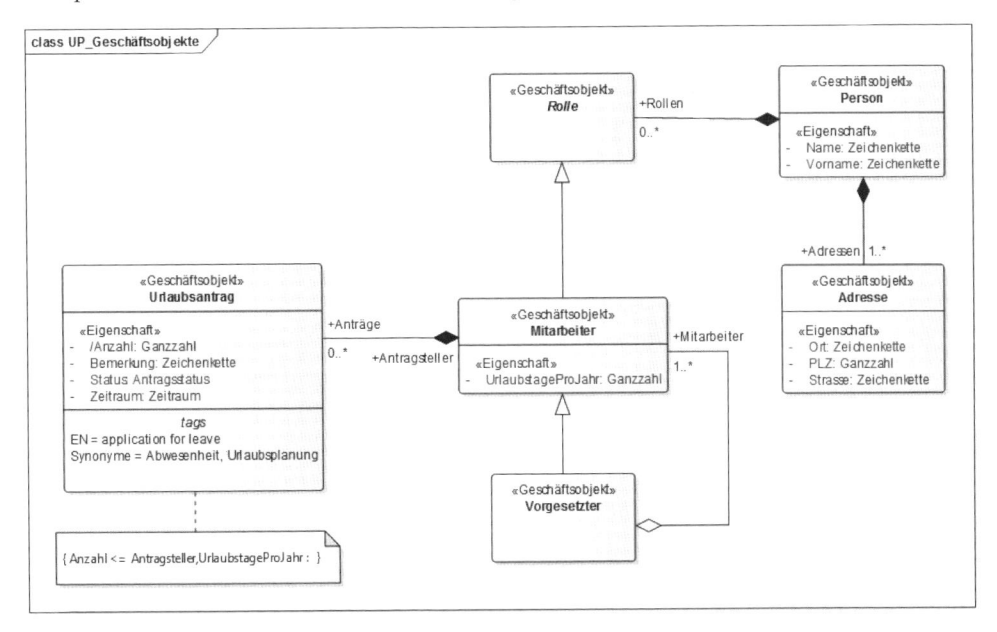

Abbildung 3.1: Geschäftsobjektmodell

Zwischen den Geschäftsobjekten bestehen unterschiedliche Verbindungslinien. Betrachten wir einmal die Verbindungslinie zwischen *Urlaubsantrag* und *Mitarbeiter*. Diese Verbindung enthält gemäß UML wichtige Informationen. Die beiden Beziehungsenden beschreiben die Rolle, in der das Geschäftsobjekt am jeweiligen Ende der Beziehung verwendet wird. Dadurch wird das Modell mit zusätzlicher Semantik angereichert. Ein *Mitarbeiter* steht in der Rolle des *Antragsstellers* einem *Urlaubsantrag* gegenüber. Bei dem Text 0..* oder 1 an den Beziehungsenden handelt es sich um die sogenannte Kardinalität der Beziehung: Ein *Mitarbeiter* kann mehrere *Urlaubsanträge* zugeordnet haben (hier in der Rolle *Anträge*), aber ein *Urlaubsantrag* muss genau einem *Mitarbeiter* zugeordnet sein (nicht mehreren und auch nicht keinem). Bei der Beziehung zwischen *Vorgesetzter* und *Mitarbeiter* ist es so, dass ein *Vorgesetzter* mindestens einen *Mitarbeiter* zugeordnet haben muss. Die Beziehungen mit einem Pfeil am Ende haben eine besondere Bedeutung. Hier handelt es sich um die Vererbung von Eigenschaften und Beziehungen. Ein *Vorgesetzter* erbt alle Eigenschaften des *Mitarbeiters*. Er hat also ebenfalls die Eigenschaft *UrlaubstageProJahr* und ist wiederum selber einem *Vorgesetzten* zugeordnet. Er erbt auch die Eigenschaften und Beziehungen der Rolle. Zu einem *Vorgesetzten* gehört also eine konkrete *Person* mit mindestens einer *Adresse*. Leser, die noch wissen möchten, wie die Raute an den Beziehungsenden zu verstehen ist, seien auf die Literatur verwiesen.

In dem Geschäftsobjekt *Urlaubsantrag* haben wir im Unterschied zu den anderen Geschäftsobjekten weitere Details in dem Bereich *tags* zur Anzeige gebracht. Was hat es damit auf sich? Die UML bietet die Möglichkeit, jedes modellierte Element mit zusätzlichen Informationen zu versehen. Diese zusätzlichen Informationen werden über sogenannte Tagged Values abgebildet. Hinter diesem UML-Fachbegriff verbergen sich einfache Schlüsselwort-Wert-Zuordnungen, in unserem Fall zum Beispiel der englische Begriff für das Geschäftsobjekt zu dem Schlüsselwort EN und eine Liste von Synonymen. Auch zu Eigenschaften eines Geschäftsobjekts können diese Tags angelegt werden. So werden wir später sehen, dass zu jeder Eigenschaft ein Schlüsselwort angelegt werden muss, welches die Darstellung der Eigenschaft auf einem GUI beinhaltet, also die passende Beschriftung zu einem Eingabefeld oder einer Auswahlliste. Damit kann in diesem Modell schon festgelegt werden, wie sich ein Geschäftsobjekt präsentiert, und zwar eindeutig und gültig für alle GUIs, auf denen Eigenschaften dieses Geschäftsobjekts dargestellt werden.

Im unteren linken Rand des Klassenmodells befindet sich noch ein weiteres Konstrukt, welches erläutert werden muss. Bei dieser Notiz handelt es sich um eine einfache (zugegeben nicht sehr sinnvolle, aber für unsere Zwecke ausreichende) Geschäftsregel, die für das Geschäftsobjekt *Urlaubsantrag* gilt: Die Anzahl der Urlaubstage in dem Urlaubsantrag darf nicht größer sein als die Urlaubstage des Antragstellers pro Jahr. Wir setzen hier voraus, dass der *Urlaubsantrag* nur innerhalb eines festen Jahres erstellt wird; Urlaubsanträge über die Jahresgrenze hinaus sind also nicht erlaubt. Dies ist nicht sehr praxisnah, aber für das, was wir zeigen wollen, ausreichend. Diese oben angegebene umgangssprachliche Definition der Geschäftsregel ist ebenfalls im Modell abgelegt, wird nur nicht angezeigt. Angezeigt wird stattdessen eine mehr formale Definition, basierend auf der Object Constraint Language (OCL), die wir uns in späteren Kapiteln noch genauer anschauen werden[9]. Der Vorteil dieser formalen Definition ist, dass sie gegen das **Geschäftsobjektmodell** (so nennen wir ab sofort das Klassendiagramm) validiert werden kann. Falls jemand auf die Idee kommt, die Eigenschaft *UrlaubstageProJahr* im Geschäftsobjekt *Mitarbeiter* umzubenennen oder in das Geschäftsobjekt *Person* zu verschieben, so könnte über entsprechende Plausibilisierungsroutinen festgestellt werden, dass zusätzlich diese Geschäftsregel angepasst werden muss, und nicht nur im Modell, sondern eventuell in der Programmierung, wenn es sich um nachträgliche Änderungen am Modell handelt.

Fassen wir die Vorteile, die wir durch die Modellierung von Geschäftsobjekten gewinnen, zusammen:

- Eindeutige Definition der Geschäftsobjekte, bzw. der Begrifflichkeit oder der Domäne in einem Projektkontext. Einheitliches Verständnis aller Projektbeteiligten.
- Bestimmung der Beziehungen zwischen Geschäftsobjekten.
- Eindeutige Zuordnung von Eigenschaften zu Geschäftsobjekten, inklusive der Bestimmung der Datentypen.
- Ablage von Geschäftsregeln.
- Wichtige Diskussionsgrundlage für die Kommunikation zwischen Fachbereich und IT-Abteilung.
- Die Geschäftsobjekte mit ihren Beziehungen können in der Entwicklung weiterverwendet werden, z. B. durch den Aufbau einer passenden Datenbank, zur Erzeugung

---

9   Für Neugierige: Warmer, J.; Kleppe, A. (2003).

einer Geschäftsobjektschicht oder zur Erstellung von XML-Dateien für den Datenaustausch.

Wir werden es in einem Projekt nicht nur mit sechs Geschäftsobjekten zu tun haben. Normalerweise bewegen wir uns da meistens im dreistelligen Bereich. Somit wird es sinnvoll, die Geschäftsobjekte zu gruppieren und auf mehrere Diagramme aufzuteilen. Hier kommt ein Vorteil von Modellierungswerkzeugen ins Spiel: Die modellierten Geschäftsobjekte werden initial in einem sogenannten Repository gespeichert und über eine vom Anwender zu definierende Ordnerstruktur gruppiert. In diesem Repository (hinter dem sich letztendlich eine Datenbank verbirgt) werden alle Informationen zu den Geschäftsobjekten, inklusive Beziehungen, Beschreibungen, Geschäftsregeln etc. abgelegt. Die Diagramme sind dann nur spezielle Sichten auf dieses Repository. Dadurch wird es möglich, ein Geschäftsobjekt auf mehreren Diagrammen darzustellen und, wenn gewünscht, mit unterschiedlich sichtbaren Informationen. Auch Änderungen an einem Geschäftsobjekt, z. B. Namensänderungen, werden sofort auf allen Diagrammen nachgezogen.

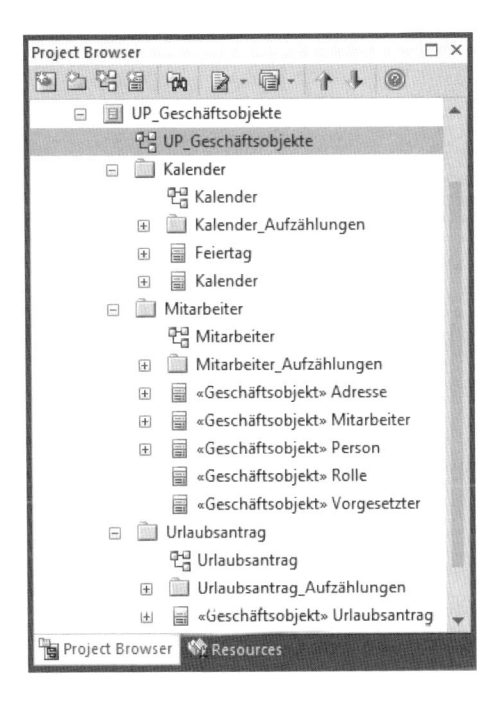

Abbildung 3.2: Repository zum Geschäftsobjektmodell

3.2.2 Präsentationsmodell

Es bietet sich an dieser Stelle an, die UML schon wieder zu verlassen und uns der Modellierung von GUIs zuzuwenden, da die GUIs in einem direkten Zusammenhang zu den Geschäftsobjekten stehen: Genau die Geschäftsobjekte werden ja auf den GUIs dargestellt. Dadurch wird noch ein weiterer Vorteil deutlich, wieso sich die Modellierung von Geschäftsobjekten mit Eigenschaften und Beziehungen lohnt. Wir sollten aber immer im

Hinterkopf behalten, dass wir es mit proprietären Eigenschaften eines Modellierungswerkzeugs zu tun haben. Alles Weitere in diesem Abschnitt ist somit nicht durch die UML standardisiert und kann in jedem Modellierungswerkzeug anders gelöst worden sein.

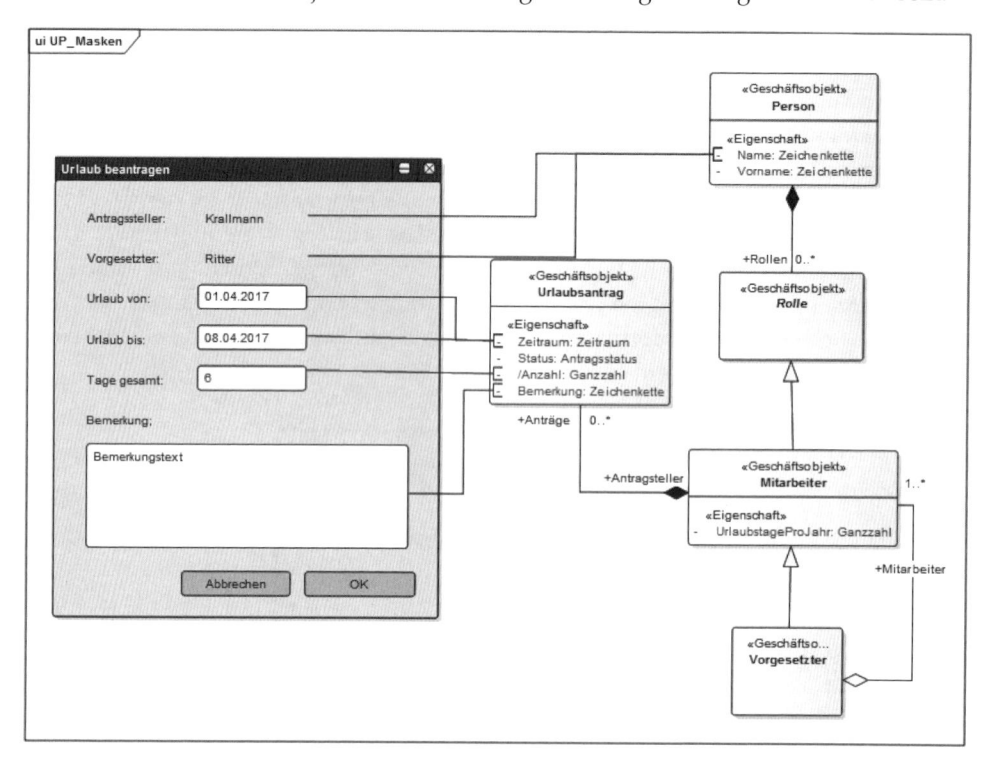

Abbildung 3.3: Präsentationsmodell: GUI „Urlaub beantragen"

In Abbildung 3.3 sehen wir eine modellierte Erfassungsmaske für einen Urlaubsantrag. Die Eingabefelder und die Schaltflächen sind modelliert und im Repository mit zusätzlichen Informationen abgelegt (Beispiele für zusätzliche Informationen werden wir in späteren Kapiteln kennenlernen). Da wir uns in einem Werkzeug befinden, können wir die einzelnen GUI-Elemente mit den Eigenschaften aus unserem Geschäftsobjektmodell verknüpfen. Hier liegen die Vorteile auf der Hand:

- Es wird sichergestellt, dass auf dem GUI nur Informationen dargestellt werden, die sich im Geschäftsobjektmodell wiederfinden. Dies muss nicht immer sinnvoll sein, aber Ausnahmen sollten nicht die Regel sein.
- Das Format des GUI-Elements (Eingabefeld, Datumsfeld, Auswahlbox) muss zu dem Datentyp der Eigenschaft passen.
- Wird eine Eigenschaft geändert, z. B. durch Änderung des Datentyps oder Verschieben in ein anderes Geschäftsobjekt, so lassen sich schnell die betroffenen GUIs ermitteln, um z. B. Änderungsaufwände abschätzen zu können.

- Anhand des hinter einem GUI liegenden Geschäftsobjektgeflechtes lassen sich Aufwände für die Programmierung des GUI ableiten. Dies wird im Kapitel zu den Metriken weiter vertieft.
- Aus den modellierten GUIs lassen sich, wie bei den Geschäftsobjekten, wichtige Informationen für die Entwicklung ableiten. Es können sowohl Parameter für ein GUI-Framework generiert werden, als auch IDs für eventuell zu erstellende Skripte für eine Testautomatisierung. Aber dazu mehr in späteren Kapiteln.

Wenn wir von der Modellierung der GUIs sprechen, werden wir im Folgenden den Begriff **Präsentationsmodell** verwenden.

3.2.3 Kontextmodell

Als Nächstes wollen wir das Kontextmodell näher definieren. In der UML gibt es weder den Begriff Kontext noch Kontextdiagramm, hier sprechen wir von Komponenten und Komponentendiagrammen. Dies hält uns aber nicht davon ab, den Begriff Kontextmodell als ein fest definierter Begriff im Requirements Engineering weiter zu verwenden (zumindest für unser Beispielszenario, andere Projekte mögen das gerne anders sehen). In der Abbildung 3.4 ist das Kontextmodell zu unserem Urlaubsplaner dargestellt. Die drei Kästen repräsentieren jeweils unterschiedliche Systeme und die sogenannte Lollipop-Notation (der Kreis mit der Verbindung zu einem System) repräsentiert eine vom System zur Verfügung gestellte Schnittstelle. Diese Schnittstelle kann von anderen Systemen aufgerufen werden. Dies verdeutlicht die gestrichelte Linie mit dem Pfeil. Welche Daten übertragen werden, steht jeweils an (hier oberhalb) der gestrichelten Linie. Wie wir sehen, verwenden wir hier unsere definierten Geschäftsobjekte wieder, mit dem Vorteil, dass wir bei Änderungen an den Geschäftsobjekten sofort die Auswirkungen im Kontextmodell aufspüren können. Die Pfeilrichtung gibt an, in welche Richtung die Daten übertragen werden. So ruft das System *Urlaubsplaner* die Schnittstelle *Urlaubstage aktualisieren* des Systems *SAP-HR* auf und überträgt das Geschäftsobjekt *Urlaubsantrag*. Es ruft aber ebenfalls die Schnittstelle *Urlaubstag erfragen* auf und empfängt das Geschäftsobjekt *Mitarbeiter* (mit seinen Urlaubstagen).

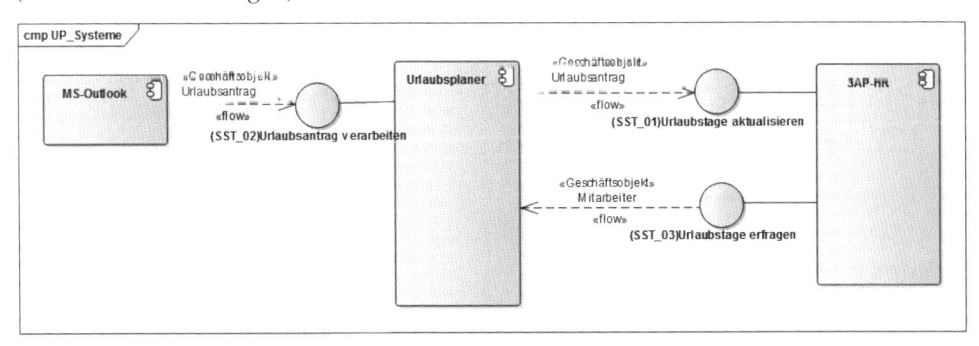

Abbildung 3.4: Kontextmodell

Die in Abbildung 3.4 dargestellte Modellierung von System und Schnittstellen ist nur eine von vielen Möglichkeiten. In Abbildung 3.5 ist eine viel einfachere Modellierung dargestellt. Es wird dabei auf die explizite Darstellung von Schnittstellen verzichtet und nur noch der Informationsfluss zwischen den Systemen modelliert. Abbildung 3.6 wiederum stellt eine komplexere Variante dar, bei der nicht nur die aufgerufene Seite der Schnittstelle modelliert wird, sondern auch die aufrufende Seite. Welche Variante für die Kontextmodellierung in einem Projekt verwendet werden soll, bleibt dem Projekt überlassen. Die Erfahrungen der Autoren empfehlen allerdings die Variante in Abbildung 3.4. Der Vorteil liegt darin, dass die Schnittstelle explizit als eigenständiges Element modelliert wird und mit anderen Modellelementen verknüpft werden kann. Es wird somit zum Beispiel möglich, Schnittstellen mit den Aktivitäten in der Prozessmodellierung zu verbinden (zur Prozessmodellierung siehe nächster Abschnitt). So kann ausgewertet werde, mit welchem Prozess welche Schnittstellen aufgerufen werden. Dies kann eine wichtige Information für die Durchführung von Integrationstests oder auch Regressionstests sein: Welche Prozesse müssen getestet werden, damit alle Schnittstellen im Test mindestens einmal aufgerufen werden? Von der Variante in Abbildung 3.6 raten wir deshalb ab, weil wir dadurch zu viele technische Details modellieren müssen, die in einem fachlichen Kontextdiagramm nichts zu suchen haben.

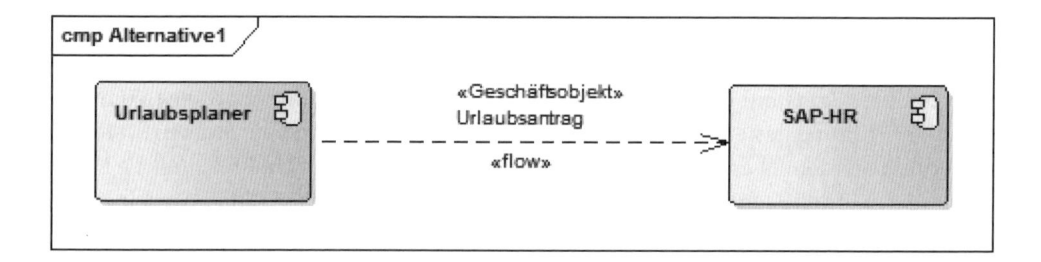

Abbildung 3.5: Kontextmodell (einfach)

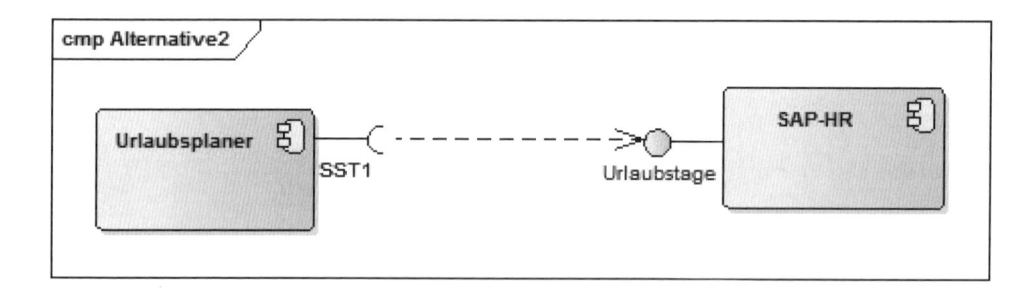

Abbildung 3.6: Kontextmodell (komplex)

3.2.4 Prozessmodell

Modellbasiertes Requirements Engineering kommt ohne Prozessmodellierung nicht aus. Somit müssen wir für unser Beispielszenario ein kleines Prozessmodell erstellen, welches in der Abbildung 3.7 mithilfe der Sprache BPMN dargestellt ist. Wir vermeiden hier bewusst die Begriffe Geschäftsprozess, Systemprozess oder ähnliches. Für welche Art von Prozessen die Prozessmodellierung eingesetzt wird, möge den Projekten überlassen bleiben. Diese Diskussion wollen wir hier nicht führen.

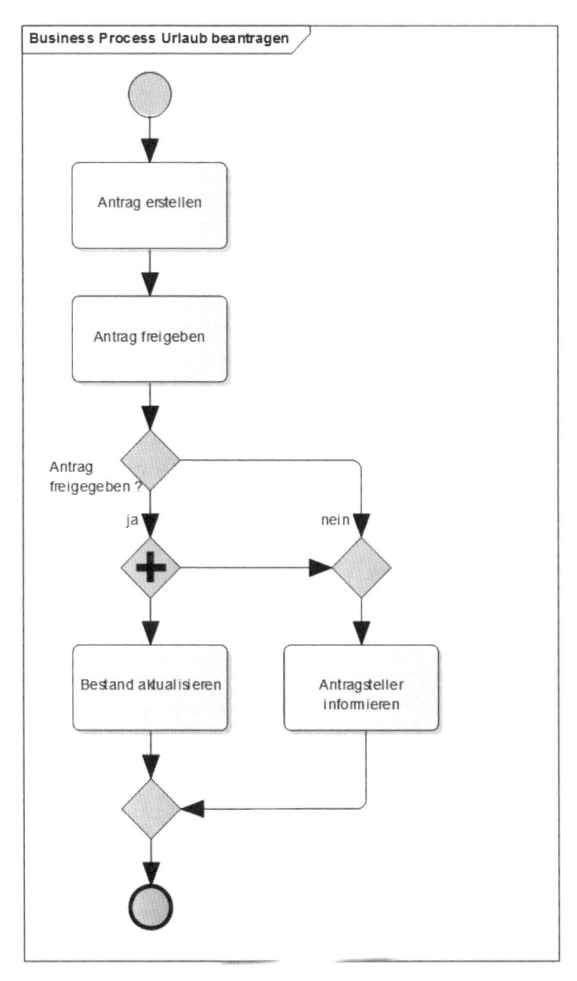

Abbildung 3.7: Prozessmodell

Wir haben einen Einstiegspunkt, den Kreis oben, und dann werden zwei Aktivitäten ausgeführt: *Antrag erstellen* und *Antrag freigeben*. Die Raute ohne Inhalt repräsentiert eine Entweder-oder-Verzweigung. Je nachdem, ob der Antrag freigegeben wurde oder nicht, wird entweder nach links verzweigt oder nach unten. Die Raute mit dem Plus in der Mitte repräsentiert eine parallele Verarbeitung. Dies bedeutet, dass die Aktivität *Bestand aktualisieren* und die Aktivität *Antragsteller informieren* bei einem freigegebenen Antrag parallel ausgeführt werden können. Die beiden Rauten ohne Inhalt mit mehreren Eingängen aber nur einem Ausgang führen die verzweigten Pfade wieder zusammen. Der wichtigste Inhalt in dem Prozess ist, dass auch bei einer Ablehnung eines Antrags der Antragsteller zu informieren ist und der Bestand nur bei einem freigegebenen Antrag aktualisiert werden muss. Für dieses Diagramm gilt ebenfalls, dass zu jeder Aktivität eine ausführliche Beschreibung abgelegt werden kann, die aber hier nicht visualisiert wird. Für dieses Prozessmodell wurden höchstens 5 % des gesamten Sprachumfangs der BPMN verwendet, aber für unsere Zwecke ist das völlig ausreichend.

3.2.5 Anwendungsfallmodell

Als letztes müssen wir noch unsere Anwendungsfälle modellieren. Die Anwendungsfälle waren von Anfang an ein integraler Bestandteil der UML. Ziel der Anwendungsfälle war es, die Anforderungen an das zu erstellende System aus Anwendersicht zu beschreiben, größtenteils mit umgangssprachlichen Mitteln, und das System in überschaubare Teile zu partitionieren. In der Abbildung 3.8 sehen wir ein einfaches Anwendungsfalldiagramm zu unserem Urlaubsplaner. Wir haben drei Anwendungsfälle, dargestellt als Ellipsen, und zwei Akteure, jeweils die Strichmännchen, definiert. Dass die Akteure hier identisch zu unseren Geschäftsobjekten aus dem Geschäftsobjektmodell sind, liegt nur an unserem Beispiel und ist im Allgemeinen nicht so. Der Sachbearbeiter, der mit einer Anwendung Daten zu einem Kunden erfasst, kommt selten in der Anwendung selbst als Kunde vor. Die Zuordnung Akteur zu einem Anwendungsfall bedeutet, dass der Akteur diesen Anwendungsfall aufrufen kann. Systeme können ebenfalls als Akteure definiert werden, so dass auch Batchläufe oder ähnliches als Anwendungsfälle modelliert werden können. Geht man strikt nach der UML-Notation vor, so sind die Anwendungsfälle einem System zuzuordnen, welches diese Anwendungsfälle realisiert. In der Abbildung wäre das der große Kasten mit dem Namen *Urlaubsplanung*. Die Leser, die jetzt aufgepasst haben, werden feststellen, dass wir ein System *Urlaubsplaner* aber schon modelliert haben, und zwar in der Kontextmodellierung. Dieses sollten wir doch am besten hier wiederverwenden, was wir in einem nächsten Schritt auch tun werden. Somit kann eigentlich die sogenannte Systemgrenze Urlaubsplaner im Anwendungsfallmodell entfallen. In unserem Anwendungsfalldiagramm lassen wir sie erstmal vorsichtshalber bestehen, wohl wissend, dass wir dadurch unnötige Redundanzen erzeugen. Ansonsten beschwert sich nachher ein Teil der Leser, wir würden die UML falsch anwenden und uns nicht an den Standard halten.[10]

Zu einem Anwendungsfall gehören nicht nur eine Ellipse mit einem Namen und ein zugeordneter Akteur. Dies wäre ein bisschen wenig, um damit einen Großteil der Anforderungen an ein System abbilden zu können. Jeder Anwendungsfall muss genauer spezifiziert werden. Eine etablierte Methode ist die Verwendung von Word-Vorlagen, wie sie insbesondere von Alistair Cockburn entwickelt worden sind[11]. Diese Vorlagen sind erwartungsgemäß in die Modellierungswerkzeuge mit eingeflossen, so dass über bestimmte Erfassungsmasken die notwendigen Inhalte hinterlegt werden können. Für unser Beispielszenario sind folgende Informationen von Bedeutung:

---

10 Spezielle Literatur zur Erstellung von Anwendungsfällen siehe Amour, F. (2001), Bittner, K. (2002) und insbesondere Cockburn, A. (2000).
11 Siehe Cockburn, A. (2000).

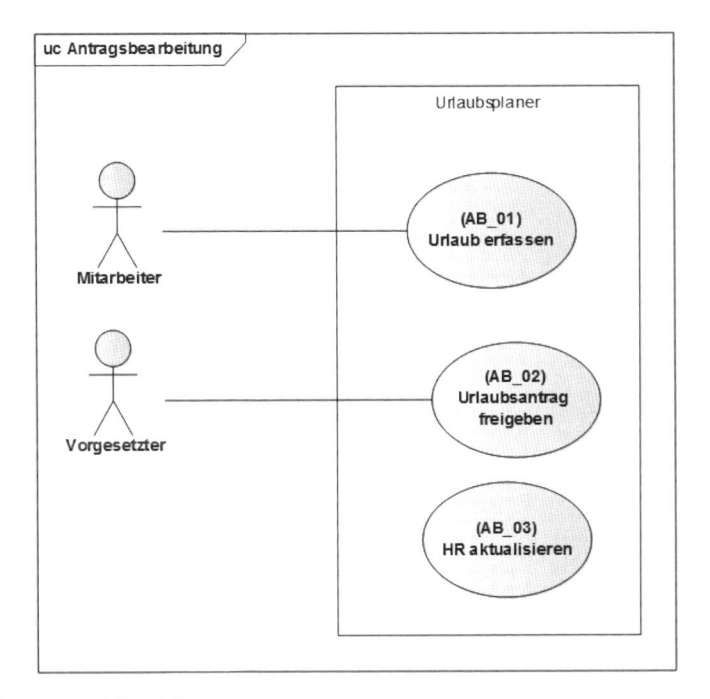

Abbildung 3.8: Anwendungsfallmodell

- Vorbedingungen: Welche Bedingungen müssen erfüllt sein, damit der Anwendungsfall ausgeführt werden kann?
- Nachbedingungen: Welche Bedingungen sind erfüllt, wenn der Anwendungsfall erfolgreich ausgeführt wurde?
- Ablauf: Wie ist der Ablauf des Anwendungsfalls? Was ist der Standardablauf, was sind Verzweigungen und wie wird auf Fehler reagiert?

Bezüglich des Ablaufes bietet es sich an, ein Ablaufdiagramm zu erstellen. Dafür hält die UML wiederum einen eigenen Diagrammtyp bereit: Aktivitätsdiagramme.

Für den Anwendungsfall *Urlaubsantrag freigeben* ist in Abbildung 3.9 der zugehörige Ablauf als Aktivitätsdiagramm modelliert. Der Standardablauf ist an den fetten Pfeilen zu erkennen. Die Vor- und Nachbedingen definieren wir wie folgt:

Vorbedingungen:

- Es liegt ein Urlaubsantrag im Status *Erstellt* vor.
- Der Antragsteller ist Mitarbeiter des Vorgesetzten.

Nachbedingung:

- Der Antrag ist im Status *Freigegeben* oder *Abgewiesen*.

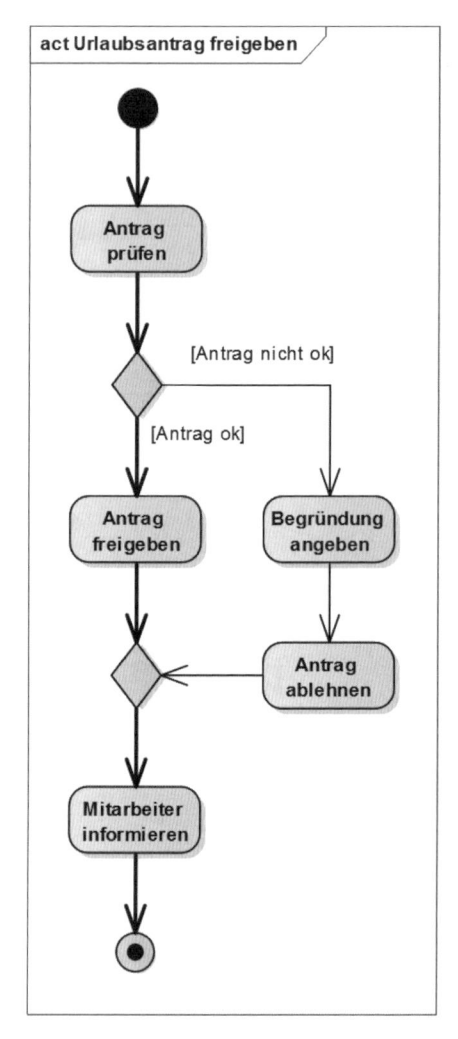

Abbildung 3.9: Urlaubsantrag freigeben

Wir haben jetzt unsere Anforderungen in mehreren Modellen abgebildet und dafür unterschiedliche Modellierungselemente verwendet: Geschäftsobjekte, GUIs, Systeme, Schnittstellen, Anwendungsfälle und Aktivitäten. Aber wie hängen nun alle diese Modellierungselemente zusammen? Und wie kann zwischen ihnen navigiert werden, um zum Beispiel die Frage zu klären: Wenn ein System ausfällt, welche Anwendungsfälle können dann nicht ausgeführt werden? Wenn eine Aktivität geändert wird, welche GUIs müssen eventuell überarbeitet werden? Um diese Fragen klären zu können, sollten wir die Modellierungselemente auf eine sinnvolle Art und Weise miteinander verbinden (Abbildung 3.10).

Beispiel Urlaubsplanung

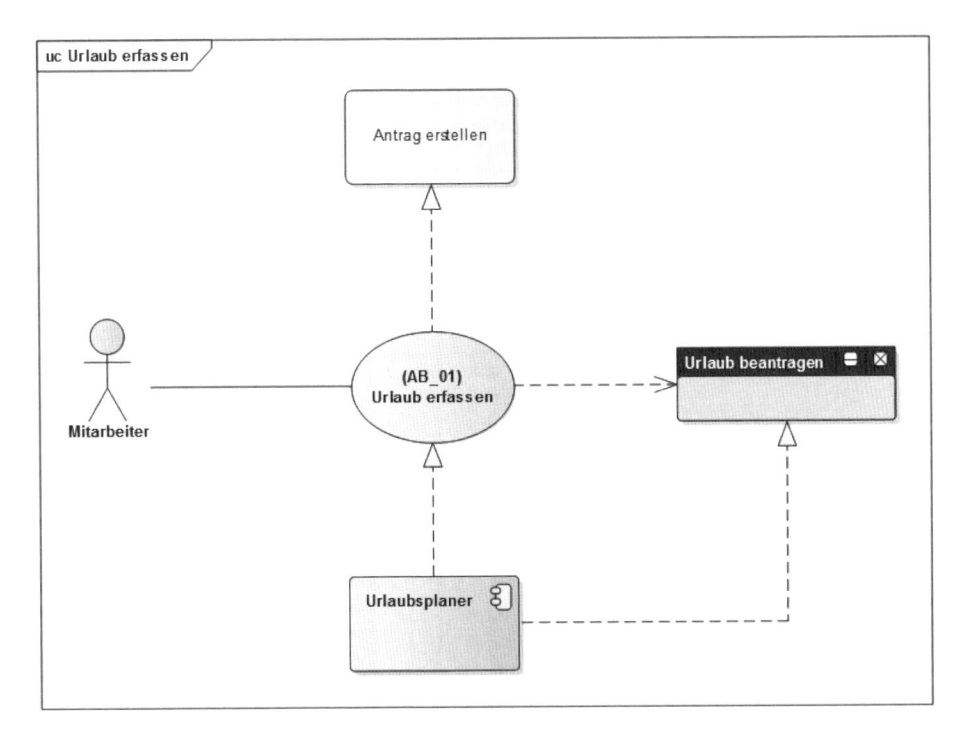

Abbildung 3.10: Anwendungsfall

Dass ein Akteur einen Anwendungsfall ausführt, wurde schon im Anwendungsfallmodell abgebildet. Neu ist in der Abbildung, dass der Anwendungsfall *Urlaub erfassen* die Aktivität *Antrag erstellen* aus dem Prozessmodell realisiert. Die Bezeichnung „realisiert" ist ein UML-Fachbegriff und wird über eine gestrichelte Verbindung mit einem abgeschlossenen Pfeil dargestellt. Dies führt uns gleich weiter zu den Verbindungen des Systems *Urlaubsplaner*. Der Urlaubsplaner realisiert den Anwendungsfall *Urlaub erfassen* und in unserem Fall auch das GUI *Urlaub beantragen*. Zwischen dem Anwendungsfall *Urlaub erfassen* und dem GUI *Urlaub beantragen* besteht nur eine Abhängigkeitsbeziehung: Gestrichelte Linie mit offenem Pfeil. Durch diese Zuordnungen ist es möglich, über das gesamte Modell zu navigieren und Abhängigkeiten zu ermitteln.

3.2.6 Zusammenfassung

Was haben wir in diesem Kapitel bis jetzt geleistet? Wir haben die Anforderungen aus Kapitel 2 sozusagen in Modelle gegossen und mit weiteren semantischen Informationen angereichert. Alle Modellelemente liegen in einem Repository und können ausgewertet werden. Wir sind stillschweigend davon ausgegangen, dass wir nur ein Repository für alle Elemente verwenden und Abbildung 3.11 zeigt eine Sicht auf dieses von uns aufgebaute Repository.

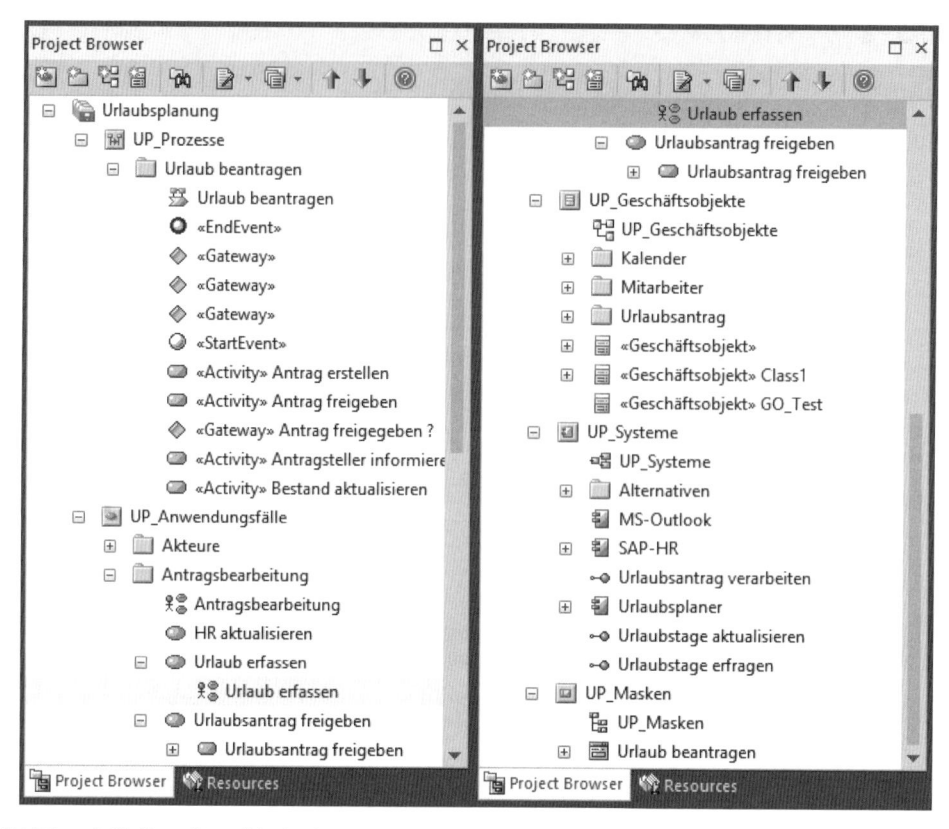

Abbildung 3.11: Repository „Urlaubsplaner"

Nebenbei haben wir einige UML-Fachbegriffe kennengelernt, so wie einen ersten Einblick in die Modellierung von Prozessen mittels BPMN gewonnen. Es sollte auch jedem Leser aufgefallen sein, dass diese Art der Modellierung nicht mehr mit Word, Excel oder Visio bewerkstelligt werden kann. Insofern haben wir uns schon erste Einblicke in ein Modellierungswerkzeug erlaubt.

Was haben wir in diesem Kapitel noch nicht geleistet? Wir haben keine Vorlage für ein modellbasiertes Requirements Engineering erstellt, welche in jedem beliebigen Projekt eingesetzt oder nur durch wenige Änderungen angepasst werden kann. Jedes Projekt muss seine eigene Modellierungssprache entwerfen und im weiteren Projektverlauf permanent anpassen. Vorschläge und Ideen gibt es in der Literatur zuhauf, aber diese sind für einen konkreten Projektkontext selten ausreichend und auch nicht so ausführlich, dass nicht zusätzliche semantische Erweiterungen nötig wären. Aber was bedeutet dies denn genau, wenn wir davon sprechen, dass jedes Projekt seine eigene Modellierungssprache entwerfen muss? Doch nichts anderes, als dass diese Modellierungssprache definiert werden muss, sowohl syntaktisch, als auch semantisch. Nur so kann sichergestellt werden, dass alle in einem Projekt, die die Modelle erstellen oder Modelle auch nur lesen und verstehen wollen, diese Modelle richtig interpretieren. Wir müssen also in einem nächsten Schritt die Modellierungssprache, die wir in diesem Kapitel beispielhaft skizziert haben, genau definieren.

3.3 Definition der Modellierungssprache über Metamodelle

Betrachten wir nochmal unser Geschäftsobjektmodell aus dem Unterkapitel 3.2.1. Wir haben dort Geschäftsobjekte definiert, Eigenschaften bestimmt, Beziehungen zwischen Geschäftsobjekten eingepflegt und über Tagged Values zusätzliche semantische Informationen abgelegt. Wenn wir jetzt mit jemanden über dieses Geschäftsobjektmodell diskutieren wollen, so müssen beide Diskussionspartner dieselben Regeln anwenden, um identische Interpretationen vom Modell erstellen zu können. Und wenn aus der Diskussion Änderungen an dem Modell resultieren sollten, so sollten diese mit denselben definierten Regeln eingepflegt werden. Dieses Regelwerk muss eindeutig und umfassend definiert sein. Es muss unsere Modellierungssprache abbilden. Jetzt bietet es sich geradezu an, dieses Regelwerk über Modelle abzubilden. Da wir diese Modelle nicht mit unseren fachlichen Modellen zur Modellierung von Anforderungen verwechseln wollen, sprechen wir im Folgenden von einem Metamodell, bzw. einzelnen Metamodellen. In Abbildung 3.12 sehen wir das Metamodell *Geschäftsobjektmodellierung*, also den Sprachumfang, den wir für die Modellierung von Geschäftsobjektmodellen verwenden wollen[12].

In derselben Art und Weise, wie wir weiter oben aus dem Geschäftsobjektmodell unsere fachlichen Anforderungen herausgelesen haben, können wir aus dem Metamodell *Geschäftsobjektmodellierung* das Regelwerk für die Erstellung von Geschäftsobjektmodellen herauslesen. Dem Leser sei empfohlen, diese Regeln in dem Aufbau des Repositories (Abbildung 3.2) und dem Geschäftsobjektmodell (Abbildung 3.1) nachzuvollziehen und zu überprüfen.

- Es kann nur zwei Typen von Ordner geben, entweder als *Paket* oder als *Aufzählung*.
- Ein Ordner vom Typ *Aufzählung* muss einem Paket zugeordnet sein.
- Jeder Ordner muss einen Namen haben. Der Ordnername einer Aufzählung setzt sich aus dem Namen des zugeordneten Pakets und der Erweiterung *_Aufzählungen* zusammen.
- Es gibt keine untergeordneten Pakete.
- Ein Paket enthält mehrere Geschäftsobjekte, die auch mit diesem Begriff als Stereotyp gekennzeichnet sind.
- Zu einem Geschäftsobjekt müssen die Werte *Name*, *Beschreibung*, *IstAbstrakt*[13] gepflegt werden.
- Zu einem Geschäftsobjekt können zwei Tagged Values eingepflegt werden, wobei *EN* angegeben werden muss und zwar genau einmal, Synonyme aber optional sind.

---

12 Die markierten Klassen am rechten Rand mit der <<*instanceOf*>>-Beziehung müssen wir erst mal ignorieren. Dazu mehr in dem Unterkapitel 3.4.2.

13 Mit dem Kenzeichen *IstAbstrakt* markieren wir Geschäftsobjekte, die keine Entsprechung in der Realität haben, sondern nur für den Aufbau des Geschäftsobjektmodells benötigt werden, siehe das Geschäftsobjekt *Rolle* im Geschäftsobjektmodell. Eine Rolle an sich kann es nicht geben, nur unterschiedliche Ausprägungen: *Mitarbeiter* und *Vorgesetzter*.

- Zu einem Geschäftsobjekt können mehrere Eigenschaften angelegt werden.
- Zu einer Eigenschaft müssen die Werte *Name, Beschreibung, IstBerechnet*[14] gepflegt werden.
- Zu einer Eigenschaft müssen zwei Tagged Values eingepflegt werden: *BezeichnungMaske* und *Hilfetext*.
- Zu einem Geschäftsobjekt können mehrere, zu einer Eigenschaft kann eine Geschäftsregel angelegt werden.
- Wenn eine Eigenschaft als *IstBerechnet* gekennzeichnet ist, so muss eine Geschäftsregel angegeben werden.
- Jede Eigenschaft besitzt einen Datentyp, welcher auch ein Wertebereich sein kann. Dieser Wertebereich muss in einem Ordner *Aufzählung* liegen.
- Eine Geschäftsregel besteht aus einer Beschreibung und, optional, aus einer OCL-Regel[15].
- Ein Geschäftsobjekt kann mit anderen assoziiert werden. Dabei sind für die Geschäftsobjektmodellierung nur vier Assoziationstypen erlaubt. Quellrolle und Zielrolle müssen nicht angegeben werden.

An dieser Stelle ist noch unklar, welche Datentypen für die Modellierung der Eigenschaften eines Geschäftsobjekts eigentlich zur Verfügung stehen. Es ist auf jeden Fall sinnvoll, die Menge an Datentypen eindeutig zu definieren, um einen Wildwuchs an Datentypen zu vermeiden. Allerdings ergeben die Datentypen sich aus der Anwendungsdomäne und unterliegen im Anfangsstadium sehr häufigen Erweiterungen. Wir empfehlen folgende Vorgehensweise: Die Datentypen werden im Metamodell abgebildet und sukzessive erweitert. Für die Modellierung der fachlichen Anforderungen dürfen auch nur diese definierten Datentypen verwendet werden. Als Ausgangspunkt für einen Basissatz an Datentypen bietet sich die Liste von Fowler an[16]. In der Abbildung 3.13 sind einige dieser Datentypen dargestellt. Wir unterscheiden zwischen einfachen Datentypen, wie *Zeichenkette* oder *Realzahl*, und zusammengesetzten Datentypen, zum Beispiel *Zeitraum*. Durch die zusammengesetzten Datentypen wird es möglich, in einem Geschäftsobjektmodell die Modellierung zu vereinfachen, in dem dann auf solche Eigenschaften, wie *Gültigkeit von* und *Gültigkeit bis* zugunsten einer Eigenschaft *Gültigkeit* verzichtet werden kann. Wie aus dem Metamodell für die Geschäftsobjektmodellierung hervorgeht, muss zu jedem Datentyp eine Beschreibung angelegt werden. Insbesondere bei domänenspezifischen Datentypen wird das sehr wichtig.

---

14 Das Kennzeichen *IstBerechnet* markiert die Eigenschaft als eine Eigenschaft, die aus anderen Eigenschaften abgeleitet oder berechnet werden kann. Siehe Eigenschaft /Anzahl im Geschäftsobjekt *Urlaubsantrag*.
15 Auf die OCL werden wir später eingehen.
16 Siehe Fowler, M. (1996).

Definition der Modellierungssprache über Metamodelle

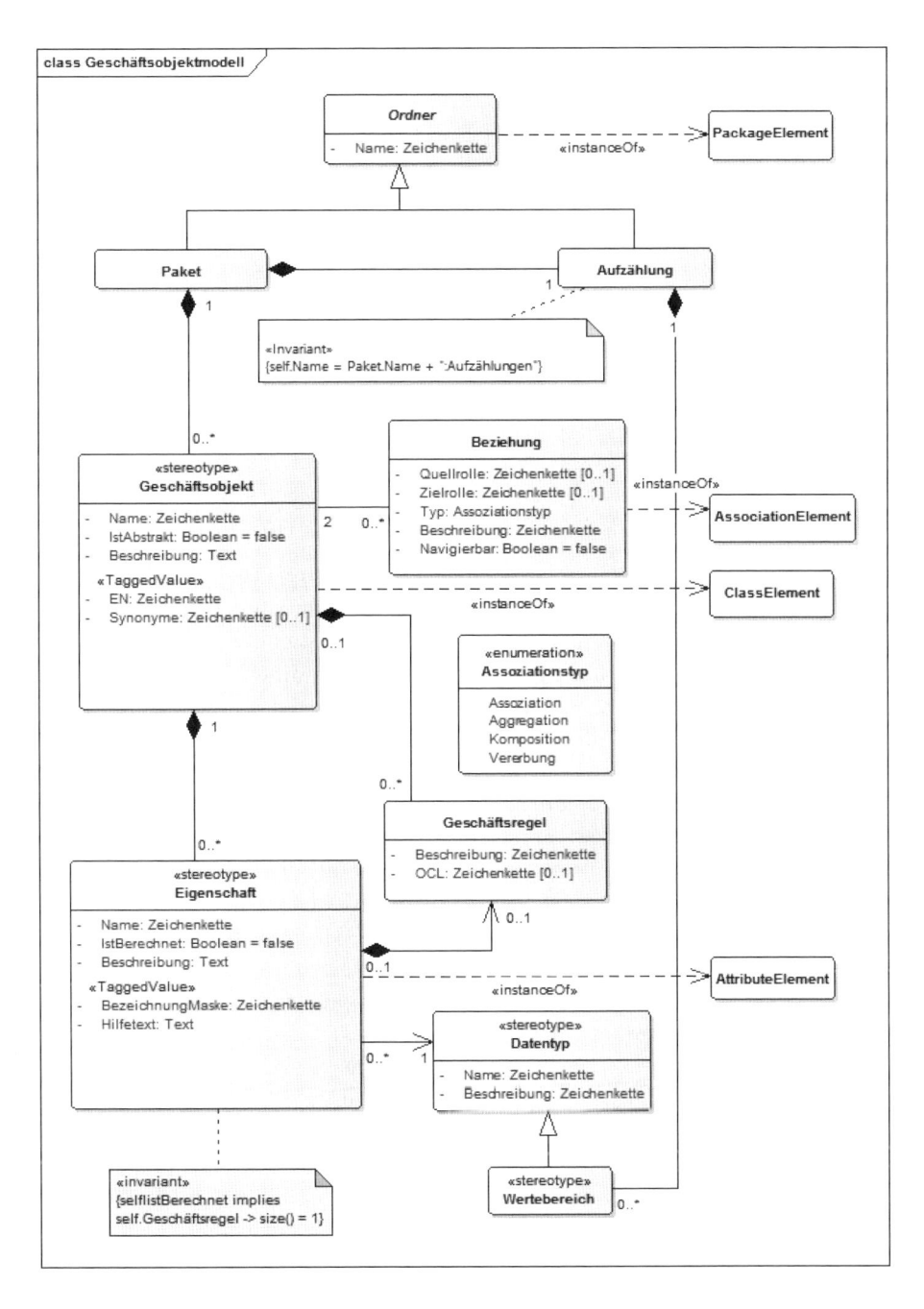

Abbildung 3.12: Metamodell „Geschäftsobjektmodellierung"

Abbildung 3.13: Datentypen

Es kann nicht das gesamte Regelwerk, bzw. die gesamte Modellierungssprache über Metamodelle abgebildet werden. Aus diesem Grunde werden wir später ein weiteres Konzept einführen: die **Modellierungsrichtlinie**. Was wir aber jetzt schon sagen können, ist, dass diese Metamodelle Teil der Modellierungsrichtlinie für ein konkretes Projekt sind.

Dieses Konzept der Metamodelle scheint ein wenig vom Himmel gefallen zu sein. Es wird somit notwendig, die Vorteile dieser Vorgehensweise ausführlich zu erläutern. Zum einen haben wir unser Regelwerk auf einer abstrakten Ebene zusammengefasst und verdeutlicht. Informationen zur Modellierungssprache können somit schnell gefunden, verstanden und kommuniziert werden. Bei den Metamodellen setzt dies fundierte Kenntnisse der Sprache UML voraus. Dies werden wir im Kapitel 6 ausführlich besprechen. Angemerkt sei aber, dass die Metamodelle nicht von Mitarbeitern des Fachbereichs verstanden werden müssen. Die Metamodelle unterliegen im Projektverlauf stetigen Änderungen. Neue Stereotypen, neue Tagged Values kommen hinzu oder werden umbenannt etc. Dies kann alles schnell in einem Metamodell eingepflegt werden. Einer der Hauptgründe, die für die Einführung von Metamodellen sprechen, ist aber die Möglichkeit, fachliche Modelle auf Korrektheit zu prüfen. Dies kann über klassische Reviewtechniken[17] erfolgen, aber auch, und das werden wir im Kapitel 3.4 ausführlich beschreiben, mit Hilfe von Werkzeugen automatisiert geschehen. Änderungen an fachlichen Modellen können somit umgehend auf Korrektheit geprüft werden (Stichwort: Continuous Integration). Was wir in diesem Zusammenhang auch niemals vergessen dürfen, ist die Tatsache, dass in jedem Projekt implizit so ein Metamodell existiert. Es wird nur nie ausdrücklich formuliert und somit werden die Abhängigkeiten zwischen den Sprachelementen nie überblickt. Dies führt dann z. B. dazu, dass GUIs entworfen werden, die gar nicht über Datenbankinhalte befüllt werden können, oder Anwendungsfälle nicht korrekt abgearbeitet werden können, weil die GUIs nicht die notwendigen Funktionen zur Verfügung stellen.

Für jedes fachliche Modell ist ein Metamodell zu erstellen. Für unser Beispielszenario bedeutet dies, dass wir insgesamt fünf Metamodelle erstellen müssen. Wir wollen im Folgenden nur noch ein weiteres Metamodell konkret vorstellen: das Metamodell *Kontextmodell*

---

17 Siehe z.B. Rupp, C. (2014).

(Abbildung 3.14). Die Interpretation des Metamodells sei dem Leser überlassen. Es kann dabei das Kontextmodell aus dem Beispielszenario zu Hilfe genommen werden. Neu an diesem Metamodell ist, dass wir eine Beziehung zu dem Geschäftsobjekt aus dem Metamodell *Geschäftsobjektmodellierung* haben. Somit haben wir Abhängigkeiten zwischen den Metamodellen erzeugt. Dies bleibt natürlich nicht aus, aber es sollte darauf geachtet werden, dass zwischen den einzelnen Metamodellen keine Zyklen von Abhängigkeiten entstehen[18].

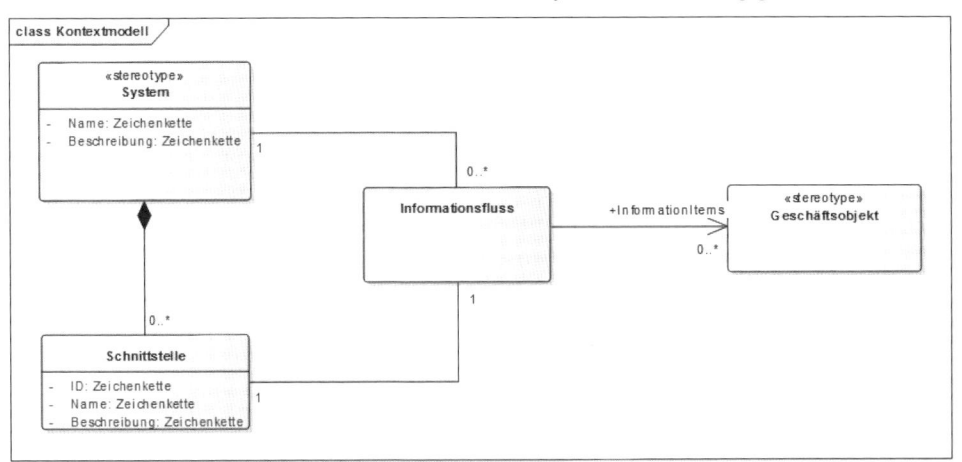

Abbildung 3.14: Metamodell „Kontextmodellierung"

Nun können wir auch den Begriff **fachliches Metamodell** einführen: Das fachliche Metamodell umfasst alle Metamodelle und deren Abhängigkeiten, die für die fachliche Modellierung von Anforderungen benötigt werden. Für unser Beispielszenario besteht das fachliche Metamodell somit aus fünf Metamodellen (Abbildung 3.15). Wir sehen, dass keine zirkulären Abhängigkeiten zwischen den Metamodellen existieren. Die Abhängigkeit zwischen *Kontextmodell* und *Geschäftsobjektmodell* ist genau der Verwendung des Geschäftsobjekts in der Rolle *InformationItem* im *Kontextmodell* geschuldet (Abbildung 3.14). In vielen Projekten hat es sich bewährt, die einzelnen Metamodelle unterschiedlichen Abstraktionsebenen zuzuordnen. Dadurch wird es in größeren Projekten möglich, unterschiedliche Anforderungen an Modellierer[19] zu formulieren, je nach zuständiger Abstraktionsebene. Für unser Beispielszenario einigen wir uns auf drei Abstraktionsebenen. Die oberste ist reserviert für das Prozessmodell, die mittlere für das Geschäftsobjekt- und Anwendungsfallmodell und die dritte für das Kontext- und Präsentationsmodell. In einem speziellen Projektkontext kann es ja sinnvoll sein, die Modellierung der Schnittstellen und der GUIs der Entwicklung zu überlassen und somit nicht mehr explizit über das Requirements Engineering zu steuern.

Da wir nun schon bei den Begriffen sind und wir eben von einem fachlichen Metamodell gesprochen haben: Was gibt es denn sonst noch für Metamodelle? Das Requirements Engineer-

---

18 Auch für die Metamodellmodellierung sollten dieselben Regeln gelten wie für gute Architektur- und Designentwicklung.
19 Die Rolle *Modellierer* soll hier recht unspezifisch verstanden werden. Zu genauen Rollendefinitionen kommen wir später.

ing ist nur ein Teil des allgemeinen Software Engineerings. Neben der Anforderungsspezifikation gibt es noch weitere Phasen in einem Entwicklungsprojekt, die nicht vernachlässigt werden sollten: Design- und Realisierungsphase und die Testphase. Für unseren Zusammenhang ist es unerheblich, ob diese nun hintereinander, iterativ oder parallel abgearbeitet werden. Somit könnte auch ein technisches Metamodell und ein Testmetamodell für ein Projekt definiert werden. Auf das Testmetamodell werden wir im Kapitel 4 zurückkommen. Ein technisches Metamodell zu definieren gehört nicht zum Inhalt dieses Buchs, allerdings lässt sich die hier vorgeschlagene Vorgehensweise für die fachliche Metamodellierung ohne Probleme auf die technische Metamodellierung übertragen. Bei der technischen Modellierung gilt selbstverständlich auch, dass die Metamodelle abhängig von dem jeweiligen Projektkontext und den eingesetzten Technologien sind. Aber es spricht nichts dagegen, das Metamodell um technische Metamodelle zu erweitern. Dadurch wird eine Nachverfolgbarkeit nicht nur zwischen fachlichen Anforderungen, sondern auch zwischen Anforderungen und technischen Konzepten bzw. Konstrukten möglich und auswertbar.

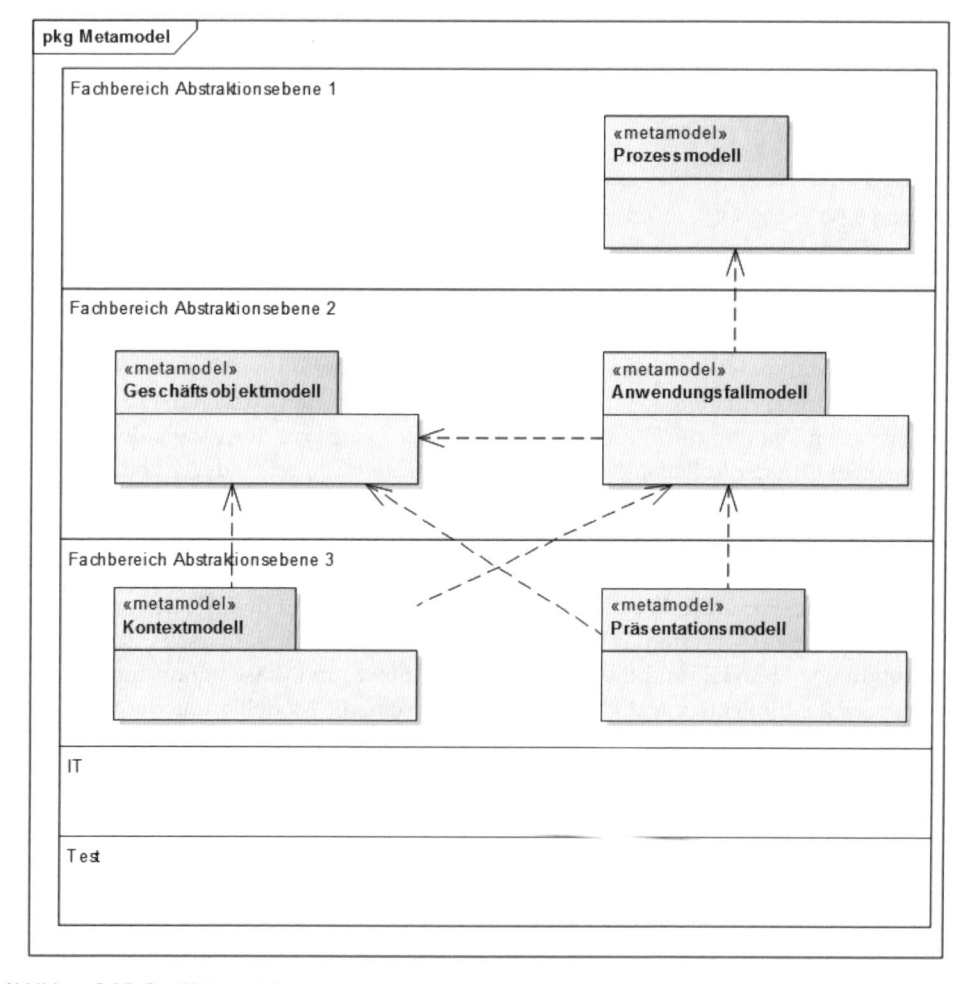

Abbildung 3.15: Das Metamodell

Fassen wir die Ergebnisse aus diesem Kapitel zusammen: Um Anforderungen korrekt mit Modellen abbilden zu können, muss eine Modellierungssprache definiert werden. Diese Modellierungssprache wird über mehrere fachliche Metamodelle (z. B. Geschäftsobjektmodell, Kontextmodell etc.) definiert und zu einem fachlichen Metamodell zusammengefasst. Dieses Vorgehen kann auch für die technische Modellierung und die Modellierung von Tests angewendet werden. Wir sprechen dann von dem Metamodell eines Projekts (Abbildung 3.15). Für die Erstellung der Metamodelle, also die Definition der Modellierungssprache, haben wir implizit auf ein Modellierungswerkzeug zurückgegriffen. Wir haben aber noch nicht festgelegt, mit welchen Werkzeugen nun die konkreten Anforderungen erstellt bzw. verwaltet werden sollen. Es ließe sich für unser Beispielszenario folgende Werkzeugunterstützung denken[20]:

- Das Prozessmodell wird mit ARIS erstellt[21].
- Für das Geschäftsobjektmodell wird ein UML-Modellierungswerkzeug eingesetzt.
- Für das Anwendungsfallmodell wird Word mit einer definierten Ablagestruktur gewählt.
- Das Kontextmodell wird von der Enterprise-Application-Abteilung mit Microsoft Visio abgebildet.
- Für das Präsentationsmodell werden Prototypen mit einer Programmiersprache und mit Unterstützung der Entwickler erstellt.

Die Probleme, die wir uns damit einhandeln, liegen auf der Hand: Es bestehen kaum Möglichkeiten, zwischen den fachlichen Modellen zu navigieren. Auswirkungen von Änderungen lassen sich nur schwer oder gar nicht analysieren. Es kann keine zusammenhängende, in sich konsistente Anforderungsdokumentation erzeugt werden. Deswegen der Vorschlag der Autoren: Soweit möglich Medienbrüche vermeiden und alle fachlich zu tätigenden Modellierungen in einem Werkzeug durchführen.

3.4 Der Einsatz von Modellierungswerkzeugen

In den vorherigen Kapiteln haben wir die Anforderungen an den Urlaubsplaner mit UML- und BPMN-Modellen abgebildet und auch die Definition und Dokumentation der Metamodelle wäre ohne ein Modellierungswerkzeug nicht so einfach möglich gewesen. Für ein Projekt stellt sich als erstes die Frage, welches Modellierungswerkzeug verwendet werden soll. Auf dem Markt gibt es eine große Auswahl an Werkzeugen. Wie kann da das geeignete gefunden werden?

Zur Werkzeugauswahl gibt es mehr oder wenig ein standardisiertes Vorgehen, welches im Detail in der entsprechenden Literatur nachgelesen werden kann[22]. Größtenteils beinhalten diese Vorgehensweisen die folgenden, nacheinander abzuarbeitenden Punkte:

---

20 Achtung: Worst-Case Szenario mit maximalem Medienbruch, nur leider Realität in vielen Projekten.
21 ARIS kann nicht nur EPK, sondern auch BPMN.
22 Siehe z. B. Pohl, K.; Rupp, C. (2015).

1. Anforderungen an das Werkzeug definieren.
2. Werkzeuge bzgl. der Erfüllung der Anforderungen bewerten.
3. Drei oder vier Werkzeuge auswählen, die die Anforderungen am besten abdecken, und die Hersteller zu Präsentationen einladen.
4. Werkzeuge abschließend bewerten und ein Werkzeug auswählen.

Seit der Diskussion über agile Vorgehensweisen wissen wir allerdings eins: Anforderungen sind nicht starr, sie lassen sich nicht am Anfang eines Projekts genau spezifizieren und sie unterliegen im weiteren Projektverlauf ständig Änderungen. Dies gilt selbstredend auch für die Anforderungen an ein Modellierungswerkzeug. Gerade durch den Einsatz eines Werkzeugs werden Ideen und Anforderungen im Projektverlauf ständig neu generiert. Ärgerlich wird es dann, wenn am Anfang ein ausgefeilter Werkzeugauswahlprozess etabliert und durchgeführt wurde, aber nach drei Monaten des Einsatzes festgestellt wird, dass neue Ideen mit dem ausgewählten Werkzeug nicht umgesetzt werden können. Somit ist der Vorschlag der Autoren, auf einen ausgefeilten Auswahlprozess zu verzichten und den Sprung ins kalte Wasser zu wagen: Möglichst wenige Anforderungen definieren und schnell ein Werkzeug auswählen. Es kann auch festgehalten werden, dass sich die meisten professionellen Modellierungswerkzeuge hinsichtlich ihrer Funktionalität nicht groß unterscheiden.

Für dieses Buch haben sich die Autoren für den Enterprise Architect des Unternehmens Sparx Systems entschieden[23], was einfach darin begründet liegt, dass mit diesem Werkzeug die meisten Erfahrungen vorhanden waren. Allerdings sollte alles, was in diesem und den nächsten Kapiteln mit dem Enterprise Architect abgebildet wird, genau so oder ähnlich mit jedem anderen Modellierungswerkzeug abgebildet werden können. In diesem Sinne werden wir auch die Lösungen, die wir hier vorstellen und entwickeln, nicht vollständig für den Enterprise Architect ausarbeiten, sondern nur skizzieren. Im Folgenden wird der Einfachheit halber die Abkürzung EA verwendet, wenn vom Enterprise Architect gesprochen wird.

Wir verwenden den EA in der Version 12. Da sich mit jeder weiteren Version Menüpunkte oder auch Oberflächen und Abläufe in dem EA verändern können, sind wir bemüht, möglichst wenig auf konkrete Oberflächen aus dem EA zu referenzieren oder auch Menüpfade anzugeben. Um die entsprechenden Funktionalitäten trotzdem nachvollziehen zu können, werden wir die Schlüsselwörter, mit denen dann in der Hilfe zum EA die notwendigen Zusatzinformationen gefunden werden können, angeben[24].

In einem ersten Schritt wollen wir uns nun die grundsätzliche Arbeitsweise mit einem Modellierungswerkzeug einmal ansehen. In Abbildung 3.16 ist die Oberfläche des EA mit einem geöffneten Modell sichtbar[25]. Das Repository (links oben, im EA *Project Browser* genannt) haben wir schon im vorherigen Abschnitt kennengelernt. Es enthält alle modellierten Elemente, durch eine Ordnerstruktur übersichtlich gruppiert. Zusätzlich zu

---

23 Siehe *www.sparxsystems.de*
24 EA Hilfe: *http://www.sparxsystems.com/enterprise_architect_user_guide*
25 Der Aufbau der Oberfläche kann natürlich von jedem Benutzer individuell eingestellt werden. Wir gehen in diesem Buch der Einfachheit halber von dem Standardaufbau aus.

unseren modellierten Elementen enthält das Repository aber auch alle Diagramme, die wir während der Modellierung erstellen. Anhand des Symbols vor dem Namen ist zu erkennen, ob es sich um ein Diagramm oder ein Element handelt. Dem entsprechend reagiert der EA bei einem Doppelklick auf den Namen anders. Bei einem Doppelklick auf ein Element öffnet sich ein modaler Pflegedialog zu dem Element; bei einem Doppelklick auf ein Diagramm öffnet sich das Diagramm im rechten Bereich des EAs. Jedes erstellte Diagramm gehört zu einem definierten Diagrammtyp. In der UML werden zum Beispiel mehrere Diagrammtypen unterschieden: Klassendiagramme, Anwendungsfalldiagramme, Zustandsdiagramme etc.[26]. Und zu jedem Diagrammtyp gehört eine entsprechende Liste von Elementen, die für die Ausgestaltung des Diagramms sinnvoll ist. Diese Liste der Elemente, mit den möglichen Beziehungen (Assoziation, Vererbung etc.) zwischen den Elementen, wird dann in der sogenannten **Toolbox** dargestellt. Dies bedeutet, dass, wenn das Diagramm im rechten Teil der Anwendung gewechselt wird, auch auf die passende Toolbox gewechselt wird. Mithilfe der Toolbox ist es nun möglich, über Drag-and-drop weitere Elemente in einem Diagramm aufzunehmen, die dann wiederum automatisch im Repository gespeichert werden. Der Infobereich im linken, unteren Bereich des Werkzeuges beinhaltet die Informationen zu einem Element, welches entweder im Repository oder in einem Diagramm selektiert wurde. Dies ist das ganze Geheimnis von Modellierungswerkzeugen. Mehr muss ein Anwender, der nur seine Anforderungen modellieren will, eigentlich nicht wissen. Im Folgenden nennen wir diesen Anwender den **Anforderungsmodellierer**.

Im vorherigen Kapitel haben wir einige Regeln für die Anforderungsmodellierung aufgestellt und in Metamodellen abgebildet. Diese Regeln kennt der EA nicht. Es kann somit nicht überprüft oder sichergestellt werden, ob derjenige, der die Anforderungen modelliert, dabei auch die Regeln einhält. Für ein konsistentes und eindeutig zu interpretierendes Anforderungsmodell ist dies aber unentbehrlich. Also sollten wir versuchen, den Anforderungsmodellierer zum einen so zu unterstützen, dass der EA ihm dabei hilft, die Regeln einzuhalten, und zum anderen der EA eine Plausibilisierungsfunktion zur Verfügung stellt, womit der Anforderungsmodellierer seine Arbeitsergebnisse überprüfen kann. Für den ersten Fall bieten die Modellierungswerkzeuge einfache Konfigurationsmöglichkeiten an, mit denen wir uns im nächsten Unterkapitel befassen werden. Diese Konfigurationen sollten von jedem Werkzeug unterstützt werden; sie sind nur jeweils unterschiedlich umgesetzt.

---

[26] Für eine vollständige Aufzählung der Diagrammtypen siehe u. a. Rumbaugh, J. (2010).

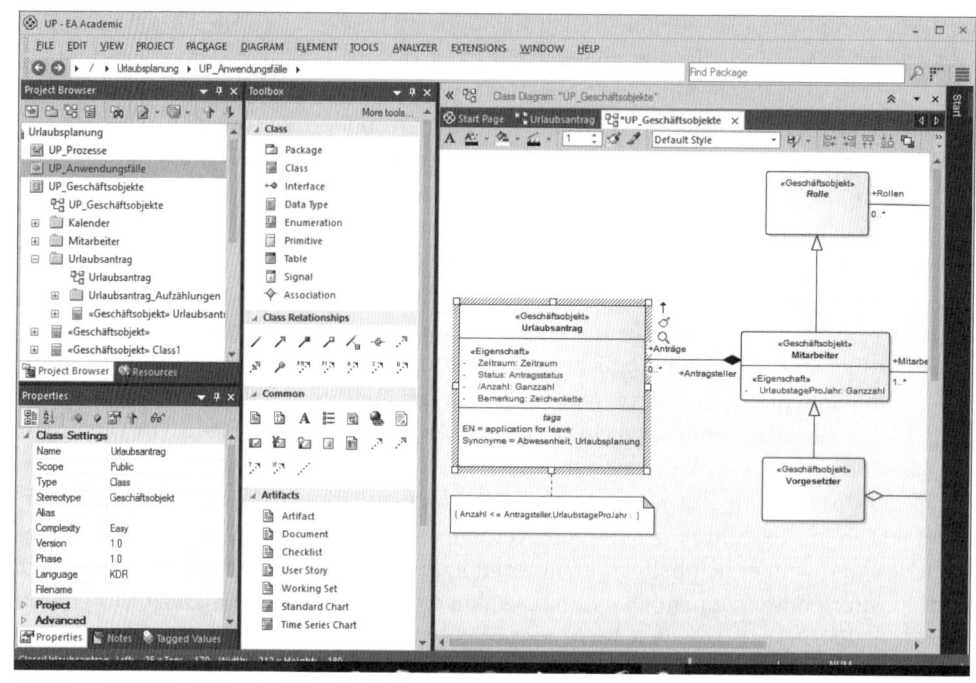

Abbildung 3.16: Oberfläche des Enterprise Architect mit geöffnetem Modell

3.4.1 Einfache Konfiguration

Bei dem EA wird die Konfigurationsmöglichkeit über die sogenannte **MDG-Technology** abgebildet. Die Abkürzung MDG steht dabei für Model Driven Generation. Wie der Name schon sagt, werden mithilfe von erstellten Modellen Konfigurationsdateien generiert, die dann in das Werkzeug importiert werden können. Was wir also als erstes benötigen, ist ein eigenes Projekt für die Erstellung der MDG-Modelle. Aus diesem Projekt erzeugen wir dann eine Konfigurationsdatei, die von dem Modellierungsprojekt *Urlaubsplaner* (im Folgenden nur noch **UP**) importiert werden kann. Ein Projekt wird von dem EA in einer Datei mit der Endung *.eap* gespeichert, hinter der sich eine Access-Datenbank verbirgt[27]. Da wir das Projekt für die Erstellung unserer MDG-Technology auch für die Verwaltung der Metamodelle verwenden werden, nennen wir diese Projektdatei *Metamodel.eap* und unsere Projektdatei für den Urlaubsplaner *UP.eap*. Unsere MDG-Technology benötigt natürlich auch noch einen sprechenden Namen: KDR[28]. Das Format dieser Datei ist XML, also erzeugen wir eine *KDR.xml*.

Jetzt fehlen nur noch die konkreten Anforderungen an unsere MDG-Technology, die wir umsetzen müssen: Zur Unterstützung der Anforderungsmodellierer wäre es doch wünschenswert, wenn wir für jedes fachliche Metamodell einen eigenen Diagrammty-

---

27 Es ist auch möglich, den EA mit einer anderen Datenbank, z. B. Oracle, zu verbinden. Dies ist bei größeren Projekten sogar dringendst zu empfehlen, werden wir aber in diesem Buch nicht behandeln.
28 KDR steht für Krallmann, Dockter, Ritter.

pen zur Verfügung stellen könnten und in der zugehörigen Toolbox nur die Elemente aufgelistet werden, die auch für die Modellierung einer konkreten Ausprägung dieses Metamodells benötigt werden. Und wenn der Anforderungsmodellierer dann ein konkretes Element aus der Toolbox auswählt, sollen auch gleich die definierten Tagged Values zu dem Element angelegt sein. Wir müssen ja immer berücksichtigen, dass der EA und die angelegten Projekte unsere definierten Metamodelle überhaupt nicht kennen. Konkretes, reduziertes Beispiel: Wir benötigen einen Diagrammtyp *Geschäftsobjektdiagramm* mit der zugehörigen Toolbox *Geschäftsobjektmodellierung*, die zwei Elemente enthält: *Geschäftsobjekt* und *Eigenschaft*. Und wenn ein Element *Geschäftsobjekt* erzeugt wird, müssen gleich die Tagged Values *EN* und *Synonyme* angelegt sein[29] (zum Vergleich siehe Abbildung 3.12). Wenn wir diese Informationen in den Modellen für die MDG-Technology abbilden wollen, dann sieht das so wie in Abbildung 3.17, 3.18 und 3.19 aus[30].

In der Abbildung 3.17 definieren wir zwei Stereotypen *Geschäftsobjekt* und *Eigenschaft*. Das *Geschäftsobjekt* hat eine Beziehung zur Klasse *Class*. Damit wird dem EA bekannt gemacht, dass dieser Stereotyp für Klassen zur Verfügung steht. Der Stereotyp *Eigenschaft* steht somit für Attribute zur Verfügung. Für den Stereotyp *Geschäftsobjekt* sind zwei Tagged Values definiert *EN* und *Synonyme*, für den Stereotyp *Eigenschaft BezeichnungMaske* und *Hilfetext*. An dieser Stelle können keine Datentypen oder Formatvorlagen für die Eingabe dieser Tagged Values definiert werden. Dies ist aber ohne Probleme über zusätzliche Konfigurationen möglich. Durch den Datentypen *Text* bei dem Tagged Value *Hilfetext* wissen wir, dass ein einfaches Eingabefeld zur Eingabe des Hilfetexts nicht ausreichend sein wird, sondern ein mehrzeiliges Eingabefeld notwendig wird. Dies können wir über die Formatvorgabe *Memo* an der passenden Konfigurationsstelle im EA sicherstellen.[31] Des Weiteren kann auch die Präsentation eines Stereotyps verändert werden. So kann zum Beispiel definiert werden, dass alle Klassen mit dem Stereotyp *Geschäftsobjekt* mit der Farbe Blau dargestellt werden, oder wenn gewünscht mit einem selbst definierten Symbol. All diese konfigurierten Zusatzinformationen können in die Datei *KDR.xml* für die MDG-Technology exportiert werden. Die Definition von Stereotypen und Tagged Values ist eine grundlegende Eigenschaft der Modellierungssprache UML und wird dort unter dem Begriff UML-Profil zusammengefasst[32].

---

29 Im endgültigen Ausbaustadium enthält die Toolbox natürlich alle in dem Metamodell definierten Elemente und auch die Beziehungen.
30 Für die genaue Erstellung dieser Modelle und die Generierung der XML-Datei siehe die EA-Hilfe unter dem Stichpunkt *MDG*.
31 EA Hilfe: *Predefined Structured Types*.
32 Siehe u. a. Rumbaugh, J. (2010).

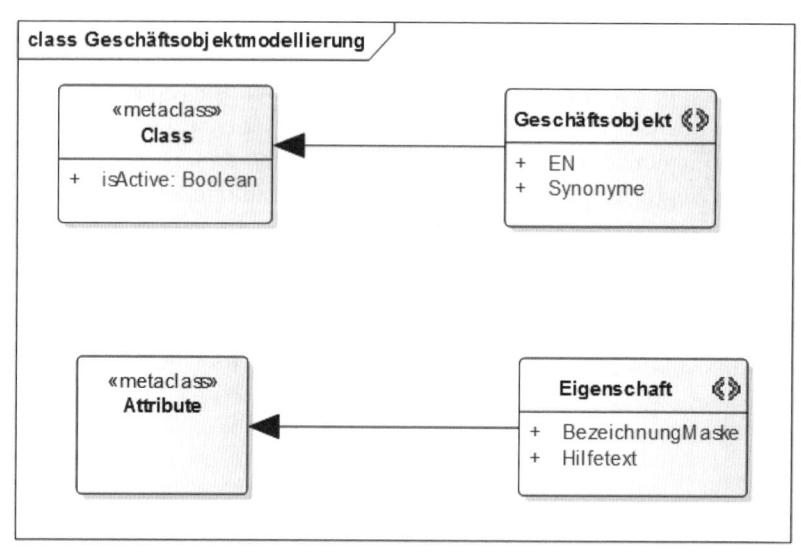

Abbildung 3.17: MDG-Technology – Profile

Wir definieren nun wie in Abbildung 3.18 unsere Toolbox Geschäftsobjektmodellierung wie folgt: Die Toolbox besteht aus einem Bereich *Elemente* und in diesem Bereich werden genau zwei Elemente für die Modellierung angeboten: *Eigenschaft* und *Geschäftsobjekt*. Um die Elemente eindeutig identifizieren zu können, ist es notwendig, einen eindeutigen Qualifizierer anzugeben, und das ist in unserem Fall der Name unserer MDG-Technology KDR.

In der Abbildung 3.19 wird dann der Diagrammtyp *Geschäftsobjektdiagramm* definiert und über das Attribut *toolbox* in der Klasse *Diagram_Logical*, welche wiederum den Basisdiagrammtyp definiert (in diesem Fall ein Klassendiagramm), mit unserer Toolbox Geschäftsobjektmodellierung verknüpft.

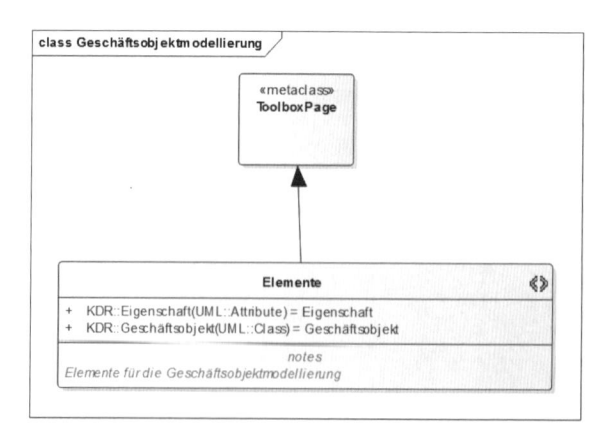

Abbildung 3.18: MDG-Technology – Toolbox

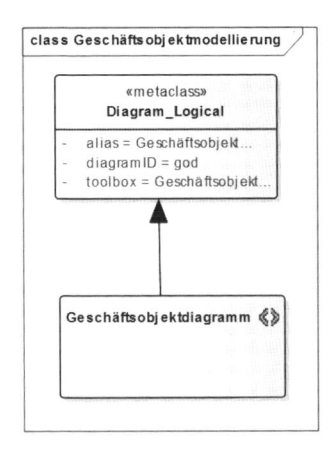

Abbildung 3.19: MDG-Technology – Diagramm

Aus diesen drei Modellen können wir jetzt aus dem Metamodel *Projekt* eine *KDR.xml*-Datei erzeugen, die wir in das UP-Projekt importieren[33]. Im Folgenden sehen wir die Auswirkungen der MDG-Technology auf die Erstellung von Modellen. Zuerst wählen wir den Diagrammtyp aus (Abbildung 3.20). Dann erstellen wir mit Drag-and-drop ein Geschäftsobjekt, das die notwendigen Tagged Values beinhaltet (Abbildung 3.21) und erzeugen in einem letzten Schritt mehrere Eigenschaften, ebenfalls mit Drag-and-drop (Abbildung 3.22).

Bei der Erzeugung einer Eigenschaft fällt auf, dass bei der Verwendung von Drag-and-drop gleich eine Eingabeoberfläche aufgeht, in der der Name und der Datentyp angegeben werden können (Abbildung 3.22). Die möglichen Datentypen für unsere Eigenschaften hatten wir schon definiert (siehe Kapitel 3.3) und es wäre sinnvoll, wenn auch nur diese Datentypen in der Auswahlliste bei der Anlage einer Eigenschaft erscheinen würden. Dies ist möglich, allerdings über einen kleinen Trick.

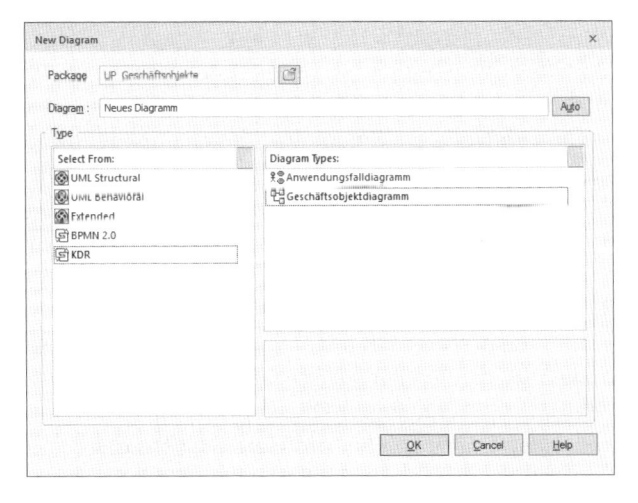

Abbildung 3.20: Diagrammtyp auswählen

---

33 EA Hilfe: *Create MDG Technology File*.

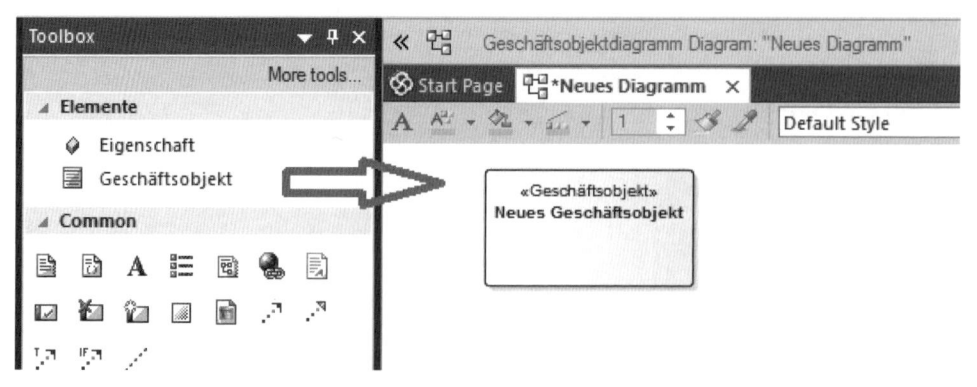

Abbildung 3.21: Geschäftsobjekt anlegen

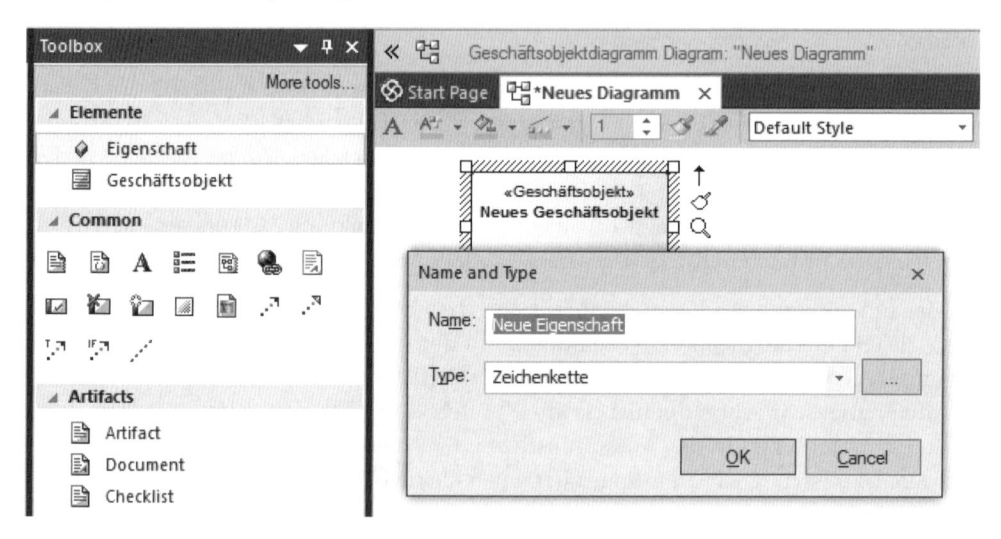

Abbildung 3.22: Eigenschaften anlegen

Mit einem Modellierungswerkzeug kann auch direkt Quellcode generiert werden. Dies ist ein Thema, was uns im weiteren Verlauf noch beschäftigen wird, allerdings in einem anderen Zusammenhang. Für unseren Trick ist es wichtig zu wissen, dass bei einer modellierten Klasse, zu der dann entsprechender Quellcode generiert werden soll, vorher die Programmiersprache angegeben werden muss. Und zu einer Programmiersprache gehören natürlich auch die gültigen Datentypen. Der EA bietet nun die Möglichkeit, eine Programmiersprache mit Datentypen selber zu definieren. Dies nutzen wir, indem wir eine fachliche Programmiersprache KDR definieren und die Datentypen aus unserem Metamodell (Abbildung 3.13) verwenden[34]. Diese fachliche Programmiersprache wird dann ebenfalls mit unserer MDG-Technology KDR exportiert und vom Projekt UP importiert. Im Projekt UP muss dann nur noch über die Eigenschaften des Projekts diese fachliche Programmiersprache als Standard ausgewählt werden[35] und schon stehen beim Anlegen einer neuen Eigenschaft diese Datentypen zur Verfügung.

---

34 EA Hilfe: *Data Types*.
35 EA Hilfe: *Code Generation Options*.

Auch wenn die Hilfe im EA zu der Erstellung einer MDG-Technology sehr ausführlich und genau ist, so ist der Erstellungsprozess doch langwierig, fehleranfällig und sollte nicht unterschätzt werden. Interessant ist dabei, dass alle Informationen, die wir für die Erstellung unserer MDG-Technology KDR benötigen, in den Metamodellen vorhanden sind. Also könnte man sich überlegen, aus den Metamodellen die notwendigen MDG-Technology-Modelle zu generieren oder noch direkter die *KDR.xml* zu generieren. Wir werden im weiteren Verlauf das notwendige Rüstzeug für solch eine Generierung im Detail kennen lernen. Die Umsetzung soll aber dem Leser als kleine Übung überlassen bleiben.

3.4.2 Komplexe Konfigurationen

Im vorherigen Kapitel haben wir einige Konfigurationsmöglichkeiten, die uns der EA von sich aus zur Verfügung stellt, kennengelernt. In vielen Fällen ist dies aber nicht ausreichend. So würden wir den Anforderungsmodellierern gerne vereinfachte Benutzeroberflächen für die Pflege der Elemente zur Verfügung stellen und auch automatisierte Prüfungen der modellierten Anforderungen gegen die definierten Metamodelle ermöglichen. Um dies anbieten zu können, müssen wir die Programmierschnittstelle des EA verwenden, ein eigenes Programm erstellen und dieses dann als ein sogenanntes Add-in dem EA zur Verfügung stellen. Aber der Reihe nach.

Der EA hat eine Programmierschnittstelle, die in einer Dynamic Link Library *Interop.EA.dll* gekapselt ist. Mit den Klassen aus dieser EA-DLL kann auf alle modellierten Informationen in einem Projekt zugegriffen werden. Einige Basisklassen dieser EA-DLL werden wir bald kennenlernen. Gleichzeit können dem EA sogenannte Add-ins bekannt gegeben werden. Bei diesen Add-ins handelt es sich um registrierte DLLs, an die dann Ereignisse, die in einem EA-Projekt getätigt werden, über Methodenaufrufe an definierte Klassen gesendet werden. Den genauen Ablauf soll folgendes Beispiel verdeutlichen: Der Anforderungsmodellierer tätigt einen Doppelklick auf einem Geschäftsobjekt in unserem UP Repository. Über ein Add-in KDR wurde dem EA bekanntgegeben, dass dieses Ereignis an eine (von uns noch zu programmierende) Klasse weitergeleitet werden soll. Diese Klasse empfängt das Ereignis und bekommt als zusätzliche Information das angeklickte Element. Mit Hilfe der EA-DLL, die der EA zur Verfügung stellt, werden nun alle nötigen Informationen des Elements abgefragt und in einer projektspezifischen Pflegeoberfläche zu dem Geschäftsobjekt dargestellt.

Jetzt kann es nicht die Aufgabe dieses Buchs sein, die Programmierschnittstelle des EA bis ins Kleinste zu beschreiben und deren Verwendung aufzuzeigen. Uns geht es vielmehr darum, einen generischen Ansatz vorzustellen, der es ermöglicht, Änderungen an bestehenden Metamodellen oder auch neue Metamodelle möglichst schnell in der Programmierung umsetzen zu können. Die Erfahrungen zeigen, dass auch die fachlichen Metamodelle ständigen Erweiterungen und Änderungen unterworfen sind. Seit einigen Jahren wissen wir: Wir leben in einer agilen Welt und dem müssen wir Rechnung tragen. Wenn zum Beispiel zu einem Geschäftsobjekt ein neuer Tagged Value aufgenommen werden muss, dann muss neben der Erweiterung des Metamodells und der MDG-Technology auch eine projektspezifische Pflegeoberfläche um dieses Feld erweitert werden, als auch die Plausibilisierung, falls es sich zum Beispiel um ein Pflichtfeld handelt, oder ähnliches. Und dies sollte möglichst schnell und fehlerfrei umgesetzt werden. Des Weiteren kann in vielen Unternehmen die Situation entstehen, dass Abteilungen oder auch einzelne Projekte unterschiedliche Metamodelle verwenden, entweder weil sie es gerne so wollen, oder auch weil sie es müssen.

Fassen wir diese Überlegungen zusammen, so ergibt es Sinn, ein Framework zu entwickeln, welches, unabhängig von einem konkreten Metamodell, Basisfunktionalitäten wie Pflegeoberflächen und Plausibilisierungen generisch zur Verfügung stellt. Dies bedeutet, dass wir in einem ersten Schritt die Gemeinsamkeiten, die in jedem Metamodell vorkommen, ermitteln und natürlich mit einem Modell abbilden (Abbildung 3.23). Um mit den Modellen nicht durcheinander zu kommen, nennen wir dieses Modell korrekterweise Metametamodell. Und wir gönnen uns auch ein eigenes EA-Projekt für dieses Metametamodell: *Metametamodel.eap*.

Bevor wir uns das Metametamodell im Detail anschauen, soll der praktische Nutzen für unsere Programmierung eines Frameworks aufgezeigt werden. Wenn wir aus den modellierten Klassen im Metametamodell konkrete Klassen einer Programmiersprache machen, die in unserem Fall die Programmiersprache C# sein wird, so können wir unsere fachlichen Metamodelle als Instanzen dieser Klassen abbilden. Für unser Geschäftsobjektmodell findet sich ein Ausschnitt in dem Listing 3.1. In diesem Ausschnitt sind alle notwendigen Informationen zu dem modellierten Element *Geschäftsobjekt* aus dem fachlichen Metamodell (Abbildung 3.12) abgebildet. Diese Informationen sind übrigens ausreichend, um eine passende Pflegeoberfläche zu generieren oder die Modelle zu plausibilisieren, wie wir später sehen werden.

```
namespace KDR.MetamodelInit
{
  public class InitGeschäftsobjektmodell : InitMetamodel
  {
    public InitGeschäftsobjektmodell()
    {
    }
    public override void initialize(MetamodelInfo pInfo){
      Element3M lClass;
      lClass = new ClassElement("Geschäftsobjekt");
      lClass.addToAttributs(new Attribute3M("Name", EAEntryfield.Name,
        Multiplicity.Mandatory, Datatype.Zeichenkette));
      lClass.addToAttributs(new Attribute3M("Beschreibung",EAEntryfield.Notes,
        Multiplicity.Mandatory, Datatype.Text));
      lClass.addToAttributs(new Attribute3M("IstAbstrakt",
        EAEntryfield.Abstract,Multiplicity.Mandatory, Datatype.Boolean));
      lClass.addToTaggedValues(new TaggedValue3M("EN",
        Multiplicity.Mandatory, Datatype.Zeichenkette));
      lClass.addToTaggedValues(new TaggedValue3M("Synonyme",
        Multiplicity.Optional, Datatype.Zeichenkette));
      pInfo.addElement(lClass, "Geschäftsobjekt");
    }
  }
}
```

Listing 3.1: Klasse „InitGeschäftsobjektmodell"

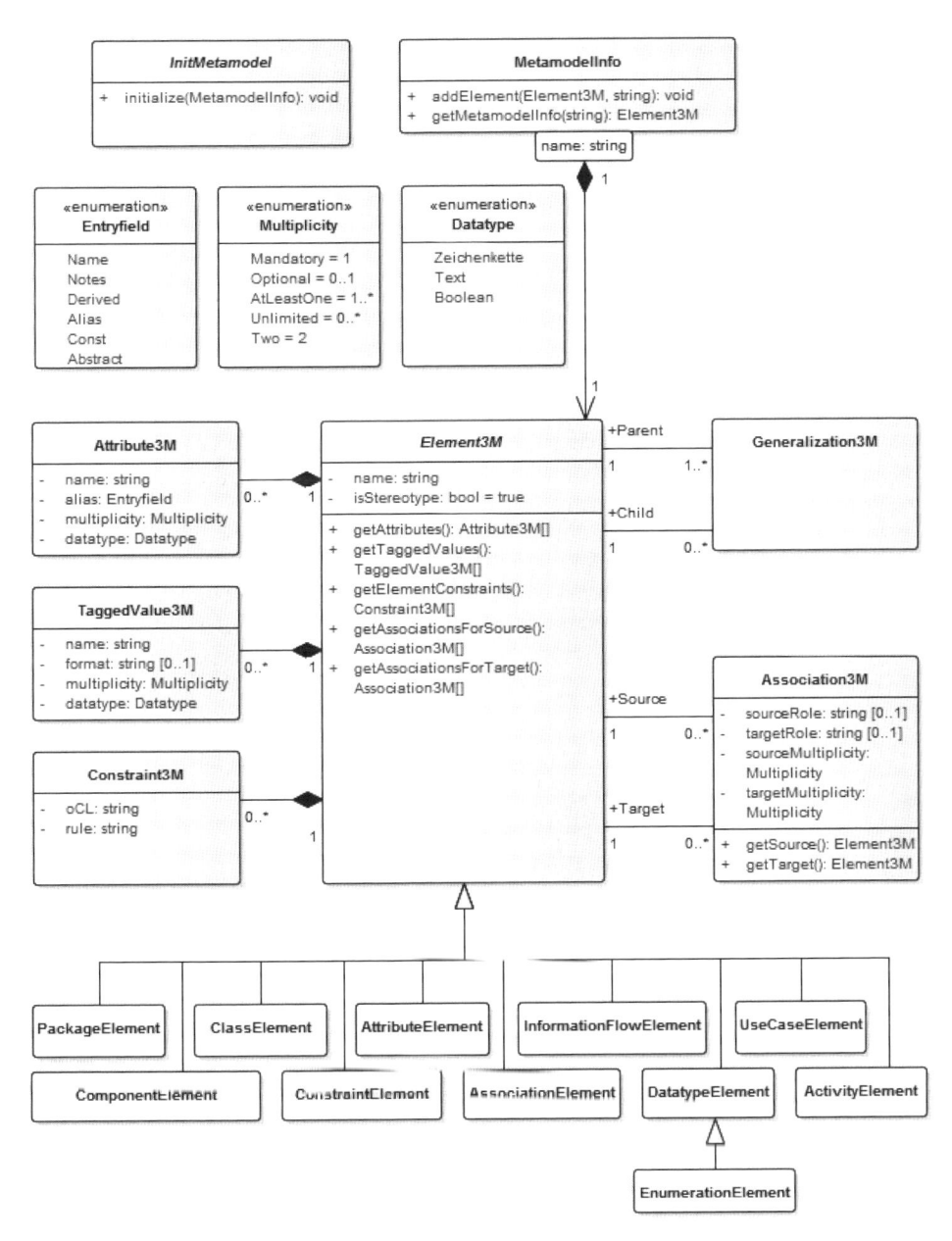

Abbildung 3.23: Das Metametamodell

Versuchen wir nun das Metametamodell näher zu verstehen. Die zentrale Klasse in unserem Metametamodell ist die Klasse *Element3M*. Das Postfix *3M* steht für die drei Ms im Begriff Metametamodell und existiert nur deswegen, um bei der anschließenden Programmierung nicht mit der Klasse *Element* aus der EA-DLL durcheinander zu kommen. Die Klasse *Element3M* ist abstrakt, es können von ihr somit keine Instanzen erzeugt werden. Allerdings gibt es eine Vielzahl von konkreten Unterklassen, die als Klassen für unsere Metamodellierung verwendet werden können. Wenn wir uns jetzt ein Metamodell aus der Metamodellierung anschauen, zum Beispiel wieder das Geschäftsobjektmodell (siehe Abbildung 3.12), so sehen wir, dass jedes Element aus der Metamodellierung eine Instanziierungsbeziehung zu einer konkreten Klasse aus dem Metametamodell hat. Diese Beziehung findet sich übrigens auch im Listing 3.1 wieder: *new ClassElement("Geschäftsobjekt")*. Damit haben wir auch diese Beziehung nachträglich erklärt. Zu jeder Klasse *Element3M* können mehrere *Attribute3M* angelegt werden. Die Klasse *Attribute3M* repräsentiert dabei eine Eigenschaft eines EA-Elements, welches über die Standardoberfläche des EA gepflegt werden kann. Der Alias gibt dabei an, auf welche Eigenschaft im EA das *Attribute3M* abgebildet werden soll. Über die *multiplicity* kann gesteuert werden, ob es sich um ein Pflichtfeld handelt oder nicht: *datatype* gibt den Datentypen an. Mit der Klasse *TaggedValue3M* können dann zusätzliche Tagged Values zu einem *Element3M* definiert werden. *Generalization3M* und *Association3M* definieren die unterschiedlichen Beziehungen zwischen den Elementen und über die Klasse *Constraint3M* können die Geschäftsregeln abgebildet werden. Eine Geschäftsregel kann umgangssprachlich formuliert werden, aber auch in der formalen Sprache OCL.

Diesen Metametamodellbaukasten müssen wir nun bei der Erstellung der fachlichen Metamodelle verwenden. (Dies haben wir natürlich implizit schon so gemacht.) In einem nächsten Schritt müssen wir dann zu jedem Metamodell unsere Implementierungen wie in Listing 3.1 erstellen und mit dem Metamodell synchron halten. Bei einer Änderung an einem fachlichen Metamodell muss also die Implementierung angepasst werden. Spätestens jetzt sollten wir über die Generierung von Quellcode nachdenken. Wenn alle notwendigen Informationen in den fachlichen Metamodellen vorhanden sind, dann können wir daraus unsere Implementierung aus Listing 3.1 generieren. Um aber den Quellcode generieren zu können, müssen wir vorher unser Framework definiert haben.

Bevor wir dies tun, ist es aber nun an der Zeit, kurz etwas genauer auf die Object Constraint Language (OCL) einzugehen. Wie wir bisher gesehen haben, bietet die UML einen reichhaltigen Sprachumfang, um für unterschiedliche Situationen Modelle erstellen zu können. Aber auch die Reichweite der UML ist beschränkt.

In dem Diagramm sehen wir zwei Geschäftsregeln, die einmal als OCL beschrieben sind und nach dem Doppelpunkt umgangssprachlich formuliert sind. (So, wie unser Metamodell das auch vorsieht.) Mit der UML alleine ist es nicht möglich, beide Regeln zu modellieren. Die OCL hilft uns also, Modelle mit weiterer Semantik anzureichern, die so mit der UML alleine nicht ausgedrückt werden kann. Und dies nutzen wir, um für unser Requirements Engineering zusätzliche Geschäftsregeln definieren zu können. Dabei wird durch die umgangssprachliche Definition ein schnelles Verständnis der Regel sichergestellt, da wir nicht davon ausgehen können, dass jeder Leser des Modells die OCL-Syntax beherrscht. Und mit der syntaktisch korrekten OCL-Definition stellen wir sicher, dass diese Geschäftsregel in unserem Geschäftsobjektmodell überprüfbar ist. Durch geeignete Programmierung, auf die wir später eingehen werden, kann sichergestellt werden, dass die Geschäftsregeln auch immer mit dem Geschäftsobjektmodell konsistent sind. Änderungen am Geschäftsobjektmodell können jederzeit Auswirkungen auf die Geschäftsregeln haben.

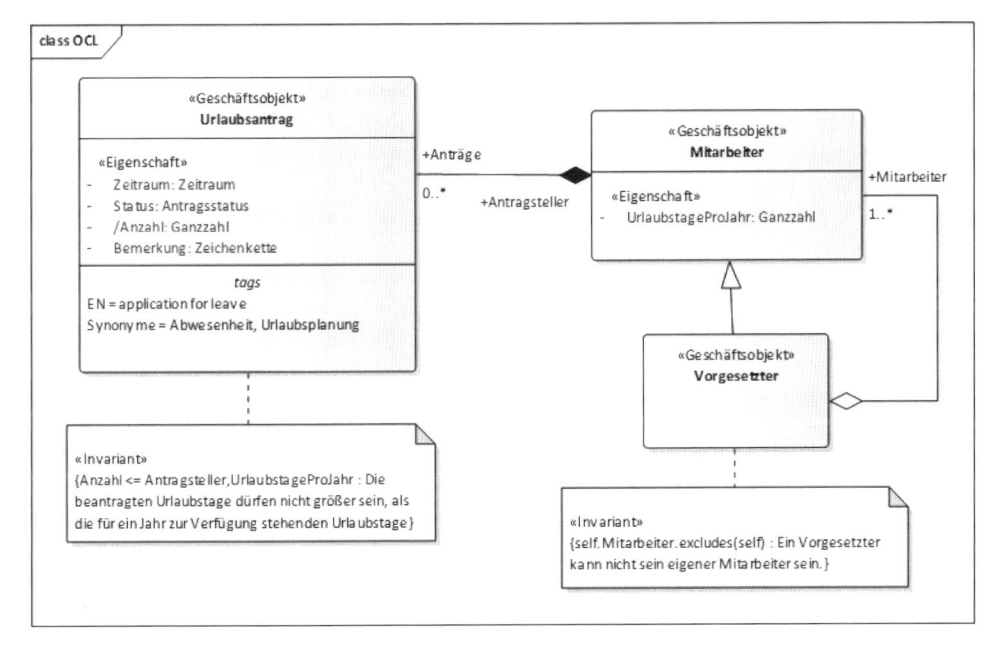

Abbildung 3.24: Geschäftsregeln mit OCL

Die OCL beinhaltet einen mächtigen Sprachumfang[36]. In Abbildung 3.24 haben wir nur zwei Möglichkeiten verwendet: einen Vergleichsoperator <= und einen Mengenoperator *excludes*. Das Schlüsselwort *self* repräsentiert bei der rechten Geschäftsregel das Objekt, zu dem der OCL-Ausdruck gehört, in unserem Fall zu einem Vorgesetzten. Und dieser Vorgesetzte darf natürlich nicht in der Menge seiner zugeordneten Mitarbeiter sein.

3.4.3 Framework

Jedes Framework benötigt einen Einstiegspunkt. Bei uns übernimmt diese Rolle die *ModelFactory*, die als Singleton implementiert ist (siehe Listing 3.2)[37]. Die *ModelFactory* hat zwei Attribute: Das ist zum einen das *repository*. Hinter dem *repository* verbirgt sich der Einstiegspunkt für das EA-Modell; die Klasse *Repository* ist in der EA-DLL eingebunden. Wir müssen also zu einem sehr frühen Zeitpunkt der *ModelFactory* das *Repository* (also unsere *UP.eap*-Datei) bekannt geben. Zum anderen haben wir das Attribut *metamodelInfo*. Die Klasse *MetamodelInfo* verwaltet in einer *Hashtable* jeweils alle *Element3M*-Instanzen aus unserem Metametamodell. Dabei ist der Schlüssel der jeweilige Name der Instanz aus unseren fachlichen Metamodellen (siehe Listing 3.3). Damit schränken wir unsere Metamodellierung dahingehend ein, dass über alle Metamodelle hinweg die Modellelemente eindeutige Namen haben müssen. Es kann also ein *Geschäftsobjekt* nicht in dem Modell *Geschäftsobjektmodell* und in dem Modell *Anwendungsfallmodell* gleichzeitig definiert

---

36 Siehe Warmer, J.; Kleppe, A. (2003).
37 Für die Verwendung der Designpattern *Factory* und *Singleton* siehe Gamma. E.; Helm, R.; Johnson, R.; Vlissides, J. (2014).

werden. Diese Einschränkung kann durch eine verfeinerte Implementierung aufgehoben werden, würde aber in unserem Fall den Quellcode nur unnötig verkomplizieren. Was jetzt noch fehlt, sind die Definitionen der einzelnen Metamodellelemente. Dafür gibt es eine Basisklasse *InitMetamodel*, von der dann alle erstellten Metamodelle erben (siehe Listing 3.4). Die Klasse *InitMetamodel* hat nur eine abstrakte Methode *initialize*, der die Klasse *MetamodelInfo* als Parameter übergeben wird.

```
namespace Framework{
  public class ModelFactory {
    private string[] metamodelsToLoad = {"InitGeschäftsobjektmodell"};
    private static ModelFactory modelFactory;
    private Repository repository;
    private MetamodelInfo metamodelInfo;
    public ModelFactory(){
      //initialisieren
    }
    public static ModelFactory getModelFactory(){
      if (modelFactory == null){
        modelFactory = new ModelFactory();
        modelFactory.initialize();
      }
      return modelFactory;
    }
    public void setRepository(Repository pRepository){
      repository = pRepository;
    }
    public Repository getRepository(){
      return repository;
    }
    public MetamodelInfo getMetamodelInfo(){
      return metamodelInfo;
    }
    private void initialize(){
      metamodelInfo = new MetamodelInfo();
      loadMetamodels();
    }
    private void loadMetamodels(){
      InitMetamodel init;
      for (int i = 0; i < metamodelsToLoad.Length; i++ ){
        init =(InitMetamodel)Activator.
            CreateInstance(Type.GetType(metamodelsToLoad[i]));
        init.initialize(metamodelInfo);
      }
    }
  }
}
```

Listing 3.2: Klasse „ModelFactory"

```
namespace Framework.Metametamodel {
  public class MetamodelInfo {
```

```
    public Hashtable elements = new Hashtable();
    public MetamodelInfo(){
    }
    ~MetamodelInfo(){
    }
    public void addElement(Element3M pElement, string pName){
      elements.Add(pName, pElement);
    }
    public Element3M getMetamodelInfo(string pName){
      return elements[pName] as Element3M;
    }
  }
}
```

Listing 3.3: Klasse „MetamodelInfo"

```
namespace Framework.Metametamodel {
  public abstract class InitMetamodel {
    public InitMetamodel(){
    }
    ~InitMetamodel(){
    }
    public abstract void initialize(MetamodelInfo pInfo);
  }
}
```

Listing 3.4: Klasse „InitMetamodel"

Der Ablauf beim Erzeugen einer Instanz der Klasse *ModelFactory* ist in Abbildung 3.25 beschrieben. Die *ModelFactory* wird über eine Klassenmethode nach einer Instanz gefragt. Wenn diese Instanz schon erzeugt wurde, wird diese zurückgeben. Falls nicht, wird eine neue Instanz der Klasse *ModelFactory* erzeugt und dann initialisiert. Bei der Initialisierung wird als erstes eine Instanz der Klasse *MetamodelInfo* erzeugt und dann werden alle bekannten Metamodelle geladen und die darin enthaltenen Definitionen in der *MetamodelInfo* abgelegt. Die Namen der zu ladenden Metamodelle sind in dem Attribut *metamodelsToLoad* abgelegt. Diese Information sollte in einer weiteren Ausbaustufe in eine Konfigurationsdatei ausgelagert werden. Dadurch wird es möglich, ohne Änderungen am Quellcode, beliebige Metamodelle zu laden. Die Methode *loadMetamodells* in der Klasse *ModelFactory* (siehe Listing 3.2) ist genau dafür ausgelegt: Über die Reflektion-Methode *Activator.CreateInstance* wird zu jedem Namen in dem Attribut *metamodelsToLoad* die Definition der entsprechenden Klasse im Verzeichnis gesucht, instanziiert und die Methode *initialize* aufgerufen. Diese Klassendefinitionen müssen von der Klasse *InitMetamodel* erben und die Methode *initialize* implementieren. In Listing 3.1 hatten wir bereits einen Ausschnitt aus der Definition der Klasse *InitGeschäftsobjektmodell* gesehen.

Wir sind jetzt also mit unserem Framework in der Lage, beliebig definierte Metamodelle, die sich allerdings an unser Metametamodell ausrichten müssen, zu laden und die Informationen für weitere Verarbeitungsschritte bereit zu halten. Weiter oben hatten wir uns vorgenommen, die Klassendefinitionen der Metamodelle aus den erstellten Modellen zu generieren. Diese Aufgabe werden wir jetzt in Angriff nehmen können, da unser Framework genau vorgibt, wie die zu generierenden Klassendefinitionen auszusehen haben (Listing 3.1).

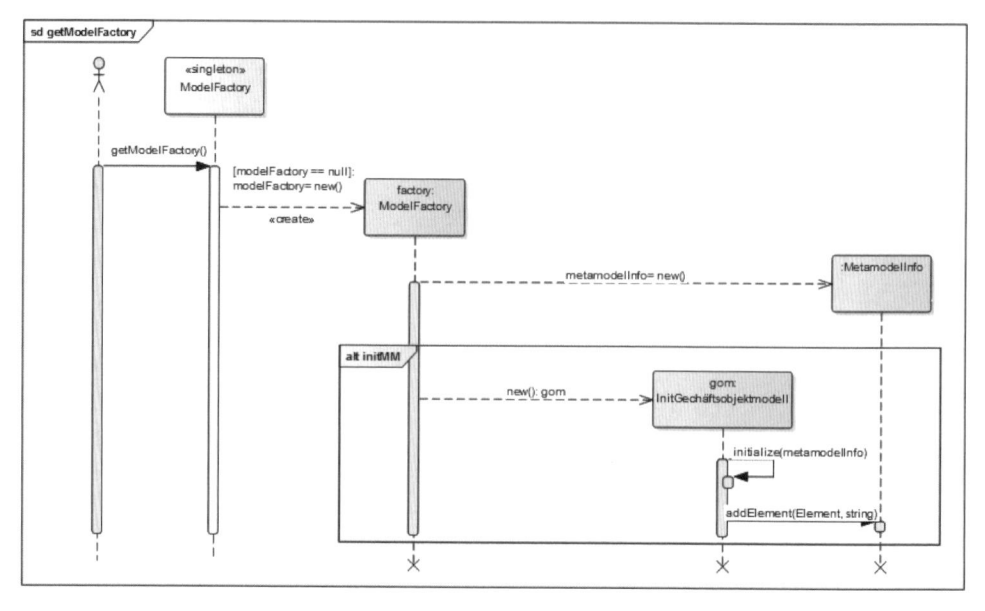

Abbildung 3.25: Interaktionsdiagramm „ModelFactory"

3.4.4 Generator für die Metamodelle

Wenn wir aus den Modellen im EA unsere Klassendefinitionen generieren wollen, müssen wir Zugriff auf das Modell bekommen. Was wir schon kennengelernt haben, ist die Klasse *Repository*, die in der EA-DLL enthalten ist. In dieser DLL sind weitere Klassen enthalten, mit denen jede modellierte Information abgefragt und über die Modelle navigiert werden kann. Wir wollen an dieser Stelle keine vollständige Beschreibung der Programmierschnittstelle versuchen (eine sehr gute Dokumentation findet sich in der EA-Hilfe[38]), stattdessen werden wir alle benötigten Klassen aus der Programmierschnittstelle falls nötig dann erläutern, wenn wir sie in unserem Quellcode verwenden.

In Listing 3.5 ist die Klassendefinition unserer Generatorklasse *MMGenerator* mit ausgewählten Methoden abgebildet. Der *MMGenerator* erbt von der Basisklasse *Generator*, die einige Basisfunktionalitäten zum Bearbeiten von Dateien zur Verfügung stellt, wie z. B. *openFile*, *closeFile* und *writeLine*, und die Konstante PROJECT_NAME definiert[39]. Die zentrale Methode in der Klasse *MMgenerator* ist *generateMetamodel*. Diese Methode bekommt beim Aufruf den Dateipfad übergeben, in dem die generierte Klassendatei abgelegt werden soll, und einen Parameter *pPackage*. Der Typ dieses Parameters ist die Klasse *Package* aus der EA-DLL und repräsentiert einen Ordner aus dem Repository, also für uns zum Beispiel den

---

38 EA Hilfe: *Automation*.
39 Diese Konstante PROJECT_NAME, sowie die Konstante CLASS_PREFIX in der Klasse *MMGenerator*, sind natürlich in einer Konfigurationsdatei besser aufgehoben.

Ordner *Geschäftsobjektmodell*. Wie wir an diesen Ordner herankommen, werden wir später sehen. Die Methode *generateMetamodel* erzeugt nun eine Ausgabedatei mit dem korrekten Namen *InitGeschäftsobjektmodell.cs* und generiert Schritt für Schritt die notwendigen Inhalte in die Ausgabedatei. In der Methode *generateMethodInitialize* ist zu erkennen, wie über die modellierten Elemente eines Paketes iteriert werden kann. Die benötigte Klasse *Element* ist auch Teil der EA-DLL. Für die Attribute und Tagged Values einer Klasse (oder eines Elements, um im EA-Sprachgebrauch zu bleiben) gelten dieselben Zugriffsweisen.

```
namespace EAConnector.Metamodelgenerator{
  public class MMGenerator :Generator
  {
    private string classname;
    private const string CLASS_PREFIX = "Init";

    public MMGenerator()
    {
    }
    public void generateMetamodel(string pPath, Package pPackage){
      classname = CLASS_PREFIX + pPackage.Name;
      openFile(pPath + "\\" + classname + ".cs");
      generateHeader();
      generateMethodInitialize(pPackage);
      generateTail();
      closeFile();
    }
    private void generateHeader()
    {
      writeLine("using Framework.Metametamodel;");
      writeLine("namespace "+ PROJECT_NAME + ".MetamodelInit {");
      writeLine("\tpublic class " + classname + " : InitMetamodel {");
      writeLine("\t\tpublic " + classname + "(){");
      writeLine("\t\t}");

    }
    private void generateMethodInitialize(Package pPackage)
    {
      writeLine("\t\tpublic override void initialize(MetamodelInfo pInfo){");
      writeLine("\t\t\tElement3M lClass;\n");
      Collection lElements = pPackage.Elements;
      foreach (var lElement in lElements)
        generateClassInfo((Element)lElement);
      writeLine("\t\t}");
    }
    private void generateClassInfo(Element pElement)
    {
      string lName = pElement.Name;
      string lElementName = getMetametamodelElementName(pElement);
      writeLine("\n\t\t\tlClass = new " +
          lElementName + "(\"" + lName + "\");\n");
      Collection lAttributes;
      //...
    }
```

```
    //...
  }
}
```
Listing 3.5: Klasse „MMGenerator"

Nun muss der Generator noch mit den Metamodellen gefüttert werden. Eine sehr elegante Lösung wäre doch, wenn wir in unserem Modellierungswerkzeug den Ordner für ein Metamodell selektieren und über einen Menüpunkt die Generierung anstoßen könnten. Wie wir in Abbildung 3.26 sehen, ist dies ohne weiteres möglich. Den dafür notwendigen Quellcode finden wir in Listing 3.6. Der Klasse geben wir den Namen *EAExtensionAddIn*. Auch hier haben wir einige Routinemethoden in eine abstrakte Basisklasse *EAAddIn* ausgelagert (Listing 3.7).

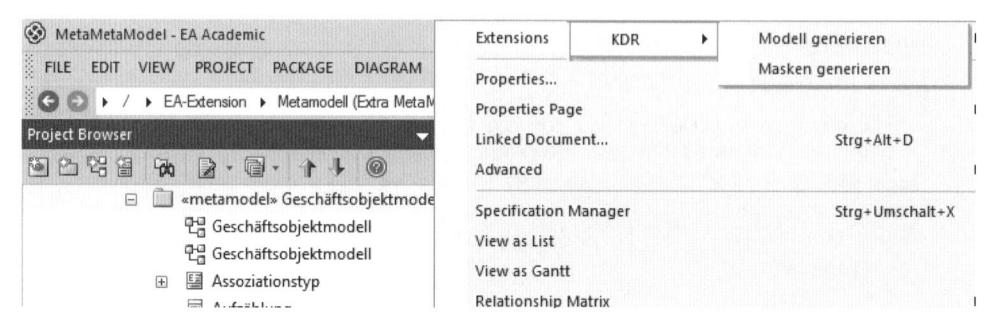

Abbildung 3.26: Menüpunkt „Modell generieren"

```
namespace EAConnector.EAAddIn{
  public class EAExtensionAddIn : EAAddIn
  {
    private const string EXTENSION_NAME = "-&KDR";
    private const string GENERATE_MODEL = "&Modell generieren";
    private const string ST_METAMODEL = "metamodel";
    private const string PATH_METAMODEL = @" C:\...\KDR\MetamodelInit";
    public EAExtensionAddIn()
    {
    }
    public object EA_GetMenuItems(EA.Repository pRepository,
        string pLocation, string pMenuName)
    {
      bool lIsMetamodelSelected =
        pRepository.GetTreeSelectedItemType().Equals(ObjectType.otPackage)
        ? ST_METAMODEL.Equals(
          ((Package)pRepository.GetTreeSelectedPackage()).StereotypeEx)
        : false;
      switch (pMenuName)
      {
        case "":
          return EXTENSION_NAME;
        case EXTENSION_NAME:
          List<String> lList = new List<String>();
          if (lIsMetamodelSelected)
```

```
        {
          lList.Add(GENERATE_MODEL);
        }
        return lList.ToArray();
      }
      return "";
    }
    public void EA_MenuClick(Repository pRepository, string pLocation,
                                       string pMenuName, string pItemName)
    {
      Package pPackage = pRepository.GetTreeSelectedPackage();
      switch (pItemName)
      {
        case GENERATE_MODEL:
          if (ST_METAMODEL.Equals(pPackage.StereotypeEx))
          {
            generateMetamodelInit(pPackage);
            MessageBox.Show("Modelgenerierung erfolgreich beendet!");
          }
          break;
      }
    }
    private void generateMetamodelInit(Package pPackage)
    {
      MMGenerator lMMG = new MMGenerator();
      lMMG.generateMetamodel(PATH_METAMODEL, pPackage);
    }
    protected override void initModelFactory()
    {
    }
  }
}
```

Listing 3.6: Klasse „EAExtensionAddIn"

```
namespace EAConnector.EAAddIn
{
  public abstract class EAAddIn
  {
    public String EA_Connect(EA.Repository pRepository)
    {
      ModelFactory.getModelFactory().setRepository(pRepository);
      initModelFactory();
    }
    protected abstract void initModelFactory();
    public void EA_Disconnect()
    {
      GC.Collect();
      GC.WaitForPendingFinalizers();
    }
  }
}
```

Listing 3.7: Klasse „EAAddIn"

Als erstes analysieren wir kurz den Quellcode aus Listing 3.7. Die Klasse *EAAddIn* enthält zwei öffentliche Methoden, die, wenn sie denn implementiert sind, von dem EA aufgerufen werden. Die Methode *EA_Connect* wird beim Öffnen eines Modells oder Erzeugen eines neuen Modells aufgerufen. Übergeben wird das ausgewählte bzw. neu erstellte Repository. Die Methode *EA_Disconnect* sorgt dafür, dass nach dem Schließen des EA auch alle Ressourcen wieder ordentlich freigegeben werden. Die Methode *initModelFactory* kann von abgeleiteten Klassen dazu verwendet werden, unsere *ModelFactory* zu initialisieren. Unklar bleibt noch, wie wir den EA instruieren, dass er unsere beiden öffentlichen Methoden auch aufruft. Dazu müssen wir unseren bisher entwickelten Quellcode in einer DLL zusammenfassen, diese DLL registrieren und in der Registry des Betriebssystems unter dem Registryeintrag *EAConnector* die aufzurufende Klasse bekannt geben (Abbildung 3.27). In unserem Fall nehmen wir unsere konkrete Klasse *EAExtensionAddIn*, die die beiden Methoden aus der Klasse *EAAddIn* vererbt bekommt[40]. Dieses sogenannte Add-in für den EA muss dann im EA aktiviert werden[41].

Wenn die Registrierung und die Aktivierung im EA für unser Add-in *EAExtensionAddIn* korrekt funktioniert hat, dann sollten auch die beiden im *EAExtensionAddIn* definierten Methoden *EA_GetMenuItems* und *EA_MenuClick* bei passenden Ereignissen vom EA aufgerufen werden[42]. Schauen wir uns als erstes die Methode *EA_GetMenuItems* genauer an. Aufgerufen wird diese Methode, sobald im EA ein Menü angefordert wird (z. B. über die rechte Maustaste), oder ein Menüeintrag aus einem bereits aufgerufenen Menü ausgewählt wird. Übergeben wird das jeweilige Repository, der Ort des Menüs (Repository, Diagramm oder Menüleiste) und der ausgewählte Menüeintrag. Die Implementierung der Methode leistet jetzt Folgendes: Als erstes wird überprüft, ob im Repository ein Ordner (Paket) selektiert ist und ob dieses Paket den Stereotypen <<*metamodel*>> besitzt. Wir könnten jetzt entscheiden, dass, wenn dies nicht der Fall ist, überhaupt keine Erweiterung des Menüs angezeigt wird. Dies ist aktuell nicht so implementiert. Stattdessen wird der Menüeintrag KDR immer auf der ersten Menüebene angeboten (*case* „"*). Wird allerdings nach einem Untermenü zu dem Menüeintrag KDR (*case* EXTENSION_NAME) gefragt, so wird der Menüpunkt MODELL GENERIEREN angeboten, wenn ein Metamodellordner im Repository selektiert ist. Mit dem Anbieten der neuen Menüeinträge ist noch nicht alles erledigt. Wir müssen jetzt auf die Auswahl eines von uns definierten Menüeintrages entsprechend reagieren. Dabei hilft uns die Methode *EA_MenuClick*. Bei der Implementierung machen wir es uns ziemlich einfach und überprüfen nur den ausgewählten Menüpunkt, wohl wissend, dass dieser in mehreren Add-ins verwendet werden könnte. Besser, aber auch nicht hundertprozentig sicher, wäre noch die zusätzliche Überprüfung des Parameters *pMenuName*, der den übergeordneten Menüpunkt beinhaltet. Wird unser Menüpunkt MODELL GENERIEREN aufgerufen, so starten wir mit der Generierung der passenden Datei. Eine Überprüfung, dass ein Metamodellordner selektiert ist, haben wir schon in der Methode *EA_GetMenuItems* durchgeführt.

---

40   EA Hilfe: *Deploy Add-Ins*.
41   EA Hilfe: *Add-In Manager*.
42   Es gibt viele Ereignissen im EA, über die ein Add-in informiert werden kann. Siehe EA

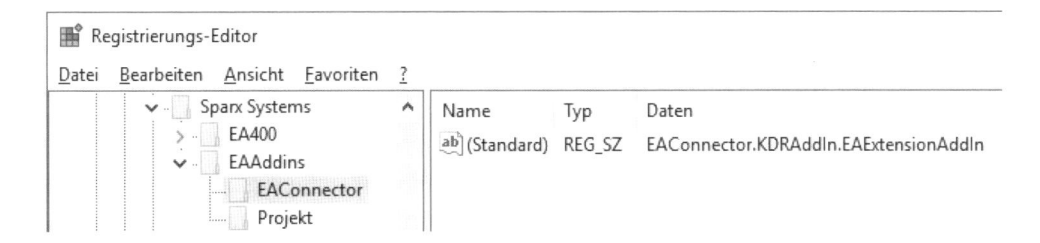

Abbildung 3.27: Registryeintrag

Fassen wir die erarbeiteten Ergebnisse einmal zusammen, insbesondere unter Berücksichtigung der unterschiedlichen Artefakte, die wir erstellt bzw. verwendet haben:

- *KDR.xml*: Mit dieser MDG-Technology werden die Anforderungsmodellierer im EA-Modell zu der Urlaubsplanung bei der Modellierung der fachlichen Anforderungen unterstützt.
- *Interop.EA.dll*: In dieser Dynamic Link Library sind alle Klassen und Zugriffe eingebunden, mit denen auf die Informationen in einem EA-Modell zugegriffen werden kann.
- *EAExtensionAddIn.dll*: Diese Dynamic Link Library haben wir selbst erstellt und dem EA als Add-in bekannt gemacht. Mit dieser DLL werden zusätzliche Menüpunkte im EA angeboten, mit denen wir zu einem Metamodellordner die entsprechende Klassendefinition als Datei generieren können.
- *UP.eap*: Dieses EA-Modell beinhaltet unser konkretes Projekt *Urlaubsplanung* mit den modellierten Anforderungen.
- *Metamodel.eap*: Dieses EA-Modell beinhaltet unsere Metamodelle für die fachliche Modellierung und die Modelle für die MDG-Technology KDR. In diesem Modell können wir die XML-Datei für unsere MDG-Technology KDR und mit unserer *EAExtensionAddIn* unsere Klassendefinitionen generieren.
- *Metametamodel.eap*: Dieses EA-Modell ist explizit noch nicht erwähnt worden, aber hat im Hintergrund ständig existiert. Es beinhaltet das Modell unserer konkreten Implementierungen (z. B. das Metametamodell oder auch das Framework mit der Klasse *ModelFactory*. Die Abbildung 3.23 und 3.25 sind Ausschnitte aus diesem Metametamodell)
- Quellcode: Wir haben uns bis jetzt noch keine Gedanken gemacht, wie wir die erstellten Klassen sinnvoll strukturieren können. Dies soll uns an dieser Stelle auch noch nicht interessieren. Wir werden dieses Thema ausführlich in Kapitel 3.4.10 behandeln.

Wir sind jetzt in der Lage, aus beliebigen fachlichen Metamodellen Klassendefinitionen zu generieren und diese zur Laufzeit in eine *ModelFactory* zu laden.

3.4.5 Plausibilisierungen

Mit den fachlichen Metamodellen definieren wir eine Sprache für unsere zu modellierenden Anforderungen. Wir definieren dabei eine bestimmte Syntax, also Regeln für die Modellierung, und eine entsprechende Semantik, also wie diese Modelle zu interpretieren sind. Dabei kann die korrekte Interpretation eines Modells nur dann gelingen, wenn die Syntax eingehalten wurde. Es ist also erfolgskritisch, dass eine eindeutige Syntax definiert wird, und dies haben wir über die fachlichen Metamodelle sichergestellt, also dass auch die mit der Syntax definierten Regeln bei der Modellierung eingehalten werden. Dabei können die Anforderungsmodellierer durch die Modellierungswerkzeuge unterstützt werden, in unserem Fall durch die entwickelte MDG-Technology KDR, aber eine absolute Sicherheit, dass alles korrekt modelliert ist, gewinnen wir dadurch nicht. Wir sollten also erstellte Modelle nachträglich plausibilisieren, um die Einhaltung der Syntax zu überprüfen.

Für die in diesem Kapitel anstehenden Implementierungen werden wir uns an dem einfachen Beispiel eines definierten Tagged Values abarbeiten. Folgende Plausibilisierungen können an einem Tagged Value durchgeführt werden, wobei wir uns auf die ersten drei beschränken werden:

- Ist der Tagged Value überhaupt im Metamodell definiert?
- Ist der Tagged Value dem Element zugeordnet?
- Enthält der Tagged Value einen Wert, falls es sich um ein Pflichtfeld handelt?
- Entspricht der Wert dem korrekten Datentyp?
- Ist eine eventuell vorgegebene Formatierung eingehalten worden?

Wie wir sofort sehen, sind diese Plausibilisierungen unabhängig vom konkreten Metamodell. Sie können an jedem definierten Tagged Value durchgeführt werden. Also ergibt es Sinn, diese Plausibilisierungen auf der Ebene unseres Metametamodells zu implementieren. Konkret bedeutet dies, dass wir für jedes Element aus unserem Metametamodell eine Plausibilisierungsklasse erstellen müssen. Einen Ausschnitt über die dafür benötigten Klassen gibt Abbildung 3.28.

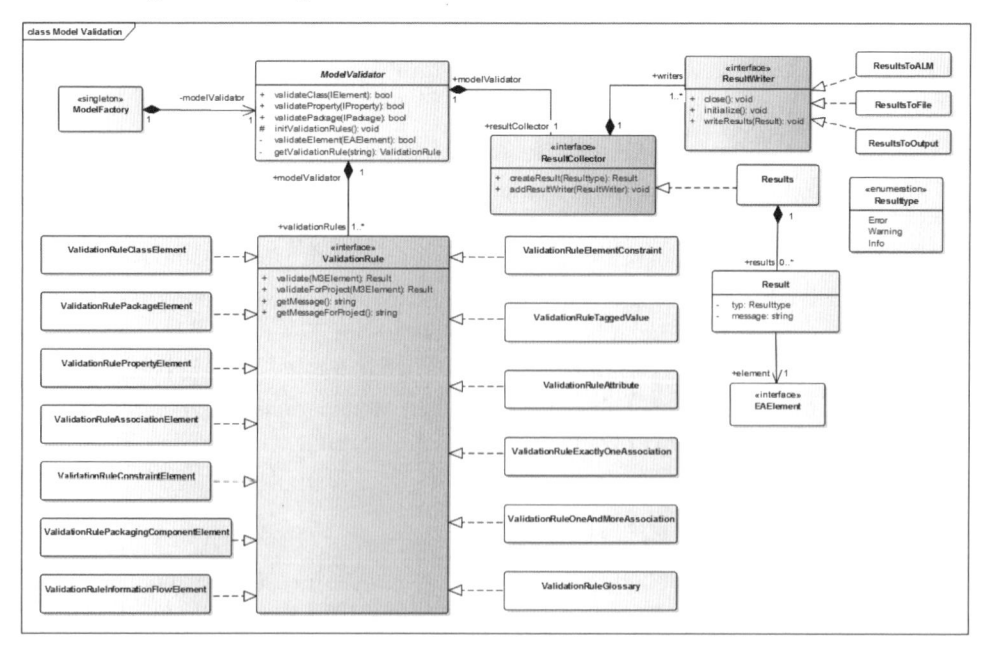

Abbildung 3.28: Klassendiagramm zur Plausibilisierung

Die Einstiegsklasse ist der *ModelValidator*. Eine Instanz dieser Klasse wird beim Instanziieren unserer schon bekannten Klasse *Modelfactory* erzeugt und ist somit über die *ModelFactory* zugreifbar. Der *ModelValidator* enthält in einer *Hashmap* alle definierten *ValidationRules*, wie aus Listing 3.8 ersichtlich wird. Der Schlüssel ist dabei der Name der Metametamodellklasse. Zusätzlich verweist der *ModelValidator* auf ein Interface *ResultCollector*, welches das Sammeln der Plausibilisierungsergebnisse ermöglichen soll. Ein Ergebnis (Klasse *Result*) enthält den Ergebnistext der Plausibilisierung und einen Ergebnistyp, um unterscheiden zu können, ob es sich um eine Information, eine Warnung oder einen Fehler handelt. Für die Ausgabe der Plausibilisierungsergebnisse kann der *ResultCollector* mit mehreren *ResultWriter* verbunden werden. Als hilfreich haben sich bisher drei Typen von *ResultWriter* angeboten:

- *ResultToOutput*: Mit diesem *ResultWriter* können die Ergebnisse direkt in die Konsole des EA ausgegeben werden[43]. Dies bietet sich dann an, wenn der Anforderungsmodellierer die Plausibilisierung direkt aus dem EA startet und sofort die Ergebnisse auswerten möchte.
- *ResultToFile*: Während der Entwicklung des Frameworks und der Plausibilisierungsfunktionen ergibt es Sinn, die Ergebnisse in eine Datei auszugeben. Somit muss der EA nicht immer für Testzwecke gestartet werden. Später werden wir sehen, dass wir diesen *ResultWriter* auch für einen Continuous-Integration-Prozess, bei dem automatisch die modellierten Anforderungen auf Korrektheit geprüft werden, einsetzen können.
- *ResultsToALM*: Dieser *ResultWriter* kann für eine weitere Ausbaustufe des Continuous-Integration-Prozess verwendet werden. Plausibilisierungsergebnisse mit dem *Resulttype* Error können direkt in ein Fehlermanagementwerkzeug als Fehler (Bug, Defect etc.) eingestellt werden. Dies werden wir in späteren Kapiteln noch weiter vertiefen. Die Abkürzung ALM steht hier für das Testmanagementwerkzeug Application Lifecycle Manager von HP.

Welche *ResultWriter* verwendet werden und welche *Resulttypes* protokolliert bzw. ausgegeben werden, wird über die *ModelFactory* gesteuert und ist in Konfigurationsdateien definiert.

```
namespace Framework.ModelValidation
{
  public class ModelValidator
  {
    public static string ATTRIBUTE = "Attribute";
    public static string TAGGEDVALUE = "TaggedValue";
    public static string TAGGEDVALUE_DOES_NOT_EXIST = "NULL";
    protected Hashtable validationRules = new Hashtable();
    private ResultCollector resultCollector = new Results();
    public ModelValidator()
    {
      initValidationRules();
    }
```

---

43 EA Hilfe: *WriteOutput*.

```
    public void addResultWriter(ResultWriter pWriter)
    {
      resultCollector.addResultWriter(pWriter);
    }
    ~ModelValidator()
    {
    }
    public ResultCollector getResultCollector()
    {
      return resultCollector;
    }
    protected void initValidationRules()
    {
      validationRules.Add(TAGGEDVALUE, new ValidationRuleTaggedValue());
      validationRules.Add(ATTRIBUTE, new ValidationRuleAttribute());
    }
    private ValidationRule getValidationRule(string pValidationRuleName)
    {
      return (ValidationRule)validationRules[pValidationRuleName];
    }
  }
}
```

Listing 3.8: Klasse „ModelValidator"

Damit haben wir alle Klassen, die wir für die Implementierung unserer Plausibilisierungen benötigen, zusammen. Wie ist nun der konkrete Ablauf? Stellen wir uns vor, der Anforderungsmodellierer hat die Eigenschaft *Vorname* an dem Geschäftsobjekt *Person* modelliert und möchte überprüfen, ob diese Eigenschaft korrekt modelliert ist. Zur Erinnerung: Das Metamodell *Geschäftsobjektmodell* gibt vor, dass jede Eigenschaft zwei Tagged Values besitzen muss, *Hilfetext* und *BezeichnungMaske*, die beides auch Pflichtfelder sind. Der Anforderungsmodellierer selektiert nun die Eigenschaft im Repository und kann über einen Menüeintrag im Pop-up die Plausibilisierung anstoßen. Diese Funktionalität müssen wir natürlich wieder über ein Add-in bereitstellen, aber wie das geht, haben wir weiter oben schon gezeigt. Zu beachten ist, dass es sich hierbei um ein zusätzliches Add-in mit einer neuen DLL, die wir *KDRAddIn.dll* nennen, handelt, welche dann für die fachliche Modellierung der Anforderungen verwendet werden kann[44]. Wir haben jetzt also die Eigenschaft *Vorname* im Zugriff und müssen diese Plausibilisieren. In einem ersten Schritt müssen wir die passende Instanz unserer Klasse aus dem Metametamodell über die *ModelFactory* ermitteln. In dieser Instanz sind alle Informationen, die wir für die Plausibilisierung benötigen, gekapselt, insbesondere die definierten Tagged Values (Listing 3.9). Jetzt bilden wir die Vereinigungsmenge der Tagged Values aus der Instanz aus dem Metametamodell und der Tagged Values, die an unserer ausgewählten Eigenschaft *Vorname* definiert wurden[45]. Auf

---

[44] Nicht zu verwechseln mit dem Add-in *EAExtensionAddIn*, welches für die Modellierung der Metamodelle verwendet wird.

[45] An dieser Stelle verzichten wir auf ein Listing der Implementierung. Da wir es hier mit zwei unterschiedlichen Typen von Tagged Vales zu tun haben, *TaggedValue3M* aus unserem Metametamodell und den Tagged Values aus dem EA, die leider auch noch für Klassen und Attribute unterschiedlich abgebildet werden, ist hier einiges an Implementierungsaufwand von Nöten.

jedes Tagged Value aus der Vereinigungsmenge wenden wir dann unsere Klasse *Validation-RuleTaggedValue* an, dessen Implementierung in Listing 3.10 beschrieben ist.

```
lClass = new AttributeElement("Eigenschaft");
  lClass.addToAttributs(new Attribute3M("Name", EAEntryfield.Name,
                              Multiplicity.Mandatory, Datatype.Zeichenkette));
  lClass.addToAttributs(new Attribute3M("Beschreibung", EAEntryfield.Notes,
                              Multiplicity.Mandatory, Datatype.Text));
  lClass.addToAttributs(new Attribute3M("IstBerechnet", EAEntryfield.Derived,
                              Multiplicity.Mandatory, Datatype.Boolean));
  lClass.addToTaggedValues(new TaggedValue3M("BezeichnungMaske",
                              Multiplicity.Mandatory, Datatype.Zeichenkette));
  lClass.addToTaggedValues(new TaggedValue3M("Hilfetext", Multiplicity.
                              Mandatory, Datatype.Text));
pInfo.addElement(lClass, "Eigenschaft");
```

Listing 3.9: Ausschnitt „IniGeschäftsobjektmodell" (generiert)

```
namespace Framework.ModelValidation{
  public class ValidationRuleTaggedValue : ValidationRule
  {
    public ValidationRuleTaggedValue()
    {
    }
    ~ValidationRuleTaggedValue()
    {
    }
    public Result validate(TaggedValue3M pElement, string pValue, string pName)
    {
      Result lResult = null;
      ResultCollector lResultCollector = ModelFactory.getModelFactory().
                              getModelValidator().getResultCollector();
      if (pElement == null)
      {
        lResult = lResultCollector.createResult(Resulttype.Warning);
        lResult.setMessage("TaggedValue " + pName + " ist nicht bekannt.");
      }
      else if (ModelValidator.TAGGEDVALUE_DOES_NOT_EXIST.Equals(pValue))
      {
        lResult = lResultCollector.createResult(Resulttype.Error);
        lResult.setMessage("TaggedValue " + pName + " ist nicht angelegt.");
      }
      else if ("".Equals(pValue) && pElement.isMandatory())
      {
        lResult = lResultCollector.createResult(Resulttype.Warning);
        lResult.setMessage("TaggedValue " + pName + " enthält leeren Eintrag");
      }else
      {
        lResult = lResultCollector.createResult(Resulttype.Info);
        lResult.setMessage("TaggedValue " + pName + " geprüft: " + pValue);
      }
      return lResult;
    }
```

}
}

Listing 3.10: Klasse „ValidationRuleTaggedValue"

Die Klasse *ValidationRuleTaggedValue* bekommt in der Methode *validate* drei Parameter übergeben: Eine Instanz der Klasse *TaggedValue3M* aus unserem Metametamodell mit den Plausibilisierungsinformationen für das zu überprüfende Tagged Value, den Wert des Tagged Values in dem Modell und den Namen des zu prüfenden Tagged Values. Die Methode führt nun vier Prüfungen durch und erzeugt die entsprechenden Ergebnisse:

1. Prüfung, ob das zu prüfende Tagged Value überhaupt im Metamodell definiert wurde. Es kann ja sein, dass der Anforderungsmodellierer ein eigenes, zusätzliches Tagged Value für diese Eigenschaft definiert hat. In diesem Falle protokollieren wir nur eine Warnung. Man könnte dies natürlich auch als einen harten Fehler protokollieren.
2. Prüfung, ob ein im Metamodell definiertes Tagged Value für die Eigenschaft angelegt wurde. Wir haben gesehen, dass über unsere MDG-Technology bei dem Anlegen einer Eigenschaft automatisch die definierten Tagged Values angelegt werden. Dies hindert aber einen Anforderungsmodellierer nicht daran, diese Tagged Value auch wieder zu löschen, ob absichtlich oder unabsichtlich, sei dahingestellt. In diesem Fall wird aber definitiv ein Fehler protokolliert.
3. Prüfung, ob für einen Tagged Value, der als Pflichteingabe definiert wurde, auch ein Wert hinterlegt ist. Ist dies nicht der Fall, wird nur eine Warnung protokolliert.
4. In diesem letzten Schritt findet keine Prüfung statt, sondern es wird nur protokolliert, dass, wenn alle sonstigen Prüfungen erfolgreich durchlaufen wurden, dieses Tagged Value geprüft wurde. In diesem Sinne wird dann auch nur eine Information protokolliert. Dieser Prüfschritt ist während der Implementierung und des Entwicklertests meistens recht hilfreich.

Gehen wir jetzt davon aus, dass der Anforderungsmodellierer seine Eigenschaft erfolgreich plausibilisiert hat. Alles ist in Ordnung und im Protokoll finden sich zwei Einträge, die beide als Information gekennzeichnet sind: „TaggedValue BezeichnungMaske geprüft: Vorname" und „TaggedValue Hilfetext geprüft: Bitte geben Sie den Vornamen ein". Nehmen wir nun an, dass der Begriff *Maske* im Projekt nicht mehr gewünscht wird und durch das Kürzel GUI ausgetauscht werden soll. Dann würden wir wie folgt vorgehen: Wir ändern in unserem Metamodell *Geschäftsobjektmodell* den Namen des Tagged Values *BezeichnungMaske* in *BezeichnungGUI* und erstellen ein Bereinigungsskript für die bisher erstellten fachlichen Modelle, welches diese Umbenennung durchführt. Zusätzlich generieren wir die Datei *InitGeschäftsobjektmodell*.cs neu, passen die MDG-Technology an und erzeugen unser Add-in *KDRAddIn* neu, so dass die Änderungen auch für die Anforderungsmodellierer wirksam werden. Wenn jetzt der Anforderungsmodellierer mit dem neuen Add-in seine Eigenschaft *Vorname* plausibilisiert, ohne dass das Bereinigungsskript vorher gestartet wurde, so wird er folgende Einträge im Protokoll finden: „TaggedValue BezeichnungMaske ist nicht bekannt" als Warnung und „TaggedValue BezeichnungGUI ist nicht angelegt" als Fehler. Er kann jetzt selbst die notwendigen Änderungen vornehmen, oder auf die Durchführung des Bereinigungsskriptes warten.

Die Implementierung der Plausibilisierung in Listing 3.10 gilt für jeden Tagged Value, der in einem Metamodell angelegt wird. Dieses Standardverhalten ist aber vielleicht nicht für alle Tagged Values gewünscht. In dem ersten Prüfschritt hatten wir kurz diskutiert, ob die Charakterisierung der Plausibilisierung als Warnung ausreichend ist und vielleicht nicht doch ein Fehler besser geeignet wäre. Jetzt gibt es mehrere Möglichkeiten, das Verhalten variabler zu gestalten. Eine erste, einfache Möglichkeit ist es, den jeweiligen *Resulttyp* zu jedem Prüfschritt in eine Konfigurationsdatei auszulagern. Damit können wir dann schnell den *Resulttyp* für einen Prüfschritt abändern. Allerdings würde diese Konfiguration auch wieder für alle Tagged Values gelten.

Eine komplexere Möglichkeit bietet sich über die Verwendung von Tagged Values für die Instanzen der Klasse *TaggedValue3M* aus dem Metametamodell an. Dies funktioniert dann so: Beim Anlegen eines neuen Tagged Values im Metamodell, also zum Beispiel des Tagged Values *BezeichnungMaske* für die Klasse *Eigenschaft*, müssen zusätzlich drei Tagged Values angelegt werden, die dann mit dem gewünschten *Resulttyp* belegt werden: *Resulttyp_TV_Unknown*, *Resulttyp_TV_NotExist* und *Resulttyp_TV_Empty*. Diese modellierten Informationen müssen dann in unsere Datei *InitGeschäftsobjektmodell*.cs generiert werden, damit sie von der *ValidationRuleTaggedValue* ausgewertet werden können. Damit sind wir in der Lage, für jeden im Metamodell definierten Tagged Value individuelle *Resulttypes* für die Prüfschritte zu definieren und bei Bedarf schnell zu ändern. Abbildung 3.29 zeigt die notwendigen Änderungen an dem Metametamodell und dem Geschäftsobjektmodell. Auf die Umsetzung in der Implementierung verzichten wir an dieser Stelle.

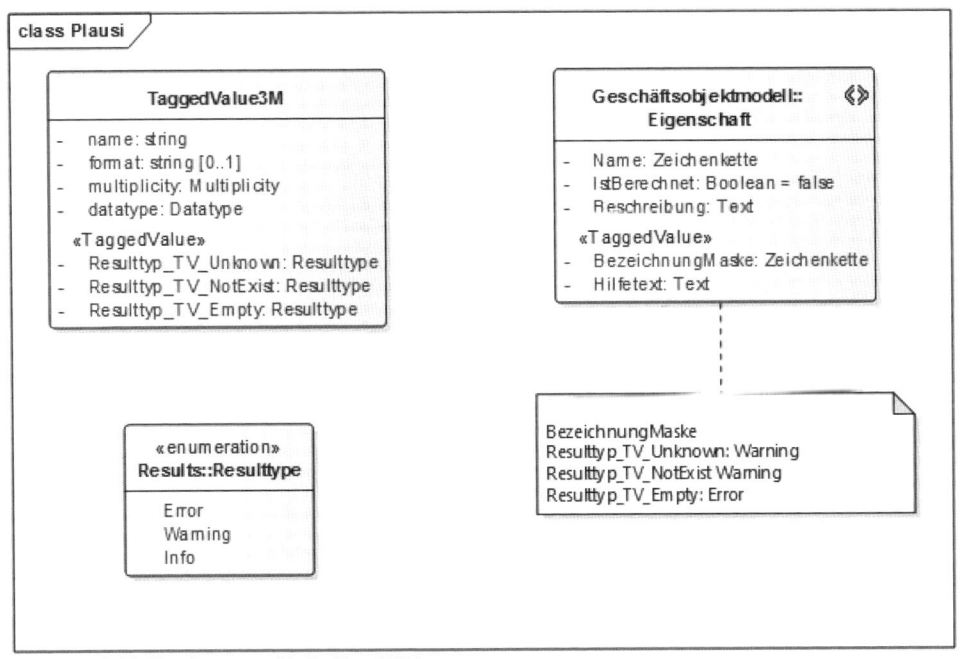

Abbildung 3.29: Erweiterungen für die Plausibilisierung

Eine dritte Möglichkeit, das Verhalten der Plausibilisierung zu ändern, kann durch die Erstellung von projektspezifischen Plausibilisierungsklassen realisiert werden. Unsere bisherigen Plausibilisierungen sind Teil unseres Frameworks und operieren auf den Klassen des Metametamodells. Jetzt kann dieses Framework für mehrere konkrete Projekte verwendet werden. Diese Projekte müssen nicht zwingend dasselbe Metamodell verwenden und wollen eventuell auch projektspezifische Plausibilisierung definieren können. Ein Projekt kann sich zum Beispiel darauf festlegen, dass der Name eines jeden Geschäftsobjekts mit dem Präfix *GO_* beginnen muss. Um in unserem Beispiel der Tagged Values zu bleiben, nehmen wir als projektspezifische Plausibilisierung an, dass der Eintrag zu dem Tagged Value *Hilfetext* immer mit dem Präfix *HT_* zu beginnen hat. Um diese Anforderung zu realisieren, erstellen wir eine neu Klasse *ValidationRuleHilfetext*, die in Listing 3.11 vorgestellt wird. In der Implementierung sind wir ziemlich flexibel: Wir können diese Klasse von der Klasse *ValidationRuleTaggedValue* erben lassen, oder auch nicht; bei der Vererbung können wir die Methode *validate* der Basisklasse aufrufen, oder nicht.

```
namespace KDR.ModelValidation
{
  class ValidationRuleHilfetext : ValidationRuleTaggedValue
  {
    public ValidationRuleTaggedValue()
    {
    }
    ~ValidationRuleTaggedValue()
    {
    }
    public Result validate(TaggedValue3M pElement, string pValue, string pName)
    {
      Result lResult = null;
      ResultCollector lResultCollector = ModelFactory.getModelFactory().
                              getModelValidator().getResultCollector();
      if (!pValue.StartsWith("HT_"))
      {
        lResult = lResultCollector.createResult(Resulttype.Error);
        lResult.setMessage("Der Name des TaggedValues " + pName + " beginnt
                              nicht mit HT_.");
      }return lResult;
    }
  }
}
```

Listing 3.11: Klasse „ValidationRuleHilfetext"

Bleibt die Frage, wie wir nun dem Framework beibringen, dass zu dem Tagged Value *Hilfetext* eine eigene Plausibilisierungsklasse existiert. Dies geschieht in zwei Schritten. Zunächst erzeugen wir für unser Projekt einen eigenen *ProjectValidator*, der der Liste der *ValidationRules* im *ModelValidator* die *ValidationRuleHilfetext* hinzufügt (Listing 3.12). Dann befähigen wir den *ModelValidator*, die passende *ValidationRule* auszuwählen (Listing 3.13)[46].

---

[46] Die angegebene Implementierung funktioniert nur, wenn die Namen der Tagged Values und auch die sonstigen Elemente des Metamodells eindeutig sind. Dies muss natürlich nicht der Fall sein. Als eine erste Erweiterung wäre also das Schlüsselwort *Hilfetext* mit dem Namen der umfassenden Klasse zu erweitern, also *EigenschaftHilfetext*, und die neue Klasse müsste *ValidationRuleEigenschaftHilfetext* heißen.

```
namespace KDR
{
  public class ProjectValidator : ModelValidator

  {    public ProjectValidator() : base()
    {
      initProjectValidationRules();
    }
    ~ProjectValidator()
    {
    }
    protected void initProjectValidationRules()
    {
      validationRules.Add("Hilfetext", new ValidationRuleHilfetext());
    }
  }
}
```

Listing 3.12: Klasse „ProjectValidator"

```
private bool validateTaggedValue(TaggedValue3M pTaggedValue,...)
{
  ValidationRule lValidationRule =
          (ValidationRule)validationRules[pTaggedValue.getName()];
  if (lValidationRule == null)
    lValidationRule = (ValidationRule)validationRules[TAGGEDVALUE];
  if (lValidationRule == null)
    return true;
  return lValidationRule.validate(...);
}
```

Listing 3.13: Methodenausschnitt im „ModelValidator"

Soweit zur Implementierung der Plausibilisierungen. Auch hier wollen wir auf die Strukturierung der Klassen verzichten und den Leser auf ein späteres Kapitel vertrösten. Wir haben aber im Zusammenhang mit der Plausibilisierungen ein neues Artefakt erstellt, eine *KDRAddIn*. Die zugehörige Klasse *KDRAddIn* implementiert neben den Methoden *EA_GetMenuItems* und *EA_MenuClick*, wie wir sie schon oben in der Klasse *EAExtensionAddIn* gesehen haben, die Methode *validate* und überschreibt die Methode *initModelFactory* aus der Basisklasse *EAAddIn*. In dieser Methode muss letztendlich unser neuer *ProjectValidator* instanziiert werden. Des Weiteren kommen auch die Klassen zur Verwaltung und Ausgabe der Plausibilisierungsergebnisse zum Einsatz. Das Listing 3.14 enthält somit als Zusammenfassung die vollständige Klassendefinition des *KDRAddIns*.

```
namespace KDR
{
  public class KDRAddIn : EAAddIn
  {
    private const string EXTENSION_NAME = "-&KDR";
    private const string VALIDATE = "&Plausibilisieren";
    private const string EDIT = "&Ändern";
    public KDRAddIn()
```

```csharp
    {
    }
    public object EA_GetMenuItems(
                Repository pRepository, string pLocation, string pMenuName)
    {
      bool lIsElementSelected = pRepository.GetTreeSelectedItemType().
                                            Equals(ObjectType.otElement);
      bool lIsAttributeSelected = pRepository.GetTreeSelectedItemType().
                                            Equals(ObjectType.otAttribute);
      switch (pMenuName)
      {
        case "":
          return EXTENSION_NAME;
        case EXTENSION_NAME:
          List<String> lList = new List<String>();
          if (lIsElementSelected || lIsAttributeSelected)
            lList.Add(VALIDATE);
          if (lIsElementSelected || lIsAttributeSelected)
            lList.Add(EDIT);
          return lList.ToArray();
      }
      return "";
    }
    public void EA_MenuClick(Repository pRepository, string pLocation,
                                    string pMenuName, string pItemName)
    {
      EA.Attribute lSelectedAttribute = null;
      Element lSelectedElement = null;
      switch (pRepository.GetTreeSelectedItemType())
      {
        case ObjectType.otElement:
          {
            lSelectedElement = pRepository.GetTreeSelectedObject();
          }
          break;
        case ObjectType.otAttribute:
          {
            lSelectedAttribute = pRepository.GetTreeSelectedObject();
          }
          break;
      }
      bool lResult = false;
      switch (pItemName)
      {
        case VALIDATE:
          if (lSelectedElement != null)
            lResult = validate(lSelectedElement));
          if(lSelectedAttribute!= null)
            lResult = validate(lSelectedAttribute));
          MessageBox.Show("Fertig: " + lResult);
          break;
        case EDIT:
          if (lSelectedAttribute != null &&
```

```csharp
                    "Eigenschaft".Equals(lSelectedAttribute.Stereotype))
      {
        EditAttribut lEditAttribut = new EditAttribut(lSelectedAttribute);
        lEditAttribut.ShowDialog();
      }
      if (lSelectedElement != null &&
                    "Geschäftsobjekt".Equals(lSelectedElement.Stereotype))
      {
        EditGeschäftsobjekt lEditGObjekt =
            new EditGeschäftsobjekt(lSelectedElement);
        lEditGObjekt.ShowDialog();
      }
      break;
  }
}
public bool EA_OnContextItemDoubleClicked(Repository pRepository,
                                string pGUID, ObjectType pObjectType)
{
  switch (pObjectType)
  {
    case ObjectType.otElement:
      {
        if("Geschäftsobjekt".Equals(
                        pRepository.GetElementByGuid(pGUID).Stereotype))
        {
          EditGeschäftsobjekt lEditGObjekt = new EditGeschäftsobjekt(
                                pRepository.GetElementByGuid(pGUID));
          lEditGObjekt.ShowDialog();
          return true;
        }
        break;
      }
    case ObjectType.otAttribute:
      {
        if("Eigenschaft".Equals(
                        pRepository.GetAttributeByGuid(pGUID).Stereotype))
        {
          EditAttribut lEditAttribut =
                new EditAttribut(pRepository.GetAttributeByGuid(pGUID));
          lEditAttribut.ShowDialog();
          return true;
        }
        break;
      }
  }
  return false;
}
private bool validate(Element pElement)
{
  ModelFactory lModelFactory = ModelFactory.getModelFactory();
  bool result = lModelFactory.getModelValidator().validateClass(pElement);
  writeResults(lModelFactory);
  return result;
```

```
    }
    private bool validate(EA.Attribute pAttribute)
    {
      ModelFactory lModelFactory = ModelFactory.getModelFactory();
      bool result =
            lModelFactory.getModelValidator().validateAttribute(pAttribute);
      writeResults(lModelFactory);
      return result;
    }
    private void writeResults(ModelFactory pModelFactory)
    {
      pModelFactory.getModelValidator().getResultCollector().
                                                initializeWriters();
      pModelFactory.getModelValidator().getResultCollector().writeResults();
      pModelFactory.getModelValidator().getResultCollector().closeWriters();
    }
    protected override void initModelFactory()
    {
      ModelFactory lModelFactory = ModelFactory.getModelFactory();
      lModelFactory.setModelValidator(new ProjectValidator());
      lModelFactory.getModelValidator().addResultWriter(new ResultsToFile(
                  @"C:\...\ValidationResults\ValidationResults.txt"));
    }
  }
}
```

Listing 3.14: Klasse „KDRAddIn"

Der aufmerksame Leser wird in dem Listing 3.14 eine noch nicht beschriebene Methode mit dem Präfix *EA_* entdeckt haben: *EA_OnContextItemDoubleClicked*. Zusätzlich ist neben dem Menüeintrag PLAUSIBILISIEREN noch ein weiterer Menüeintrag ÄNDERN definiert. Beides, also Auswahl des Menüeintrag ÄNDERN oder Doppelklick mit der Maus auf ein Element in dem Repository, führt zu demselben Ergebnis: Falls ein Geschäftsobjekt oder eine Eigenschaft im Repository selektiert wurde, wird eine eigene Benutzeroberfläche zur Pflege geöffnet. Diese Benutzeroberflächen müssen wir noch implementieren.

3.4.6 Benutzeroberflächen

Die Pflegeoberflächen, die von dem Modellierungswerkzeug zur Verfügung gestellt werden, sind recht komplex, da sie alle zu pflegenden Eigenschaften beinhalten. In Abbildung 3.30 sind die Pflegeoberflächen für Elemente und Attribute abgebildet. Dass es sich dabei auch um unsere Geschäftsobjekte und Eigenschaften handelt, ist nur jeweils an den vergebenen Stereotypen zu erkennen. Zusätzlich sind die Eingabefelder noch auf mehrere Reiter aufgeteilt, um der schieren Masse an Feldern überhaupt Herr zu werden. Ein Anforderungsmodellierer, der alle Informationen zu einem Geschäftsobjekt oder einer Eigenschaft eingeben muss, wird dazu gezwungen, über mehrere Reiter hinweg zu navigieren. Dies verkompliziert die Arbeitsweise für die Anforderungsmodellierer unnötig und führt häufig zu einer geringen Akzeptanz der Modellierungswerkzeuge. Der EA bietet nun die Möglichkeit an, diese Pflegeoberflächen gegen projektspezifische

Oberflächen auszutauschen. Wie wir diese eigene Oberfläche aufrufen können, haben wir in dem vorherigen Kapitel beschrieben: Bei Doppelklick auf einem Element oder einem Attribut wird die Methode *EA_OnContextItemDoubleClicked* auf unserem Add-in aufgerufen[47], und je nachdem, welcher Eintrag im Repository ausgewählt wurde, wird eine von uns entwickelte Pflegeoberfläche geöffnet. Genauer: Welcher Stereotyp unser ausgewählter Eintrag im Repository besitzt. Somit können wir unterschiedliche Pflegeoberflächen für unterschiedliche Stereotypen zur Verfügung stellen. Dies ist auch notwendig, da die Felder, die zu pflegen sind, für jeden Stereotypen unterschiedlich sind; insbesondere sind den Stereotypen unterschiedliche Tagged Values zugeordnet. Eine kurze Anmerkung zu dem Rückgabewert der Methode *EA_OnContextItemDoubleClicked* (Listing 3.14): Wenn das Add-in für den selektierten Eintrag einen eigenen Pflegedialog anbietet, so wird über den Rückgabewert *true* dem EA genau dies signalisiert, so dass das Werkzeug den Aufruf der EA-Pflegemaske unterbindet. Bei einem Rückgabewert von *false* öffnet das Werkzeug somit seine eigene Pflegemaske. Selbstverständlich kann auf die EA-Pflegemaske über die angebotenen Standardmenüfunktionen weiterhin zugegriffen werden.

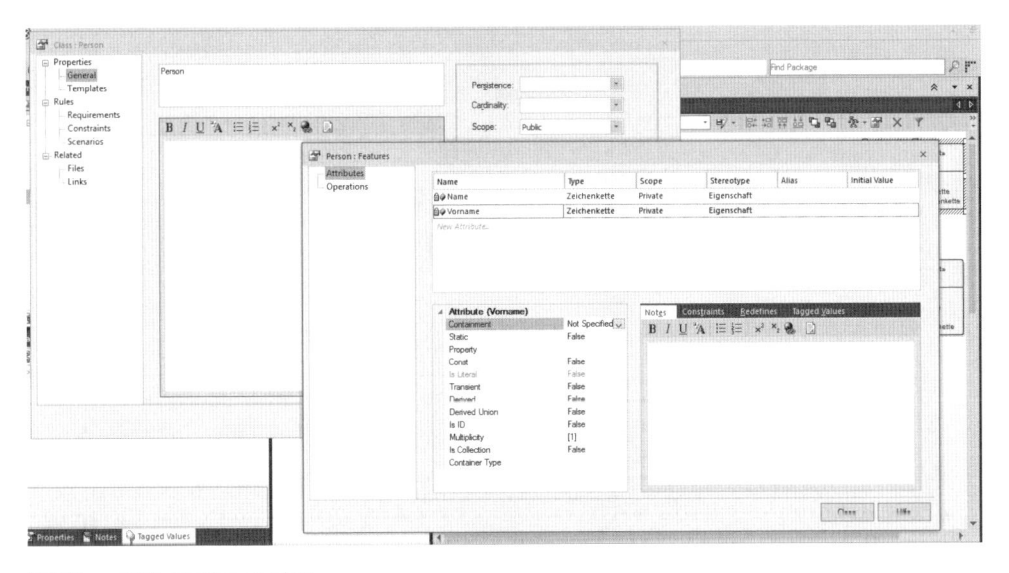

Abbildung 3.30: EA-Pflegemasken

In der Abbildung 3.31 sehen wir eine von uns definierte Pflegemaske zu der Eigenschaft *Vorname* mit der dazugehörigen Metamodelldefinition für Eigenschaften aus unserem Metamodell. Was sofort auffällt, ist, dass sich alle Pflegefelder eins zu eins in dem Metametamodell wiederfinden. Dasselbe fällt uns auch in der Pflegemaske zum Geschäftsobjekt *Mitarbeiter* auf (siehe Abbildung 3.32). Somit liegt es nahe zu überprüfen, ob wir nicht unsere Pflegeoberflächen auch aus den Metamodellen generieren können, so wie wir es

---

47 Dies gilt natürlich auch für Ordner. Wir können also auch für Ordner eine eigene Pflegeoberfläche entwickeln und aufrufen.

schon weiter oben mit der Klassendefinition der Klasse *InitGeschäftsobjektmodell* durchgeführt haben. Dies ist natürlich möglich, wie wir in den nächsten Schritten zeigen werden. Allerdings gilt auch bei der Generierung der Pflegemasken dieselbe Überlegung wie bei der Generierung von Klassendefinitionen: Wie ist das Framework konzipiert, in welches wir die notwendigen Informationen hineingenerieren müssen?

Wir machen uns hier die Sache einfach und verwenden das von unserer C#-Entwicklungsumgebung zur Verfügung gestellte GUI-Framework[48]. Dieses Framework arbeitet größtenteils selbst über die Generierung von Quellcode. Mit Hilfe eines Form-Builders wird eine Maske erstellt (siehe Abbildung 3.33) und über die Auswahl von Aktionen werden notwendige Ereignisse definiert. Das GUI-Framework generiert aus diesen Informationen eine Klassendefinition, die auf zwei Dateien aufgeteilt wird. Der eine Teil enthält den Aufbau der Maske und in dem zweiten Teil werden die Ereignisse als Methodenrümpfe erzeugt, die dann von einer Programmierung mit der gewünschten Funktionalität zu befüllen sind.

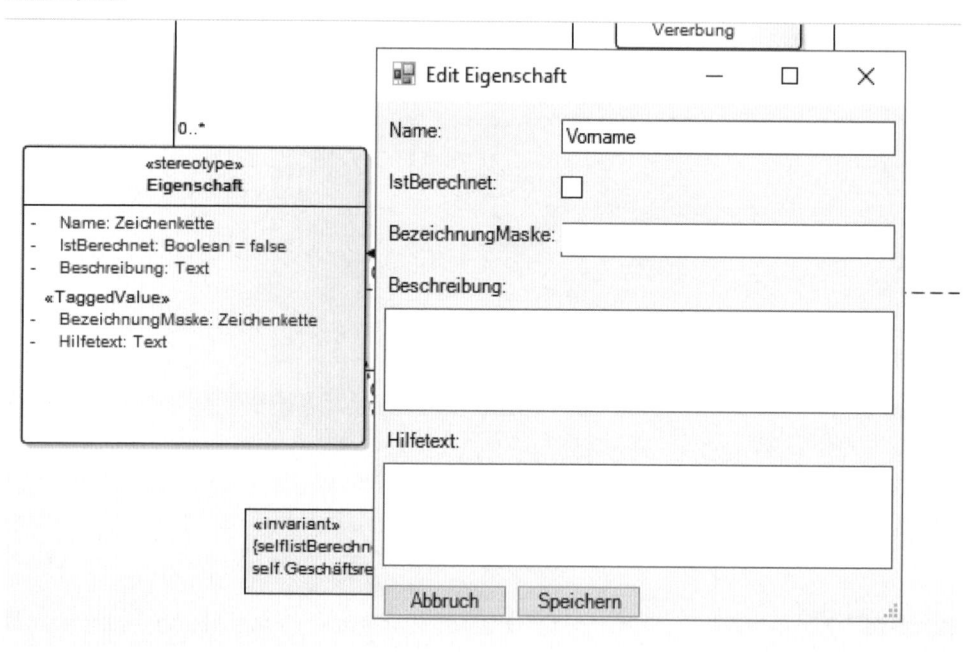

Abbildung 3.31: Pflegemaske und Metamodelldefinition „Eigenschaft"

---

[48] Wir versuchen möglichst wenig auf die Entwicklungsumgebung und das GUI-Framework selber einzugehen. Für ein tieferes Verständnis sei auf die entsprechenden Hilfeseiten bzw. die Literatur verwiesen.

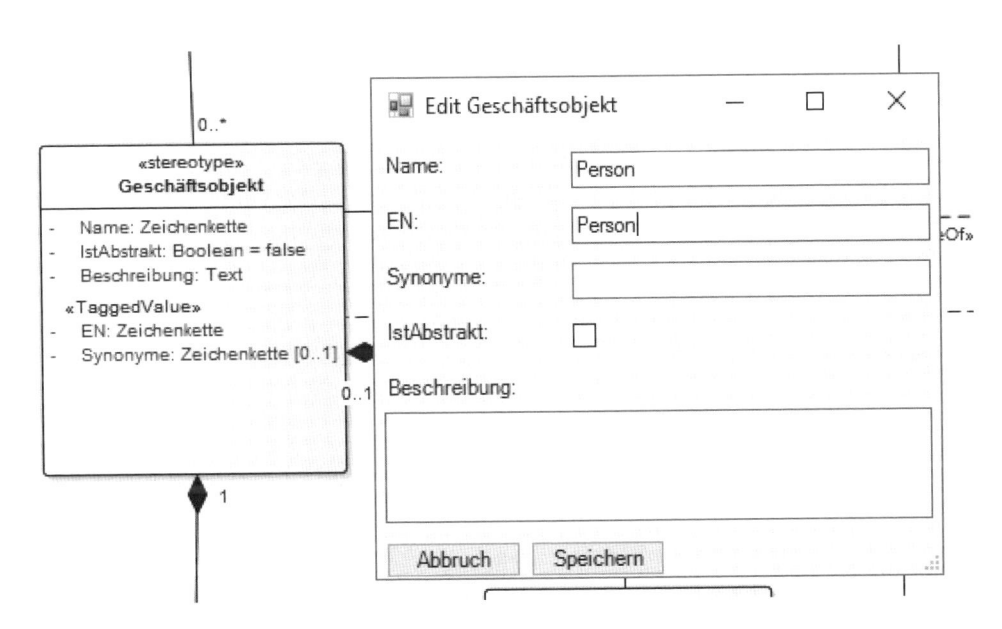

Abbildung 3.32: Pflegemaske und Metamodelldefinition „Geschäftsobjekt"

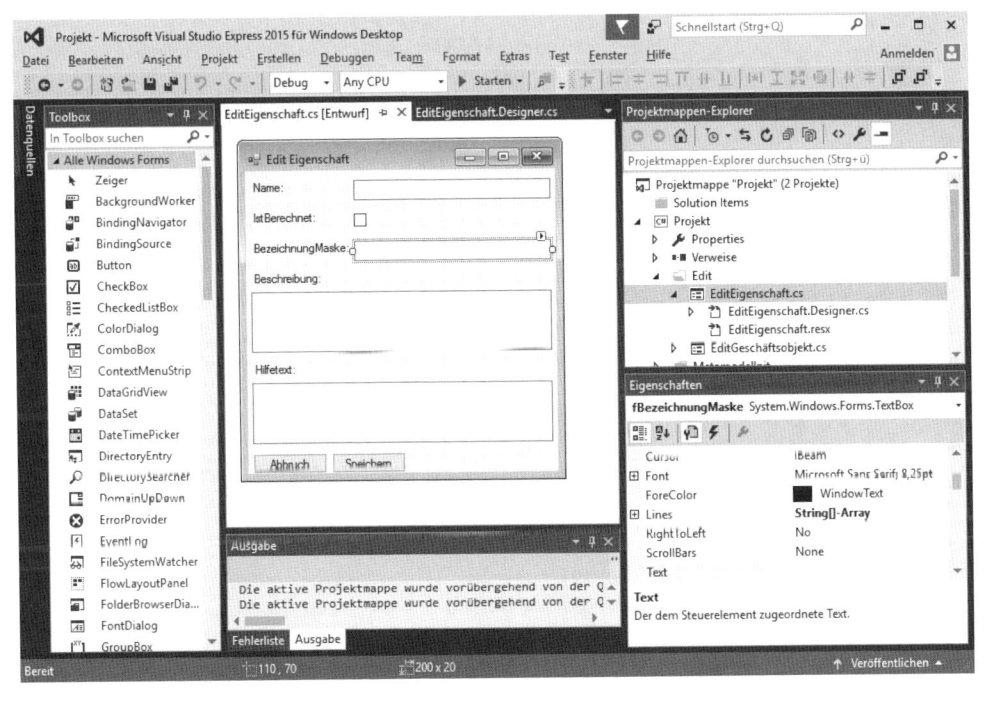

Abbildung 3.33: C#-GUI- Formdesigner

Als erstes wenden wir uns dem Teil zu, in dem der Aufbau der Maske enthalten ist. In dieser Datei (in unserem Fall mit dem Namen *EditEigenschaft.Designer.cs*) gibt es die Methode *InitializeComponent*, mit der alle Felder auf der Maskenoberfläche definiert werden, und

3 – Umsetzung des modellbasierten Requirements Engineerings

die Definition der Oberflächenfelder als Instanzvariablen (siehe Listing 3.15)[49]. Über der Methode *InitializeComponent* steht nun explizit, dass die Implementierung dieser Methode nicht geändert werden soll, da der Quellcode generiert wurde. Dies schreckt uns aber nicht ab, dies trotzdem zu tun, und zwar ebenso über eine Generierung. Wir benötigen also einen Generator, der uns diese Datei aus dem Metamodell generiert. Diesen Generator aktivieren wir, wie auch unseren *MMGenerator,* über einen zusätzlichen Menüpunkt, den wir in unserer Add-in *EAExtensionAddIn* einbauen. Dies werden wir hier nicht erneut beschreiben.

```
namespace KDR.Edit
{
  partial class EditEigenschaft
  {
    private System.ComponentModel.IContainer components = null;
    protected override void Dispose(bool disposing)
    {
      if (disposing && (components != null))
      {
        components.Dispose();
      }
      base.Dispose(disposing);
    }
    #region Windows Form Designer generated code
    /// <summary>
    /// Required method for Designer support - do not modify
    /// the contents of this method with the code editor.
    /// </summary>
    private void InitializeComponent()
    {
      this.lName = new System.Windows.Forms.Label();
      this.fName = new System.Windows.Forms.TextBox();
      this.lIstBerechnet = new System.Windows.Forms.Label();
      this.fIstBerechnet = new System.Windows.Forms.CheckBox();
      this.lBezeichnungMaske = new System.Windows.Forms.Label();
      this.fBezeichnungMaske = new System.Windows.Forms.TextBox();
      this.lBeschreibung = new System.Windows.Forms.Label();
      this.fBeschreibung = new System.Windows.Forms.TextBox();
      this.lHilfetext = new System.Windows.Forms.Label();
      this.fHilfetext = new System.Windows.Forms.TextBox();
      this.bAbbruch = new System.Windows.Forms.Button();
      this.bOK = new System.Windows.Forms.Button();
      this.SuspendLayout();
      //
      // lName
      //
      this.lName.AutoSize = true;
      this.lName.Location = new System.Drawing.Point(5, 10);
      this.lName.Name = "lName";
```

---

[49] Wir beschränken uns bei der Darstellung der Klassendefinition auf drei Felder und eine Schaltfläche, um den Quellcode nicht unnötig aufzublähen.

```csharp
        this.lName.Size = new System.Drawing.Size(100, 20);
        this.lName.TabIndex = 0;
        this.lName.Text = "Name:";
        //
        // fName
        //
        this.fName.Location = new System.Drawing.Point(110, 10);
        this.fName.Name = "fName";
        this.fName.Size = new System.Drawing.Size(200, 20);
        this.fName.TabIndex = 1;
        //

    // lIstBerechnet
    //...
    //
    // fIstBerechnet
    //
    this.fIstBerechnet.Location = new System.Drawing.Point(110, 40);
    this.fIstBerechnet.Name = "fIstBerechnet";
    this.fIstBerechnet.Size = new System.Drawing.Size(200, 20);
    this.fIstBerechnet.TabIndex = 3;


    //-----Hier kommen weitere Felder-----

    //
    // lHilfetext
    //
    //...
    //
    // fHilfetext
    //
    this.fHilfetext.Multiline = true;
    this.fHilfetext.AcceptsReturn = true;
    this.fHilfetext.Location = new System.Drawing.Point(5, 210);
    this.fHilfetext.Name = "fHilfetext";
    this.fHilfetext.Size = new System.Drawing.Size(305, 60);
    this.fHilfetext.TabIndex = 9;

    //
    // bOK
    //

        this.bOK.DialogResult = System.Windows.Forms.DialogResult.OK;
        this.bOK.Location = new System.Drawing.Point(85, 280);
        this.bOK.Name = "bOK";
        this.bOK.Size = new System.Drawing.Size(75, 20);
        this.bOK.TabIndex = 11;
        this.bOK.Text = "Speichern";
        this.bOK.UseVisualStyleBackColor = true;
        this.bOK.Click += new System.EventHandler(this.bOK_Click);
        //
        // Edit Eigenschaft
```

```
            //
            this.AutoScaleDimensions = new System.Drawing.SizeF(6F, 13F);
            this.AutoScaleMode = System.Windows.Forms.AutoScaleMode.Font;
            this.ClientSize = new System.Drawing.Size(315, 300);
            this.Controls.Add(this.bAbbruch);
            this.Controls.Add(this.bOK);
            this.Controls.Add(this.lName);
            this.Controls.Add(this.fName);
            this.Controls.Add(this.lIstBerechnet);
            this.Controls.Add(this.fIstBerechnet);
            this.Controls.Add(this.lBezeichnungMaske);
            this.Controls.Add(this.fBezeichnungMaske);
            this.Controls.Add(this.lBeschreibung);
            this.Controls.Add(this.fBeschreibung);
            this.Controls.Add(this.lHilfetext);
            this.Controls.Add(this.fHilfetext);
            this.Name = "Edit Eigenschaft";
            this.Text = "Edit Eigenschaft";
            this.Load += new System.EventHandler(this.EditEigenschaft_Load);
            this.ResumeLayout(false);
            this.PerformLayout();

        }
#endregion

        private System.Windows.Forms.Label lName;
        private System.Windows.Forms.TextBox fName;
        private System.Windows.Forms.Label lIstBerechnet;
        private System.Windows.Forms.CheckBox fIstBerechnet;
        private System.Windows.Forms.Label lBezeichnungMaske;
        private System.Windows.Forms.TextBox fBezeichnungMaske;
        private System.Windows.Forms.Label lBeschreibung;
        private System.Windows.Forms.TextBox fBeschreibung;
        private System.Windows.Forms.Label lHilfetext;
        private System.Windows.Forms.TextBox fHilfetext;
        private System.Windows.Forms.Button bAbbruch;
        private System.Windows.Forms.Button bOK;
    }
}
```

Listing 3.15: Klassenteil „EditEigenschaft.Designer"

Bevor wir mit der Implementierung der Generatorklasse beginnen können, müssen wir noch zwei Frage beantworten: In welcher Reihenfolge sollen die Eingabefelder auf die Maske generiert werden und welche Typen von Eingabefeldern wollen wir für unsere Eingabefelder verwenden? Die erste Frage beantworten wir dahingehend, dass wir einfach die Reihenfolge der Attribute verwenden, wie sie im Metamodell definiert wurden. Achtung: Dies ist nicht zwangsläufig die Reihenfolge der Darstellung auf den Diagrammen (siehe Abbildung 3.31 und 3.32), da auf den Diagrammen die Attribute nach dem Stereotyp gruppiert werden können[50]. Die Reihenfolge der Attribute kann über die Stan-

---

50 Dies kann wiederum natürlich auch anders konfiguriert werden.

dardpflegemaske verändert werden[51]. Durch dieses Vorgehen können wir die Textfelder, die eine mehrzeilige Eingabe erlauben, an das Ende der Pflegemaske verschieben. In einer weiteren Ausbaustufe können auch mehrere Reiter auf der Pflegemaske abgebildet werden, so dass die Eingabefelder für eine mehrzeilige Eingabe auf einem eigenen Reiter dargestellt werden. Bei der zweiten Frage müssen wir uns an die Möglichkeiten des GUI-Frameworks halten. Der Typ des Eingabefelds ist sicherlich abhängig vom definierten Datentyp aus dem Metamodell. In unserem Beispiel verwenden wir drei Datentypen, die wir wie folgt mit dem GUI-Framework abbilden werden (dieses Mapping wird im Listing 3.15 bereits genauso verwendet):

- *Zeichenkette*: Der Datentyp *Zeichenkette* wird auf den Eingabefeldtyp *TextBox* abgebildet.
- *Boolean*: Der Datentyp *Boolean* wird auf eine *CheckBox* abgebildet.
- *Text*: Bei dem Datentyp *Text* verwenden wir auch den Eingabefeldtyp *TextBox*, allerdings mit den zusätzlich gesetzten Parametern *Multiline* und *AcceptsReturn*.

Im Listing 3.16 ist der Aufbau der Generatorklassse *EditGenerator* in Ausschnitten dargestellt. Die vielen Konstanten sind notwendig, um einen symmetrischen Aufbau der Pflegemaske sicherzustellen[52]. Der *EditGenerator* erbt von unserer Basisklasse *Generator*, der, wie gehabt, das notwendige Dateihandling zur Verfügung stellt. Die Methode *generateMethodInitialize* iteriert über alle Attribute der als Parameter übergebenen Klasse. Dabei wird die Reihenfolge dieser Attribute von dem EA genauso übergeben, wie sie im Repository definiert worden sind. Anhand des Datentyps wird dann überprüft, ob die Definition für eine Textbox (als Standard für die Datentypen *Zeichenkette* und *Boolean*) oder eine mehrzeilige Textbox generiert werden soll. Bei einer mehrzeiligen Textbox müssen die Koordinaten und die Länge und Breite der Felder anders berechnet werden. Bei dieser Generierung wird noch nicht der Typ des Eingabefeldes festgelegt. Dies geschieht dann in der Methode *initItems*. Mit diesen und zusätzlichen Methoden in der Klasse *EditGenerator* kann dann die vollständige Klassendefinition des Klassenteils *EditEigenschaft.Designer* erzeugt werden.

```
namespace EAConnector.Metamodelgenerator{
  public class EditGenerator : Generator
  {
    private const string CLASS_PREFIX = "Edit";
    private const string LABEL_PREFIX = "l";
    private const string FIELD_PREFIX = "f";
    private const string BUTTON_PREFIX = "b";
    private const int SPACE_X = 5;
    private const int SPACE_Y = 10;
    private const int HIGH = 20;
    private const int ML_HIGH = 60;
    private const int LENGTH_LABEL = 100;
    private const int LENGTH_FIELD = 200;
    private const int LENGTH_BUTTON = 75;
```

---

51 EA Hilfe: *Create and Manage Attributes*.
52 Für gewiefte GUI-Designer gibt es da bestimmt viel mehr und bessere Möglichkeiten. Für unsere Zwecke ist dies aber erstmal ausreichend.

```csharp
private int counterTabIndex = 0;
public EditGenerator()
{
}
private void generateEditForElement(string pPath, EA.Element pClass)
{
  string lClassname = CLASS_PREFIX + pClass.Name;
  openFile(pPath + "\\" + lClassname + ".Designer.cs");
  generateHeader(lClassname);
  List<String> lItems = generateMethodInitialize(pClass);
  generateTail(lItems);
  closeFile();
}
private List<String> generateMethodInitialize(EA.Element pClass)
{
  Collection lAttributes = pClass.AttributesEx;
  EA.Attribute lAttribute;
  int lX = SPACE_X;
  int lY = SPACE_Y;
  writeInitializeHeader(lAttributes);
  foreach (var lAttrib in lAttributes)
  {
    lAttribute = (EA.Attribute)lAttrib;
    generateLabel(lX, lY, getLabelName(lAttribute.Name), lAttribute.Name);
    switch (lAttribute.Type)
    {
      case "Text":
        lY = lY + HIGH;
        generateMLTextbox(lX, lY, getFieldName(lAttribute.Name));
        lY = lY + ML_HIGH + SPACE_Y;
        break;
      default:
        lX = lX + LENGTH_LABEL + SPACE_X;
        generateTextbox(lX, lY, getFieldName(lAttribute.Name));
        lY = lY + HIGH + SPACE_Y;
        break;
    }
    lX = SPACE_X;
  }
  generateButton(lX,lY,"bAbbruch", "Abbruch");
  generateButton(lX + LENGTH_BUTTON + SPACE_X, lY, "bOK", "Speichern");
  lY = lY + HIGH +SPACE_Y;
  writeInitializeTail(3* SPACE_X + LENGTH_LABEL + LENGTH_FIELD, lY,
                                          lAttributes, pClass.Name);
  return initItems(lAttributes);
}
private List<String> initItems(Collection pAttributes)
{
  List<String> lItems = new List<String>();
  EA.Attribute lAttribute;
  string lLabel = "";
  string lField = "";
  foreach (var lAttrib in pAttributes)
```

```csharp
  {
    lAttribute = (EA.Attribute)lAttrib;
    lLabel = getLabelName(lAttribute.Name);
    lField = getFieldName(lAttribute.Name);
    lItems.Add("private System.Windows.Forms.Label " + lLabel + ";");
    switch (lAttribute.Type)
    {
      case "Boolean":
        lItems.Add("private System.Windows.Forms.CheckBox " +
                   lField + ";");
        break;
      default:
        lItems.Add("private System.Windows.Forms.TextBox " + lField + ";");
        break;
    }
  }
  lItems.Add("private System.Windows.Forms.Button bAbbruch;");
  lItems.Add("private System.Windows.Forms.Button bOK;");
  return lItems;
}
private void generateTextbox(int pX, int pY, string pName)
{
  writeLine("      // ");
  writeLine("      // " + pName);
  writeLine("      // ");
  writeLine("      this." + pName + ".Location = new System.Drawing.
                                      Point(" + pX + ", " + pY + ");");
  writeLine("      this." + pName + ".Size = new System.Drawing.Size(" +
                                      LENGTH_FIELD + ", " + HIGH + ");");
  writeLine("      this." + pName + ".TabIndex = " +
                                      counterTabIndex++ + ";");
}
private void generateMLTextbox(int pX, int pY, string pName)
{
  writeLine("      // ");
  writeLine("      // " + pName);
  writeLine("      // ");
  writeLine("      this." + pName + ".Multiline = true;");
  writeLine("      this." + pName + ".AcceptsReturn = true;");
  writeLine("      this." + pName + ".Location = new System.Drawing.
                                      Point(" + pX + ", " + pY + ");");
  writeLine("      this." + pName + ".Name = \"" + pName + "\";");
  writeLine("      this." + pName + ".Size = new System.Drawing.Size(" +
            LENGTH_LABEL + SPACE_X + LENGTH_FIELD) + ", " + ML_HIGH + ");");
  writeLine("      this." + pName + ".TabIndex = " +
                                      counterTabIndex++ + ";");
}
private void generateButton(int pX, int pY, string pName, string pText)
{
  writeLine("      // ");
  writeLine("      // " + pName);
  writeLine("      // ");
```

```
          writeLine("          this." + pName +
                      ".DialogResult = System.Windows.Forms.DialogResult.OK;");
          writeLine("          this." + pName +
                  ".Location = new System.Drawing.Point(" + pX + ", " + pY + ");");
          writeLine("          this." + pName + ".Name = \"" + pName + "\";");
          writeLine("          this." + pName + ".Size = new System.Drawing.Size(" +
                                          LENGTH_BUTTON + ", " + HIGH + ");");
          writeLine("          this." + pName + ".TabIndex = " +
                                                  counterTabIndex++ + ";");
          writeLine("          this." + pName + ".Text = \"" + pText + "\";");
          writeLine("          this." + pName + ".UseVisualStyleBackColor = true;");
          writeLine("          this." + pName +
                  ".Click += new System.EventHandler(this." + pName + "_Click);");
      }
    }
}
```

Listing 3.16: Klasse „EditGenerator"

Jetzt können wir eine Änderung an den Eigenschaften, die im Metamodell durchgeführt wird, durch eine Neugenerierung sofort in unsere Pflegemaske übertragen. Wenn wir das Beispiel von der Plausibilisierung verwenden, und jemand das Tagged Value *Bezeichnung-Maske* in *BezeichnungGUI* umändert, so würde sich diese Änderung bei einer Neugenerierung der Pflegemaske sofort wiederfinden. Unklar bleibt aber noch, wie nun die Daten aus dem EA in die Pflegemaske übertragen werden und wie diese Daten durch Aktivieren der Schaltfläche SPEICHERN wieder in den EA übertragen werden. Dies geschieht über das Ausprogrammieren der entsprechenden Ereignismethoden, die in der zweiten Datei zu der Klasse *EditEigenschaft* abgelegt werden. Auch diese Datei muss von uns generiert werden. Die entsprechende Generatorklasse werden wir uns aber an dieser Stelle ersparen. Die notwendige Verknüpfung dieser Ereignismethoden haben wir schon im Listing 3.15 und deren Generierung im Listing 3.16 gesehen. Um die Daten aus dem EA zu holen, wird die Methode *EditEigenschaft_Load* verwendet, die vom GUI-Framework nach dem Aufbau der Maske aufgerufen wird. Dass genau diese Methode aufgerufen wird, wird mit der Zeile *this.Load += new System.EventHandler(this.EditEigenschaft_Load)* so definiert. Ähnlich funktioniert das Übertragen der Änderungen in den EA. Bei der Schaltfläche SPEICHERN wurde über die Zeile , *this.bOK.Click += new System.EventHandler(this.bOK_Click)'* angegeben, dass die Ereignismethode *bOK_Click* beim Aktivieren der Schaltfläche aufgerufen werden soll. Im Listing 3.17 sehen wir mögliche Implementierungen der beiden Methoden, die genauso von einem Generator erzeugt werden müssen.

```
namespace KDR.Edit{
  public partial class EditEigenschaft : Form
  {
    EA.Attribute attribute = null;
    public EditEigenschaft()
    {
      InitializeComponent();
    }
    public EditEigenschaft(EA.Attribute pAttribute)
    {
```

```
    attribute = pAttribute;
    InitializeComponent();
  }
  private void EditEigenschaft_Load(object sender, EventArgs e)
  {
    fName.Text = attribute.Name;
    fBeschreibung.Text = attribute.Notes;
    fIstBerechnet.Checked = attribute.IsDerived;
    fHilfetext.Text = getTaggedValueValue("Hilfetext");
    fBezeichnungMaske.Text = getTaggedValueValue("BezeichnungMaske");
  }
  private void bOK_Click(object sender, EventArgs e)
  {
    string result = checkMandatory();
    if (!"".Equals(result)){
      MessageBox.Show("Pflichtfelder: " + checkMandatory());
      return;
    }
    attribute.Name = fName.Text;
    attribute.Notes = fBeschreibung.Text;
    attribute.IsDerived = fIstBerechnet.Checked;
    setTaggedValueValue("Hilfetext", fHilfetext.Text);
    setTaggedValueValue("BezeichnungMaske", fBezeichnungMaske.Text);
    attribute.Update();
    this.Close();
  }
 }
}
```

Listing 3.17: Klassenteil „EditEigenschaft"

Beim Konstruktor der Pflegemaske wird das selektierte EA-Attribute mit übergeben. Dieses wird in einer Instanzvariablen gespeichert. Mit den Methoden *getTaggedValueValue* und *setTaggedValueValue* wird über die Tagged Values jeweils iteriert, um das Tagged Value mit dem passenden Namen auszuwählen[53]. Beide Methoden sind für jede *Edit*-Klasse gleich, sodass sie in eine Basisklasse ausgelagert werden sollten, oder als Basismethoden ins Framework wandern. Beim Aufruf der Methode *bOK_Click* werden als erstes die Pflichtfelder überprüft. Diese Methode ist auch für jede *Edit*-Klasse zu generieren. Die Informationen, die dafür benötigt werden, sind im Metamodell vorhanden. Geschickter ist es an dieser Stelle, die Methode *validate* aus dem *ModelValidator* aufzurufen. Mit dieser Methode sollten alle notwendigen Plausibilisierungen für die Eigenschaft durchgeführt werden. Dabei würde dann nicht nur auf Pflichteingaben geprüft, sondern auch zum Beispiel unsere projektspezifisch definierte Plausibilisierung, dass ein Hilfetext immer mit *HT_* zu beginnen hat. Das würde wiederrum bedeuten, dass wir einen vierten *ResultWriter* bauen müssten, der uns die Plausibilisierungsergebnisse in einer modalen Hinweisbox ausgibt. Wichtig ist am Ende der Methode der Aufruf der Methode *Update* auf dem Attribut des EA. Damit werden die Änderungen im EA persistiert.

---

53 Es wäre wünschenswert, wenn der EA in seiner Programmierschnittstelle diese Methoden zur Verfügung stellen würde; dieses tut er aber leider nicht.

3.4.7 Metriken

Mit unserem Metametamodell und den Metamodellen sind wir nun in der Lage, unsere erstellten Modelle zu plausibilisieren. Jetzt ist es aber auch möglich, diese Modelle bzgl. unterschiedlicher Metriken auszuwerten. Das Vorgehen dabei ist dasselbe, wie bei der Programmierung der Plausibilisierungen, insofern gehen wir auch nicht weiter darauf ein:

- Festlegung der auszuwertenden Kennzahlen[54].
- Programmierung der Berechnungen zu den Kennzahlen.
- Ausgabe der Kennzahlen.

Was aber für den Leser interessant sein könnte, ist die Frage, wieso man überhaupt diese Metriken für das Requirements Engineering braucht und welche Kennzahlen es überhaupt gibt. Für den zweiten Teil der Frage verweisen wir auf das Buch *Software in Zahlen*[55]. In dem Buch werden drei Arten (oder auch Dimensionen) von Metriken unterschieden (Zitate aus dem Buch, S. 9/10):

- Quantitätsmetriken: „Mit der Quantitätsmessung sind Mengenzahlen gemeint, z. B. die Menge aller Wörter in einem Dokument, die Menge der Anforderungen, (…). Mengenzählungen sind Aussagen über den Umfang von Software."
- Komplexitätsmetriken: „Mit der Komplexitätsmetrik sind Verhältniszahlen für die Beziehungen zwischen den Mengen und deren Elementen gemeint."
- Qualitätsmetriken: „Mit der Qualitätsmetrik wollen wir die Güte einer Software beurteilen. (…) Die Klassifizierung von Software in gut und schlecht kann erst in Bezug zu einer definierten Norm stattfinden."

Für die Quantitätsmetriken lassen sich für unser Beispiel schnell genügend Kennzahlen finden: Anzahl der Geschäftsobjekte, Anzahl der Geschäftsregeln, Anzahl der Anwendungsfälle, Anzahl der Schnittstellen etc.

Eine einfache Komplexitätskennzahl kann die Anzahl der Eigenschaften pro Geschäftsobjekt sein. Eine kompliziertere Variante entnehmen wir dem genannten Buch: Die Klassenkomplexität eines Pakets berechnet sich aus der Anzahl der Klassen in diesem Paket geteilt durch die Assoziationen und die Generalisierungen[56]. Es gibt auch einfache Komplexitätskennzahlen, die sich aber schwer ermitteln lassen, zum Beispiel die Navigationsweite einer Geschäftsregel, d. h. die Anzahl der Geschäftsobjekte, über die sich eine Geschäftsregel erstreckt.

Unserer Erfahrung nach ergeben sich die Qualitätsmetriken meistens aus einer Bewertung der Komplexitätskennzahlen. Als Beispiel für eine Qualitätsmetrik nehmen wir die Komplexitätskennzahl *Anzahl der Eigenschaften pro Geschäftsobjekt*. Als Norm definieren wir die Regel, dass ein Geschäftsobjekt nicht mehr als 20 Eigenschaften besitzen sollte, da ein Geschäftsobjekt ansonsten zu komplex wird und mehr als 20 Eigenschaften vermutlich auch ein Hinweis darauf sind, dass das Geschäftsobjekt zu viele Aufgaben zu übernehmen hat. Es sollte aber nicht ausgeschlossen werden, dass mehrere Eigenschaf-

---

54 Wir verwenden im weiteren Kennzahlen sowie Metriken als Synonyme.
55 Siehe Scrum-Team: *http://www.scrumguides.org/index.html* und Sneed, H; Seidl, R.; Baumgartner, M. (2010).
56 Dies wird die sogenannte objektorientierte Entwurfskomplexität genannt.

ten modelliert werden können. Es gibt mit Sicherheit Fälle, wo dies trotzdem notwendig wird. Diese Metrik kann schon bei der Plausibilisierung berechnet werden und mit einem entsprechenden Warnhinweis bei einer Verletzung protokolliert werden.

Eine weitere Qualitätsmetrik kann die Anzahl der Beziehungen zwischen Geschäftsobjekten sein, die unterschiedlichen Paketen zugeordnet sind. In erster Linie ist dies auch nur eine Komplexitätsmetrik, aber mit einer normierenden Regel *nicht mehr als 5* wird sie zu einer Qualitätsmetrik.

Nun zu der letzten Frage: Wieso brauchen wir überhaupt Metriken beim Requirements Engineering? Über die Metriken unserer Modelle haben wir die Möglichkeit, Aufwände für die Entwicklung und auch das Testen zu ermitteln. Mit der Zeit erhalten wir Erfahrungswerte, die wir dann für zukünftige Änderungen und Erweiterungen verwenden können. Wir sind auch in der Lage, Modellalternativen zu bewerten. Dies alles wird besonders dann wichtig, wenn wir die Implementierung der Anforderungen an externe Dienstleister vergeben möchten (Quantitäts- und Komplexitätsmetriken) oder externe Dienstleister beauftragen Anforderungen für uns zu modellieren (Qualitätsmetriken).

3.4.8 Dokumentengenerierung

Wir haben es bis jetzt geschafft, dass unsere Anforderungsmodellierer alle Anforderungen in einer über ein Metamodell definierten Art und Weise mit dem EA erfassen. Dafür wurde der EA so konfiguriert, angepasst und erweitert, dass der Anforderungsmodellierer möglichst schnell und einfach mit dem EA arbeiten kann. Es gibt aber in einem Projekt eine Vielzahl von Situationen, in denen die modellierten Informationen schnell lesbar bereitgestellt werden müssen:

- Die modellierten Anforderungen müssen in einen Reviewprozess eingesteuert werden.
- Abgenommene oder freigegebene Anforderungen müssen revisionssicher abgelegt werden.
- Anforderungen müssen zielgruppenspezifisch aufbereitet werden. Nicht jeder Stakeholder möchte alle Informationen lesen, sondern nur die für ihn interessanten.
- Nicht jeder, der die Informationen aus dem Modell benötigt, hat Zugriff auf das Modellierungswerkzeug oder kann dieses so bedienen, dass er schnell an die benötigten Informationen herankommt.

Eine erste, einfache Möglichkeit ist der Export des gesamten Modells in eine HTML-Struktur. Diese kann jederzeit aus dem EA über einen Menüpunkt und eine anschließende Konfiguration erzeugt werden[57]. In Abbildung 3.34 ist der Aufbau der HTML-Startseite dargestellt und wie zu sehen ist, unterscheidet sich der Aufbau dieser Seite nicht groß von dem Standardaufbau des EA. In dem Repository und dem Diagramm kann genauso navigiert werden wie in dem EA, nur mit dem Unterschied, dass es keine Möglichkeit zum Ändern der Inhalte gibt. Dementsprechend fehlt natürlich auch die Toolbox[58].

---

57 EA Hilfe: *Create a Web Page Report*.
58 In vielen Unternehmen werden die HTML-Modelle als revisionssicher eingestuft und können somit revisionssicher archiviert werden.

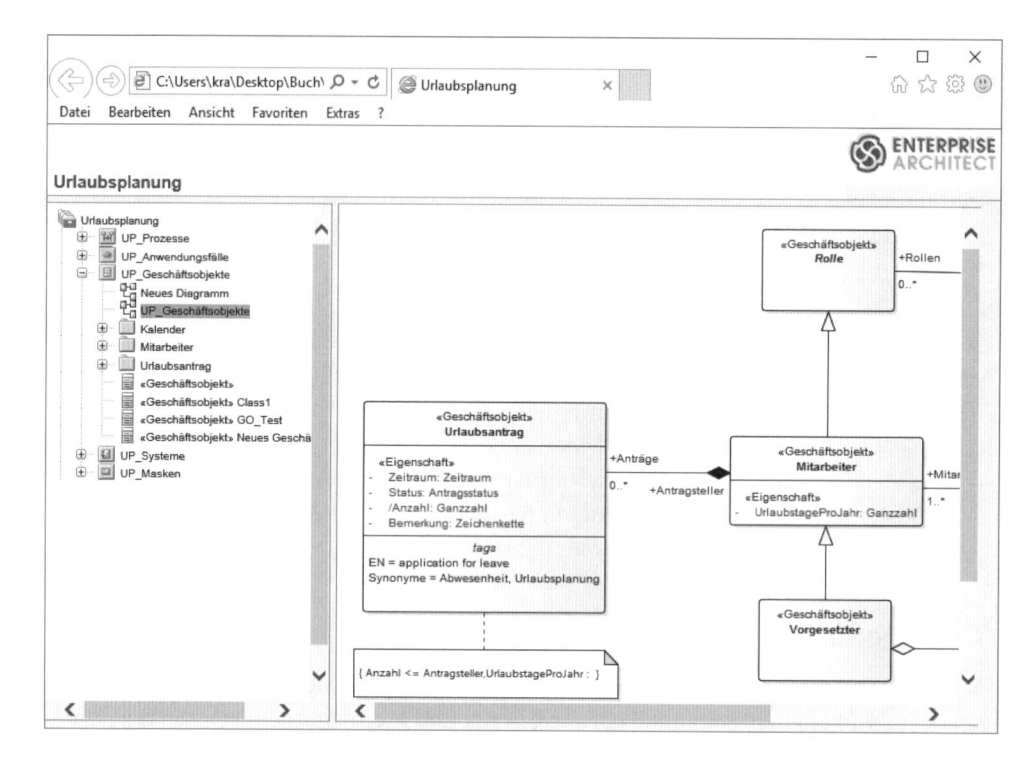

3 – Umsetzung des modellbasierten Requirements Engineerings

Abbildung 3.34: Startseite eines HTML-Exports

Das Erzeugen einer HTML-Struktur des Modells kann auch von außen, über die Verwendung der EA-DLL, angestoßen werden[59]. So kann zum Beispiel über einen nächtlichen Batchjob jede Nacht ein aktuelles HTML-Modell des Projektes in einem öffentlichen Verzeichnis abgelegt werden, so dass jeder Projektmitarbeiter Zugriff auf das aktuelle Modell hat.

Eine weitere Informationsbereitstellung ist die Generierung von Dokumenten aus den Modellen. Das Prinzip ist dabei recht einfach, der Einsatz ist allerdings mit einigen Hürden verbunden. In dem EA können mehrere Vorlagen für die Generierung abgelegt werden. Eine Vorlage wird dann mit einem oder mehreren Ordnern aus dem Modell verknüpft und bei der Generierung wird dann über die Elemente und Diagramme in den zugeordneten Ordner iteriert und entsprechend der Vorlage die Informationen aus dem Modell in das Ergebnisdokument hineingeschrieben[60]. Es können auch mehrere Vorlagen hintereinandergeschaltet werden, so dass aussagekräftige und detaillierte Gesamtdokumente mit Deckblatt, Inhaltsverzeichnis, Abbildungsverzeichnis etc. erstellt werden können. Jedes dieser Gesamtdokumente kann dann unterschiedliche Informationen beinhalten, je nachdem, welche Informationen in den entsprechenden Vorlagen ausgewählt wurden. In Abbildung 3.35 sehen wir eine Dokumentenkonfiguration für ein Fachkonzept unseres Projekts UP, welches erstmal nur die Geschäftsobjektmodellierung beinhaltet.

---

59 EA Hilfe: *Project Class*.
60 EA Hilfe: *Create Model Document*.

Der Einsatz von Modellierungswerkzeugen

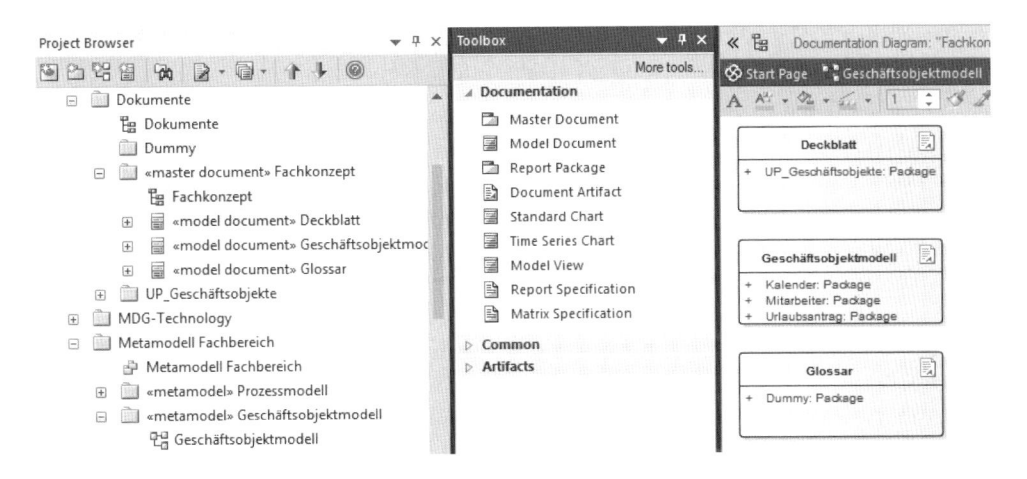

Abbildung 3.35: Dokumentkonfiguration „Fachkonzept"

Das Fachkonzept besteht aus drei Bereichen:

1. Dokument *Deckblatt*: Das Deckblatt erzeugt ein Inhaltsverzeichnis, definiert die Fuß- und Kopfzeilen für das gesamte Dokument und beinhaltet eine Einleitung. Diese Einleitung wird allerdings im Modell gepflegt, und zwar in der Beschreibung zu dem Ordner *UP-Geschäftsobjekte*. Somit muss der Ordner *UP-Geschäftsobjekte* dem Dokument *Deckblatt* durch eine Zuordnung bekanntgemacht werden. In einem Tagged Value *RTFTemplate* zu dem Dokument *Deckblatt* ist die zu verwendende Vorlage für die Generierung der Inhalte definiert.

2. Dokument *Geschäftsobjektmodell*: In diesem Abschnitt werden alle Informationen aus dem Geschäftsobjektmodell dargestellt. Dabei wird über alle drei zugeordnete Ordner iteriert und für jeden Ordner die im Tagged Value definierte Vorlage verwendet.

3. Dokument *Glossar*: Am Ende des Gesamtdokuments sollen alle Glossareinträge aufgelistet werden. In dem EA kann bei Bedarf auch ein Glossar gepflegt werden[61].

Und nun zu den Hürden:

- Damit die Vorlagen für die Generierung der Inhalte auch einwandfrei arbeiten, muss das Modell natürlich in sich konsistent sein. Jeder Ordner muss zu der verwendeten Vorlage passen. Glücklicherweise haben wir dies durch unsere Metamodelle und die darauf aufbauenden Plausibilisierungen sichergestellt.

- Innerhalb einer Vorlage kann wiederum angegeben werden, ob ebenfalls über untergeordnete Ordner generiert werden soll. Dies bietet sich für unseren Urlaubsplaner auf jeden Fall an, da wir auch die Ordner mit den Aufzählungen in das Fachkonzept integrieren möchten. Allerdings müssen zu den Aufzählungsklassen und deren Attribute nicht alle Informationen wie zu unseren Geschäftsobjekten mit ihren Eigenschaften dargestellt werden. Aufzählungsklassen besitzen nicht die Tagged Values, wie wir sie für Geschäftsobjekte definiert haben. Dies ist über die Definition der Vorlage nicht zu steuern. Als Lösung für dieses Problem bietet sich dann an, bei der Dokumentengenerierung bestimmte Klassen über Suchparameter für die Generierung auszublenden.

---

61 EA Hilfe: *Glossary*.

- Aus diesen Problemen folgt eine sehr ausgreifende und unübersichtliche Konfiguration der Dokumentengenerierung an vielen unterschiedlichen Stellen im EA.

Nun haben wir die Technik, die sich hinter der Dokumentengenerierung versteckt, grob beschrieben, aber noch ist ungeklärt, in welchem Modell welche Aufgabe stattfindet. Die Definition der Vorlagen wird sicher in Metamodell durchgeführt. Dies ergibt auch deswegen Sinn, weil bei Änderungen am Metamodell, zum Beispiel die Änderung des Namens eines Tagged Values, wie wir sie oben einmal durchgeführt haben, diese auch an den Vorlagen für die Dokumentengenerierung nachgezogen werden müssen. Die Generierung des Fachkonzepts muss aber im konkreten Projekt UP durchgeführt werden. Also müssen die Definitionen der Vorlagen in das UP Modell übertragen werden. Glücklicherweise bietet der EA genau dies über die MDG-Technology an. Wir müssen also die bestehende MDG-Technology KDR um diese Vorlagen erweitern und schon stehen sie einem konkreten Projekt, welches diese MDG-Technology verwendet, zur Verfügung. Ein nächstes Problem ist die Dokumentenstruktur, wie wir sie in Abbildung 3.35 aufgebaut haben. Die Dokumentenstruktur mit den drei definierten Abschnitten ist fest vorgegeben und die erfolgreiche Generierung hängt ab von den zugeordneten Vorlagen. Somit gehört diese Struktur eigentlich auch in das Metamodell. Allerdings sind im Metamodell die zugeordneten Ordner aus unserem Projekt *UP* nicht bekannt. Auch hier hilft uns der EA weiter, indem er die Möglichkeit bietet, Ordnerstrukturen als Muster abzulegen und diese Muster dann mit einer MDG-Technology anderen Projekten zur Verfügung zu stellen. Also erzeugen wir eine leere Ordnerstruktur wie in der obigen Abbildung 3.35 und verpacken sie in der bereits bekannten MDG-Technology KDR. In einem konkreten Projekt muss dann mit diesem Muster eine Ordnerstruktur angelegt werden und abschließend werden die notwendigen Ordner aus dem Projekt UP zugeordnet.

Als Zusammenfassung sollte der Leser mitnehmen: Die Dokumentengenerierung aus den Modellen ist zwar ein mächtiges, aber auch schwer zu beherrschendes Werkzeug. Ein nächster, wichtiger Gesichtspunkt bei der Modellierung von Anforderungen ist die Nachvollziehbarkeit von Änderungen, also die Versionsverwaltung.

3.4.9 Versionsmanagement

Modellierte Anforderungen unterliegen ständigen Änderungen. Dasselbe gilt selbstverständlich auch für unsere Metamodelle und unser Metametamodell. Somit sollten wir uns frühzeitig bemühen, unsere Modelle zu versionieren. Aber was sind weitere Gründe, die für den Einsatz der Versionierung und somit eines Versionierungswerkzeugs sprechen?

- Wenn wir ältere Versionen eines Modells versioniert haben, können wir jederzeit wieder auf diesen Stand zurückgreifen.
- Wir sind in der Lage, mehrere unterschiedliche Versionen von Modellen zu verwalten.
- Wir können unterschiedliche Versionsstände miteinander vergleichen.
- Von uns durchgeführte Änderungen werden protokolliert und mit notwendigen Metadaten, wie Autor und Datum der Änderung, verknüpft.
- Das parallele Arbeiten von mehreren Modellierern an Modellen kann, zum Beispiel über Zugriffsbeschränkungen, gesteuert und koordiniert werden.

- Wenn wir versehentlich unsere Arbeitsergebnisse löschen, kann dies rückgängig gemacht werden.
- Wir können Änderungen erstmal lokal in unserer Arbeitsumgebung vornehmen, ohne dass diese Änderungen gleich jedem weiteren Anwender sichtbar werden.
- Wir können unsere Arbeitsversionen zwischenspeichern.
- Über die Versionierung können wir zusätzliche Berechtigungen vergeben oder bestehende einschränken.
- Wir können Modellteile zentral ablegen und in unterschiedlichen Modellen wiederverwenden, so zum Beispiel unser Metametamodell, welches in einem *Metametamodell.eap* definiert und gepflegt, aber zusätzlich in dem *Metamodel.eap* für die Instanziierung der Metamodellklassen benötigt wird. Dasselbe gilt für die Datentypen, die wir im Metamodell definieren, aber zusätzlich in den fachlichen Modellen als Information bereitstellen wollen.

Wir werden an dieser Stelle nicht die Möglichkeiten der Integration eines Versionierungswerkzeugs in den EA diskutieren und verweisen, wie gehabt, auf die ausführliche Hilfe und Dokumentation im EA[62]. Wir werden auch nicht die Funktionsweise von Versionierungswerkzeugen erläutern. Dies würde den Rahmen des Buches leider sprengen. Zwei Hinweise sind aber an dieser Stelle hilfreich: Zum ersten ist die Integration eines Versionierungswerkzeugs für einen Modellierer völlig transparent. Für ihn stehen ein paar zusätzliche Menüfunktionen zur Verfügung, mit denen er aktuelle Modellversionen aus dem Versionierungswerkzeug holen kann, entweder nur zum Lesen oder auch zum Ändern, sowie durchgeführte Änderungen zurückschreiben kann, so dass sie für andere Anwender sichtbar werden. Zum zweiten sollte man wissen, dass die Versionierung auf Ordnerebene stattfindet. Dies ist auf den ersten Blick ziemlich grob. Als Entwickler würden wir erwarten, dass auf Klassen, also im EA auf Elementebene, versioniert wird. Dies ist aber nicht der Fall. Versioniert wird auf Ordner- bzw. Paketebene und es ist auch zu empfehlen, für jeden Ordner (bzw. im EA-Paket) eine Archivdatei im Versionierungswerkzeug anzulegen. Über diesen Mechanismus können dann auch Berechtigungen, die im Versionierungswerkzeug auf Ordnerebene definiert sind, auf den EA übertragen werden. Zum Beispiel ist es denkbar, dass wir eine Gruppe von Anforderungsmodellierern definieren, die nur das Geschäftsobjektmodell ändern darf und auf die sonstigen Modelle nur einen lesenden Zugriff hat. Dies kann erfahrungsgemäß besser über das Versionierungswerkzeug gesteuert werden, als über den EA.

Ein Versionierungswerkzeug kann mehrere Versionierungsprojekte verwalten. Somit stellt sich die Frage, wie wir unsere unterschiedlichen Modelle und den erstellten Quellcode bündeln und versionieren wollen. Es ist auf jeden Fall sinnvoll, das Modell mit den Anforderungen zu unserem Urlaubsplaner in einem eigenständigen Versionierungsprojekt abzulegen, da der Anwenderkreis definitiv unterschiedlich zu dem ist, welcher die Metamodelle und den Quellcode bearbeitet. Des Weiteren ist zu empfehlen, den Quellcode zum Framework und das dazugehörige Metametamodell in einem zweiten Versionierungsprojekt abzulegen. Wir empfehlen mit diesem auch das *EAExtensionAddIn* zu verwalten. Das Metamodell und das *KDRAddIn* sind wiederum in einem dritten Versionierungsprojekt zusammenzufassen.

---

62 EA Hilfe: *Version Control*.

3.4.10 Architektur

Es wird nun Zeit, die bisher angestellten Überlegungen in einem übergreifenden Architekturmodell zusammenzufassen und die erstellten Artefakte den einzelnen Architekturkomponenten zuzuordnen. In der Abbildung 3.36 erkennen wir als erstes unsere drei Versionierungsprojekte aus dem vorherigen Abschnitt wieder. Diese Versionierungsprojekte können auch als drei Schichten unseres modellbasierten Requirements Engineering aufgefasst werden[63].

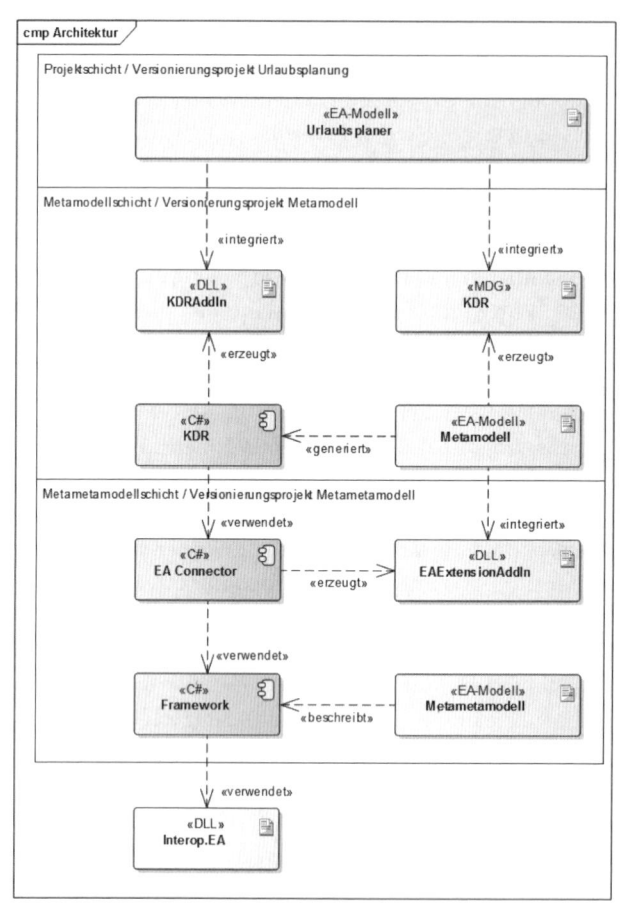

Abbildung 3.36: Architektur der Versionierungsprojekte

Auf der untersten Schicht finden wir unser Metametamodell wieder. Dieses ist die Basis für alle weiteren Implementierungen und auch Modellierungen. Diese Basisschicht besteht aus den folgenden Artefakten:

- **Metametamodell**: Dieses Modell enthält eine Beschreibung und Dokumentation unserer gesamten Implementierungen innerhalb dieser Schicht, soweit es natürlich gewünscht wird. Viele der Abbildungen in diesem Kapitel sind genau diesem Modell

---

63 Siehe Buschmann, F.; Henney, K.; Schmidt, D. C. (2007).

entnommen. Eine zwingend notwendige Teilkomponente dieses Modells ist die Definition der Klassen des Metametamodells, wie wir sie in Abbildung 3.23 dargestellt haben. Dieser Teil des Modells muss für die nächste Schicht zur Verfügung stehen, da über die Instanziierungen dieser Klassen das fachliche Metamodell der nächsten Schicht ausgeprägt wird.

- **Framework**: Das Framework beinhaltet den Quellcode, der für die Bereitstellung der Funktionalitäten benötigt wird. Hierzu gehören sowohl unsere Basisklasse *ModelFactory* als auch die Basisimplementierungen für unsere Plausibilisierungen. Des Weiteren können in dieser Komponente Implementierungen von zusätzlichen Aufgaben abgelegt werden, zum Beispiel die Implementierung für die Aktivierung eines nächtlichen Exports der Modelle als HTML-Struktur in ein öffentliches Verzeichnis. Auch Bereinigungs- oder Korrekturjobs nach dem Ändern von Metamodellen sind an dieser Stelle zu implementieren. Dabei ist darauf zu achten, dass keine Informationen, bzw. Komponenten aus der darüber liegenden Metamodellschicht verwendet werden. Dadurch wird sichergestellt, dass diese Metametamodellschicht unabhängig von der Metamodellschicht ist und somit für unterschiedliche Metamodelle wiederverwendet werden kann. Alle Informationen, die aus der Metamodellschicht oder aus der Projektschicht benötigt werden, sind in Konfigurationsdateien auszulagern.

- **EA Connector**: Der EA Connector erzeugt die Verbindung zwischen einem Modell (oder auch Repository) im EA und den Funktionalitäten des Frameworks. In dieser Komponente wird das benötigte Add-in *EAExtensionAddIn* implementiert, welches die zusätzlichen Menüpunkte für den EA definiert und sonstige im EA auftretende Ereignisse, auf die reagiert werden soll, abfängt. Die Implementierung der Generierung der Klassendefinitionen für unsere Metamodelle und die Generierung von angepassten Pflegeoberflächen ist in dieser Komponente gekapselt. Beide Funktionen werden in dem Add-in zur Verfügung gestellt. Auch für den EA Connector gilt, dass alle Informationen, die aus der Metamodellschicht oder aus der Projektschicht benötigt werden, in Konfigurationsdateien auszulagern sind. Dies gilt zum Beispiel für konkrete Generierungspfade oder die Namen der fachlichen Metamodelle.

- **EAExtensionAddIn**: Diese DLL wird aus dem Quellcode der Komponenten EA Connector und Framework erzeugt und kann dann für die Modellierung von Metamodellen in den EA integriert werden.

Als nächstes betrachten wir die Metamodellschicht und die zugehörigen Komponenten:

- **Metamodell**: Das Metamodell ist die zentrale Komponente dieser Schicht. Es beinhaltet die Definition der fachlichen Metamodelle für unser modellbasiertes Requirements Engineering. Durch die Integration des EAExtensionAddIn können die notwendigen Klassendefinitionen aus dem EA generiert werden. In diesem Metamodell werden zusätzlich alle Modelle und Informationen (Datentypen, Vorlagen und Muster für die Dokumentengenerierung etc.) abgelegt, die für die Erzeugung einer MDG-Technology benötigt werden. Bei Bedarf kann dieses Modell auch dazu verwendet werden, die Implementierungen in dieser Schicht zu dokumentieren.

- **KDR (C#)**: Diese Komponente beinhaltet den Quellcode dieser Metamodellschicht. Hier können zusätzliche Klassen implementiert werden, die bei Bedarf die Plausibilisierungen aus dem Framework verfeinern. Des Weiteren stellt diese Komponente die Implementierung des *KDRAddIns* zur Verfügung, welches dann von konkreten Projekten benutzt werden kann. Dies beinhaltet insbesondere die beiden zusätzlichen Menüpunkte zum Plausibilisieren und Pflegen von modellierten Anforderungen.

- **KDRAddIn**: Diese DLL wird aus dem Quellcode der Komponente KDR erzeugt und steht dann für die Modellierung der fachlichen Anforderungen mit dem EA zur Verfügung.
- **KDR (MDG)**: Diese XML-Datei beinhaltet die Definitionen unserer über das Metamodell definierten Diagrammtypen mit den zugehörigen Toolboxen. Des Weiteren sind hier die Stereotypen mit ihren Tagged Values abgelegt. Auch die Datentypen, die wir für eine fachliche Modellierungssprache KDR definiert haben, sowie die Vorlagen und Muster für die Dokumentengenerierung, sind Teil dieser Datei.

Die oberste Schicht beinhaltet nur das Projekt *Urlaubsplaner*. Um den EA entsprechend der Metamodelle zu konfigurieren, muss die *KDR.xml*, hinter der sich die passende MDG-Technology verbirgt, integriert werden. Wird zusätzlich auch das *KDRAddIn* integriert, stehen die Menüfunktionen für das Plausibilisieren und die einfachen Pflegemasken für die Modellierung der Anforderungen zur Verfügung.

Mithilfe dieser Schichtenarchitektur können nun mehrere Projekte dasselbe fachliche Metamodell verwenden. Ebenso gut kann aber auch eine neue Metamodellschicht erzeugt werden, die dann von einer anderen Gruppe von Projekt genutzt werden kann.

Abschließend sei noch angemerkt, dass wir auch für das Metametamodell eine Instanziierung von Klassen definieren können. Um das möglichst einfach zu gestalten, bietet es sich an, das Metametamodell selbst als übergeordnetes Metametametamodell zu verstehen. Die Klasse *Attribute3M* wäre somit eine Instanz der Klasse *AttributeElement*. Was gewinnen wir dadurch? Wir können das *EAExtensionAddIn* auf das Metametamodell anwenden, also eine Klassendefinition *InitMetametamodell* erzeugen und angepasste Pflegemasken für die Modellierung der Klassen in den fachlichen Metamodellen generieren. Wenn wir damit dann ein *KDR_3MAddIn* erstellen und dieses für die Modellierung der fachlichen Metamodelle in den EA integrieren, können wir die fachlichen Metamodelle plausibilisieren und mit einfachen, angepassten Pflegemasken erstellen und ändern.

4 Test Engineering

Im Testumfeld wird häufig von Testmanagement gesprochen. Wir möchten an dieser Stelle einen anderen Ansatz vorschlagen und allgemein vom Test Engineering sprechen, auch in Anlehnung an den Begriff des Requirements Engineering, welches die Teildisziplin Requirements Management enthält. Das Test Engineering umfasst somit in unserem Verständnis alle Aktivitäten, die im Zusammenhang mit dem Testen von Anwendungen betrachtet werden müssen. Das Testmanagement ist eine Teildisziplin des Test Engineerings.

Wenn wir im modellbasierten Requirements Engineering so vorgehen, wie wir es im vorherigen Kapitel beschrieben haben, so liegen die Anforderungen strukturiert und mit einer einheitlichen Modellierungssprache beschrieben in einem Werkzeug vor, welches wir über eine Programmierschnittstelle ansprechen können. Jetzt bleibt doch zu fragen, ob dies nicht für das Test Engineering ausgenutzt werden kann. Um dies stringent bewerten zu können, müssen wir uns erst mit einigen neuen Begriffen und dem fundamentalen Testprozess aus dem Test Engineering vertraut machen. Wir berufen uns dabei auf den vom International Software Testing Qualifications Board (ISTQB[1]) definierten Standard[2].

Begriff	Definition[1]
Testprozess (fundamental)	Der fundamentale Testprozess umfasst die folgenden Aktivitäten: Planung und Steuerung, Analyse und Design, Realisierung und Durchführung, Bewertung und Berichterstattung sowie den Abschluss der Testaktivitäten.
Testobjekt	Die Komponente oder das System, welches getestet wird, siehe auch Testelement.
Testelement	Das einzelne Element, das getestet wird. Gewöhnlich existieren ein Testobjekt und viele Testelemente. Siehe auch Testobjekt.
Testfall	Umfasst folgende Angaben: die für die Ausführung notwendigen Vorbedingungen, die Menge der Eingabewerte (ein Eingabewert je Parameter des Testobjekts), die Menge der vorausgesagten Ergebnisse, sowie die erwarteten Nachbedingungen. Abstrakter Testfall: Ein Testfall ohne konkrete Ein- und Ausgabewerte für Eingabedaten und vorausgesagte Ergebnisse. (Auch logischer Testfall genannt) Konkreter Testfall: Ein Testfall mit konkreten Werten für Eingaben und vorausgesagte Ergebnisse.
Testdurchführung	Der Prozess der Ausführung eines Tests für eine Komponente oder ein System, der Istergebnisse erzeugt.

---

1 Siehe ISTQB.
2 Siehe Spillner, A.; Linz, T. (2012), Spillner, A.; Roßner, T. (2014), Bath, G.; McKay, J. (2015).

4 – Test Engineering

Begriff	Definition[1]
Testdaten	Daten die (z. B. in einer Datenbank) vor der Ausführung eines Tests existieren, und die die Ausführung der Komponente bzw. des Systems im Test beeinflussen bzw. dadurch beeinflusst werden.
Ergebnis	Das Ergebnis der Ausführung eines Tests. Dazu gehören die Bildschirmausgaben, Datenänderungen, Berichte und versendete Mitteilungen.
Ist-Ergebnis	Im Test beobachtetes/erzeugtes Verhalten einer Komponente oder eines Systems unter festgelegten Bedingungen.
Testspezifikation	Ein Dokument, das aus der Testentwurfspezifikation, der Testfallspezifikation (Menge von Testfällen zu einem Testobjekt) und/oder der Testablaufspezifikation / Testszenario (Folge von Schritten zur Testausführung) besteht.
Testsuite	Die Zusammenstellung (Aggregation) mehrerer Testfälle für den Test einer Komponente oder eines Systems, bei der Nachbedingungen des einen Tests als Vorbedingungen des folgenden Tests genutzt werden können.
Testabschlussbericht	Ein Dokument, das die Testaktivitäten und -ergebnisse zusammenfasst. Es enthält eine Bewertung der durchgeführten Tests gegen definierte Endkriterien.
Teststufe	Eine Teststufe ist eine Gruppe von Testaktivitäten, die gemeinsam ausgeführt und verwaltet werden. Teststufen sind mit Zuständigkeiten in einem Projekt verknüpft. Beispiele für Teststufen sind der Komponententest, der Integrationstest, der Systemtest und der Abnahmetest.

Tabelle 4.1: Testbegriffe nach ISTQB

Bei dem ISTQB-Glossar besteht dasselbe Problem wie bei jedem Glossar, welches über Jahre hinweg gewachsen ist: Es ist an manchen Stellen nicht mehr konsistent, es schleichen sich Redundanzen ein, an manchen Stellen entstehen widersprüchliche Formulierungen. Somit bleibt uns nichts Anderes übrig, als für unseren Bedarf die Begriffe noch weiter zu schärfen und genauer zu definieren. In Abbildung 4.1 haben wir alle Begriffe, die wir im weiteren Verlauf verwendet werden, in eine zusammenhängende Darstellung gebracht.

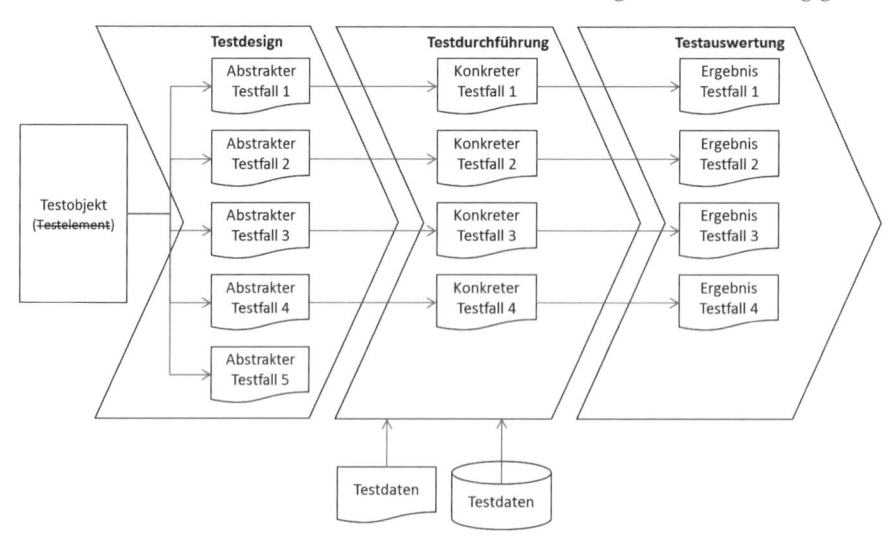

Abbildung 4.1: Zusammenhang der Testbegriffe

Aus dem fundamentaler Testprozess haben wir drei Phasen herausgelöst: Testdesign, Testdurchführung und Testauswertung. Bevor mit dem Erstellen von Testfällen begonnen werden kann, ist es zwingend notwendig, die Testobjekte zu definieren. Wir verzichten hier auf die Unterscheidung zwischen Testobjekt und Testelement. Nach ISTQB wäre unser Testobjekt das System *Urlaubsplanung* und die Testelemente die einzelnen Funktionen. Dies hilft unser aber nicht weiter, da für uns das System *Urlaubsplaner* nur ein Ausschnitt aus dem gesamten Anforderungsumfang ist. Wenn wir das Test Engineering mit dem Requirements Engineering verknüpfen wollen, müssen wir hier präziser werden. Für uns ist somit ein Testobjekt wie folgt definiert: Ein Testobjekt ist eine modellierte und damit dokumentierte Anforderung, zu der im Testprozess eine Qualitätsaussage ermittelt werden soll. Betrachten wir unser Beispielszenario, so bieten sich folgende Anforderungen als Testobjekte an: Prozesse, Anwendungsfälle und GUIs. Wenn gewünscht, können wir auch Geschäftsobjekte als Testobjekte definieren, oder auch Systeme und Schnittstellen. Die Tests dieser Elemente sollten aber besser dem technischen Test überlassen bleiben, obwohl wir gleichfalls durch das Testen eines Anwendungsfalls diese Elemente implizit mittesten. Aber die Qualitätsaussage, die wir im Testabschlussbericht treffen, bezieht sich nur auf den getesteten Anwendungsfall.

Zu jedem Testobjekt werden in der Testphase *Testdesign* mehrere abstrakte Testfälle erstellt. Sobald dann die Testobjekte von der Entwicklung zum Testen bereitgestellt werden, können die abstrakten Testfälle mit Testdaten angereichert und ausgeführt werden. Es ist zu beachten, dass nicht alle erstellten abstrakten Testfälle ausgeführt werden müssen. Dies hängt häufig davon ab, in welcher Teststufe wir uns befinden. Diese Teststufen können wieder von Projekt zu Projekt variieren und sind auch davon abhängig, ob wir uns in einem klassischen oder agilen Projektumfeld bewegen. Seitens ISTQB gibt es Empfehlungen für die einzelnen Teststufen, die an das V-Modell angelehnt sind. Diese sind allerdings nicht verbindlich. Wir werden auf die Teststufen gleich eingehen. Als Beispiel mag die Vorstellung hilfreich sein, dass in einem Regressionstest nicht alle Testfälle zu einem Testobjekt ausgeführt werden müssen, genauso wenig wie für einen Abnahmetest.

Durch die Ausführung eines abstrakten Testfalls und die Anreicherung mit Testdaten, die über Excel oder auch Datenbanken bereitgestellt werden können, entstehen somit konkrete Testfälle, die zwangsläufig ein Ergebnis (Ist-Ergebnis, Testergebnis) erzeugen. Diese Ergebnisse werden dann in der Testphase *Testauswertung* zu einem Testabschlussbericht zusammengefasst. Und hier schließt sich der Kreis: Der Testabschlussbericht beinhaltet somit Qualitätsaussagen zu unseren, im Requirements Engineering definierten Anforderungen.

Sämtliche Überlegungen, die wir bis hierher angestellt haben, beschränken sich selbstverständlich auf fachliche Tests. Wir treffen hier keine Aussagen, wie technische Test bzw. Entwicklertests zu planen, zu designen und auszuführen sind[3]. Bleibt die Frage, wo wir

---

3   Nichtsdestotrotz möchten wir erneut den Hinweis platzieren, dass die hier angestellten Überlegungen für das Test Engineering in Verbindung mit dem Requirements Engineering ohne weiteres auch auf Konzepte und Konstrukte aus der IT übertragen werden können.

4 – Test Engineering

die Trennlinie genau ziehen. Für die Beantwortung dieser Frage helfen uns die weiter oben schon angesprochenen Teststufen.

In Abbildung 4.2 sehen wir das V-Modell mit den zugehörigen Teststufen. Dieses Modell wird vom ISTQB propagiert und wird im Lehrplan auch ausführlich behandelt. Wir sollten aber immer bedenken, dass dieses Modell, insbesondere was die definierten Teststufen betrifft, eine sehr idealisierte Vorstellung von Projekten voraussetzt. Viele Projekte definieren ihre eigenen Teststufen. Aber egal, welche Teststufen nun definiert werden, es muss entschieden werden, ob die Stufe dem fachlichen oder dem technischen Test zuzuordnen ist. Am V-Modell werden wir kurz ausführen, dass dies nicht unbedingt so einfach ist, wie man denken könnte.

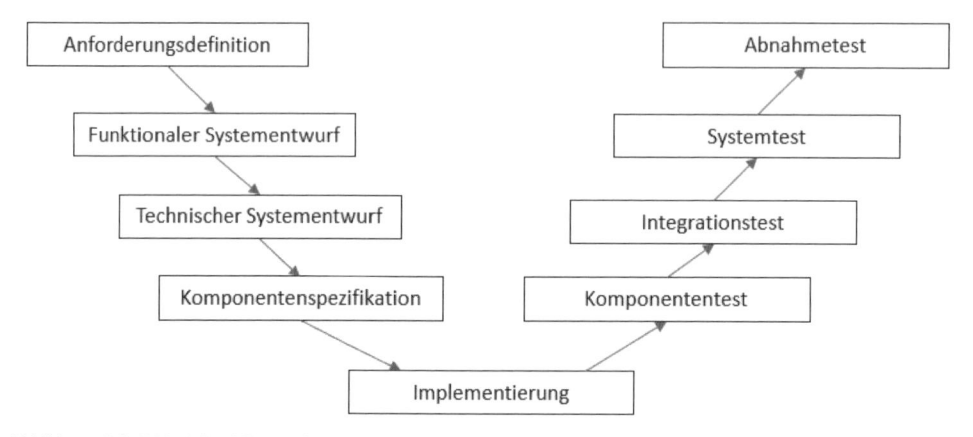

Abbildung 4.2: V-Modell mit Teststufen

Für eine detaillierte Beschreibung des V-Modells sei auf die Literatur verwiesen[4]. In Abbildung 4.2 wird nicht deutlich, an welcher Stelle nun die fachlichen Tests anfangen und die technischen Tests enden. Für die Teststufe *Komponententest* ist dies noch eindeutig zu bestimmen: Bei den Komponententests handelt es sich eindeutig um technische Tests. Bei den Integrationstests wird die Zuordnung schon schwieriger. Im Integrationstest wird nachgewiesen, dass die Komponenten mit ihren Schnittstellen einwandfrei zusammenarbeiten. Und schon sind wir im Babylon von unterschiedlichen Sprachnotationen. Wenn ISTQB von Komponenten spricht, sind damit unsere Systeme aus dem Beispielszenario gemeint? Aber was ist dann der Systemtest? Es muss also ein Wörterbuch her (Tabelle 4.2). Was uns zusätzlich zur Hilfe kommt, sind unsere unterschiedlichen Abstraktionsebenen, die wir im fachlichen Metamodell definiert haben (Abbildung 3.15, oben). Mit der Tabelle haben wir entschieden, dass Prozesse, Anwendungsfälle und GUIs zum funktionalen Systementwurf gemäß V-Modell und zu den fachlichen Tests gehören. Dieses Wörterbuch[5] sollte für jedes Projekt erstellt

---

4 Siehe Spillner, A.; Linz, T. (2012) und Spillner, A.; Roßner, T. (2014).
5 Es handelt sich natürlich nicht um ein Wörterbuch, sondern nur um ein einfaches Mapping zwischen der Begriffswelt Requirements Engineering und Testmanagement in einem konkreten Projekt. Aber der Begriff Wörterbuch ist einprägsamer.

werden und ist abhängig von den im Projekt definierten Anforderungen und den definierten Teststufen[6].

Teststufe	Testobjekt/ Anforderung	Abstraktions- ebene	Test (fachlich/ technisch)
Abnahmetest	Prozess	1	fachliche Tests
Systemtest			
	Anwendungsfall	2	
	GUI		
Integrationstest	Schnittstelle	3	technische Tests
	System		
Komponententest	-		technische Tests

Tabelle 4.2: Wörterbuch Requirements Engineering – Test Engineering

---

6   Dieses Wörterbuch ist dann Teil des Testkonzeptes zu einem Projekt.

5 Requirements und Test Engineering

Im vorherigen Kapitel haben wir verschiedene Methoden und Vorgehensweisen zum Test Engineering kennengelernt. Auch im Test Engineering ist es möglich, den Testprozess mit Werkzeugen zu unterstützen. Bei den folgenden Überlegungen werden wir uns auf das Werkzeug HP-ALM[1] konzentrieren, da es eine sehr große Marktdurchdringung besitzt. Allerdings muss der Ehrlichkeit halber auch gesagt werden, dass es sich um eines der teureren Werkzeuge handelt. Nichtsdestotrotz sind die Ideen, die wir im Folgenden entwickeln, auch auf andere Werkzeuge übertragbar. Im agilen Umfeld lassen sich zum Beispiel die Werkzeuge Jira[2] oder die Team Services von Microsoft[3] mit entsprechenden Add-ins zu professionellen Testwerkzeugen erweitern. Alle Werkzeuge bieten ein REST-API, mit dem die Informationen, die in dem Testwerkzeug abgelegt worden sind, abgefragt und geändert werden können. Zusätzlich bietet das Werkzeug HP-ALM eine .NET-Schnittstelle an, die wir im weiteren Verlauf für unsere Beispiele verwenden werden[4].

Das Werkzeug HP-ALM ist in mehrere Module aufgeteilt. Hinter jedem Modul verbergen sich mehrere Informationen, die tabellarisch oder in Form eines Verzeichnisbaumes dargestellt werden können. Alle Informationen können über entsprechende Pflegemasken geändert werden. Für uns ist das Modul *Testplanung* von Interesse, wie es in Abbildung 5.1 dargestellt ist. In diesem Modul werden alle zu erstellenden Testfälle verwaltet.

Im linken Feld sehen wir alle auswählbaren Module, eventuell noch unter Oberbegriffen zusammengefasst. Unser Modul *Testplanung* finden wir im Bereich TESTING als TEST PLAN. Wenn wir dieses Modul durch Anklicken öffnen, erscheint in dem mittleren Feld ein Verzeichnisbaum, mit dem wir unsere Testfälle strukturieren können. Als Blätter in diesem Verzeichnisbaum sind dann die Testfälle abgelegt. Wählen wir einen Testfall aus, so sind im rechten Feld einige Informationen zu dem Testfall abgelegt, jeweils gruppiert in mehreren Reitern. In der Abbildung 5.1 sehen wir zum Beispiel den Reiter DETAILS, in dem unter anderem eine Beschreibung des Testfalls angelegt, der Ersteller des Testfalls und das Erstelldatum geprüft oder auch eine Priorität und ein Status zum Testfall abgelegt werden kann. Der Testfall kann auch mit Kommentaren von Bearbeitern versehen werden.

---

1 Siehe HP-ALM, Application Lifecycle Management. Die Beispiele in diesem Buch sind mit der Version 11 erstellt worden.
2 Siehe Jira.
3 Siehe Visual Studio Team Services.
4 Source Code in C# lässt sich einfach besser lesen als ein REST-API, das angesprochen werden muss. Es können aber alle Beispiele selbstverständlich auch mit dem REST-API realisiert werden.

5 – Requirements und Test Engineering

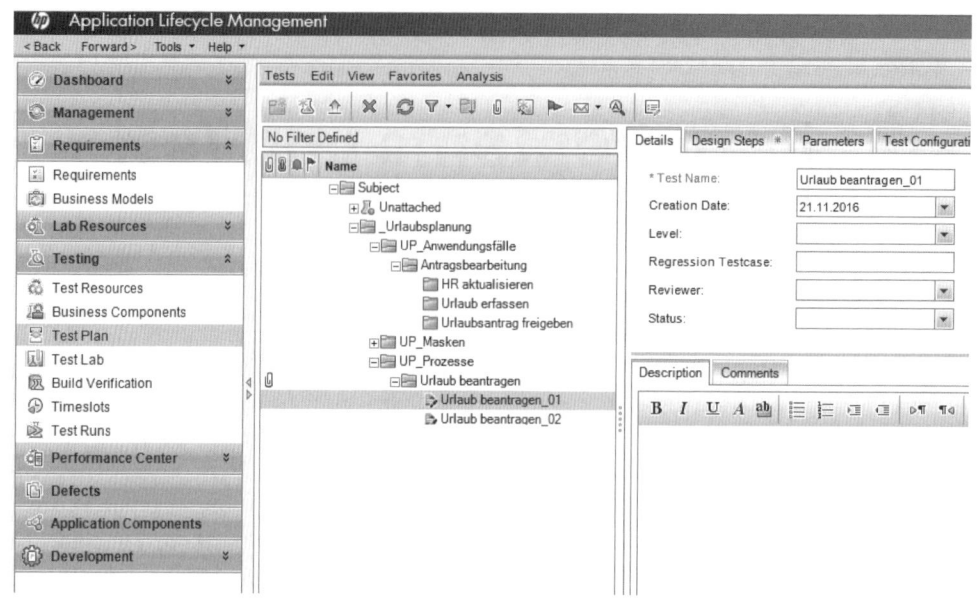

Abbildung 5.1: Aufbau des HP-ALM

Jetzt haben wir oben festgestellt, dass sich unsere Testobjekte aus den beschriebenen Anforderungen ergeben. Es wäre also sinnvoll, unsere Testobjekte direkt aus dem EA in das HP-ALM zu überführen. Damit stellen sich fünf Fragen, die wir im nächsten Abschnitt beantworten werden:

- Wie bilden wir die Testobjekte im HP-ALM ab?
- Wie übertragen bzw. erzeugen wir die Testobjekte im HP-ALM?
- Wie stellen wir die Nachverfolgbarkeit sicher?
- Wer ist das führende System und wie werden Änderungen kommuniziert?
- Wo dokumentieren wir unsere Entscheidungen?

5.1 Erstellen der Testobjekte

Beginnen wir mit der Klärung der ersten Frage. Wir machen es uns einfach und legen die Testobjekte in dem Bereich *Testplanung* als Ordner ab. Somit können wir dann unsere zu erstellenden Testfälle direkt in diesem Ordner ablegen. Eine alternative Möglichkeit wäre es, die Testobjekte als HP-ALM Requirements im Modul *Requirements* abzulegen. Daraus könnten dann mithilfe von Werkzeugfunktionen automatisch die notwendigen Ordner im Bereich *Testplanung* erzeugt werden, und wir hätten somit wieder eine identische Struktur für die Ablage der Testfälle[5]. In der Abbildung 5.1 sehen wir eine eindeutige

---

5   In einem konkreten Projekt würden die Autoren diese Vorgehensweise auch eindeutig bevorzugen, da dadurch eine deutliche Trennung zwischen Testobjekten und Testfällen hergestellt werden kann und Auswertungen bzgl. Testüberdeckungen und Statusberichte einfacher zu erstellen sind. Die erste Variante ist aber die deutlich einfachere für unseren Zusammenhang und das, was wir zeigen wollen.

Überführung unserer Requirements aus den EA in das HP-ALM. Wir haben dieselbe Ordnerstruktur und auf unterster Ordnerebene (nicht der Blattebene, das sind die Testfälle) finden wir unsere Testobjekte wieder.

Nun zur zweiten Frage. Dazu benötigen wir als erstes eine Verbindung zum HP-ALM. Auch das HP-ALM API ist in einer Bibliothek gekapselt, die wir in unser Entwicklungsprojekt integrieren müssen: *Interop.TDAPIOLELib.dll*. In Listing 5.1 ist dargestellt, wie wir damit eine Verbindung zum HP-ALM aufbauen und auch wieder schließen können.

```
private void openHPALM()
{
  if (tdc == null)
  {
    tdc = new TDConnection();
    tdc.InitConnectionEx("http://port/qcbin");
    tdc.Login("User", "Password");
    tdc.Connect("Domain", "Projekt");
    writeOutput("HP-ALM Connect ok !");
  }
}
private void closeHPALM()
{
  if (tdc != null)
  {
    tdc.ReleaseConnection();
    tdc = null;
  }
  writeOutput("HP-ALM Closed!");
}
```

Listing 5.1: Verbindung zum HP-ALM

Die Klasse *TDConnection* ist in der oben angegebenen DLL definiert[6]. Einer Instanz dieser Klasse müssen der HP-ALM-Port, die Log-in-Daten und das Projekt bekannt gegeben werden, mit dem der Benutzer arbeiten will. Mit dem HP-ALM können mehrere Projekte, die nach Domänen strukturiert werden, bearbeitet werden. Die Parameter für das Log-in sollten natürlich über eine Eingabemaske abgefragt werden; die Daten für das Projekt sollten in eine Konfigurationsdatei ausgelagert werden. Die Methode *writeOutput* soll sicherstellen, dass der Anwender auch eine entsprechende Rückmeldung bekommt, wenn die Verbindung hergestellt werden konnte[7]. Bleibt noch zu klären, wer diese Methoden zum Verbinden und Schließen aufrufen soll. In einem ersten Schritt natürlich unser Addin, welches wir für den EA erstellt haben. Wir sind dann in der Lage, uns aus dem EA am HP-ALM anzumelden, eine Verbindung aufzubauen und die notwendige Ordnerstruktur

---

[6] Der Name *TDConnection* ist historisch gewachsen. Das Werkzeug HP-ALM hieß in den 1990er Jahren mal Test Director (TD), dann mal Quality Center (QC), dann schaltete sich Hewlett Packard ein, also HP-QC und seit ungefähr fünf Jahren HP-ALM.

[7] Diese Ausgabe sollte dann bei einer Verbindung mit dem EA in die Ausgabe des EA umgeleitet werden.

mit unseren Testobjekten in das HP-ALM-Modul TEST PLAN zu generieren. Das Ergebnis sollte dann so aussehen wie in Abbildung 5.1. Die Struktur ist dieselbe wie die Ordnerstruktur im EA (Abbildung 3.11 oben).

Wir ersparen uns an dieser Stelle eine genaue Beschreibung des Algorithmus für die Generierung der Ordnerstruktur; das HP-ALM API funktioniert ähnlich wie das EA API. Allerdings mögen an dieser Stelle ein paar Hinweise hilfreich sein. Ähnlich, wie auch im EA Elemente mithilfe von Tagged Values erweitert werden können, so können auch im HP-ALM zusätzliche Felder angelegt werden. Somit ist es möglich, beliebige Daten aus dem EA in das HP-ALM zu übertragen. Wir werden gleich noch sehen, wie hilfreich das sein kann. Über Tagged Values kann gesteuert werden, welche Ordner bzw. modellierten Elemente aus dem EA übertragen werden sollen, zum Beispiel mit einem Tagged Value *Testobjekt* mit den Werten *Ja* und *Nein* für jedes modellierte Element. Dieses Tagged Value ist selbstverständlich auch über das Metamodell zu definieren. Die Anmeldung an HP-ALM kann über einen eigenen Menüpunkt realisiert werden, oder erst gestartet werden, wenn ein Benutzer die Ordnerstruktur generieren möchte. Dies sind konkrete Designentscheidungen, die wir nicht weiter diskutieren möchten. Dazu gehört auch die Frage, an welcher Stelle mit einer Generierung gestartet werden soll: Nur auf der Wurzelebene in unserem Modell, also durch einen Menüpunkt GENERIERE TESTOBJEKTE auf dem ersten Modellordner *Urlaubsplanung*, oder auch auf untergeordneten Ordnern.

Jetzt wäre es sehr hilfreich, wenn Projektmitarbeiter zwischen den Anforderungen und den zugehörigen Requirements bequem navigieren könnten: Der Requirements Engineer möchte sehen, welche Testfälle zu seinen Anforderungen existieren und ob diese schon erfolgreich ausgeführt wurden; der Test Engineer möchte die genaue Anforderungsbeschreibungen sehen und auch eventuell den Kontext kennenlernen, in den sein Testobjekt eingebunden ist. Des Weiteren ist es auch für Aktualisierungen der Struktur der Testobjekte notwendig, bereits erstellte Testobjekte und Ordner im HP-ALM eindeutig aus dem EA identifizieren zu können, da aus diesem auch die Aktualisierung angestoßen werden können soll. Es geht somit um unsere dritte Frage. Eine einfache Möglichkeit haben wir oben angesprochen. Im HP-ALM kann ein zusätzliches Feld *EA-ID* aufgenommen werden. In diesem kann dann bei der Übertragung entweder unser Alias des Requirements übernommen werden, oder aber auch der wirklich eindeutige GUID, der vom EA für jedes Element erstellt wird. Bei der Konfiguration dieses neuen Feldes im HP-ALM haben wir die Möglichkeit, dieses Feld als nicht änderbar zu deklarieren, und sind auch in der Lage, das Feld vollständig zu verbergen, also auf keiner Oberfläche sichtbar darzustellen. Im EA haben wir diese Konfigurationsmöglichkeiten so einfach nicht, aber hier können wir die ID aus dem HP-ALM in ein Tagged Value übertragen. Wenn wir unsere Generierung über das oben definierte Tagged Value *Testobjekt* steuern, kann diese ID auch in der Beschreibung zu diesem Tagged Value für jedes Element angelegt werden (Abbildung 5.2, 230 wäre die HP-ALM ID).

Erstellen der Testobjekte

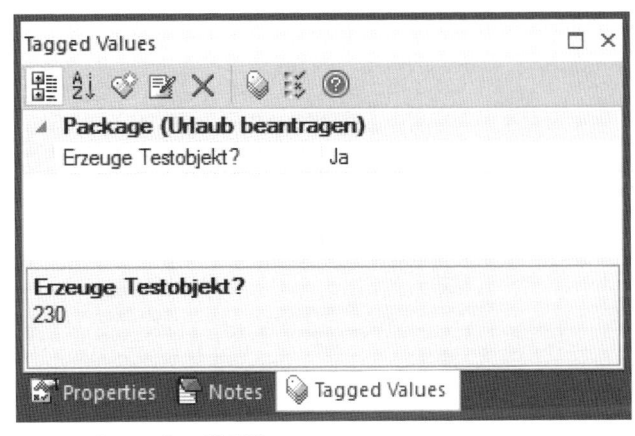

Abbildung 5.2: Tagged Value „Erzeuge Testobjekt?"

Dies hilft aber weder dem Requirements noch dem Test Engineer so richtig weiter. Im Idealfall könnte doch der Test Engineer direkt aus dem HP-ALM an die passende Stelle in unser EA-Modell springen. Jetzt hat aber nicht jeder Test Engineer eine Berechtigung für unser Modellierungswerkzeug EA (die soll er vielleicht auch gar nicht haben), aber es existiert ja eine exportierte HTML-Version unseres Modells und auf die können wir verweisen. Das bedeutet, dass wir bei der Generierung eines Ordners in dem TEST PLAN in diesem Ordner einen Verweis auf unser HTML-Modell aufnehmen müssen (Abbildung 5.3). Klickt der Anwender auf das Attachment *Documentation.url*, so wird die HTML-Seite, die in der Beschreibung angegeben ist, geöffnet (Abbildung 5.4). Von dort kann er dann durch das gesamte Modell navigieren. Für den umgekehrten Weg gilt leider, dass keine HTML-Version von dem HP-ALM-Projekt erstellt werden kann. Ein Requirements Engineer, der aus dem EA sich die Testfälle anschauen möchte, benötigt somit zumindest eine Berechtigung für das entsprechende HP-ALM-Projekt. Wenn diese existiert, kann er über einen Verweis, der dann in dem Reiter FILES zu einem Ordner im EA abgelegt werden kann, über die Schaltfläche LAUNCH zu den Testfällen navigieren (siehe Abbildung 5.5).

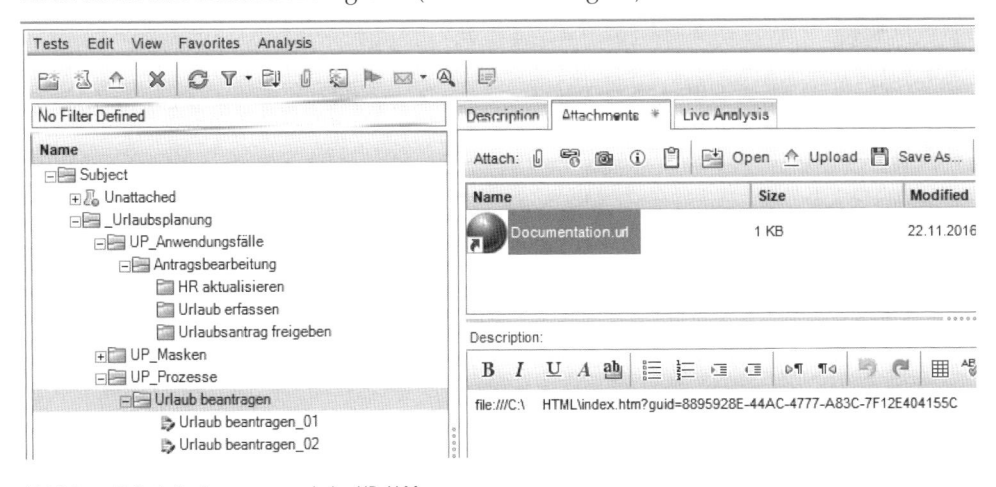

Abbildung 5.3: Anforderungsverweis im HP-ALM

Modellbasiertes Requirements Engineering 141

5 – Requirements und Test Engineering

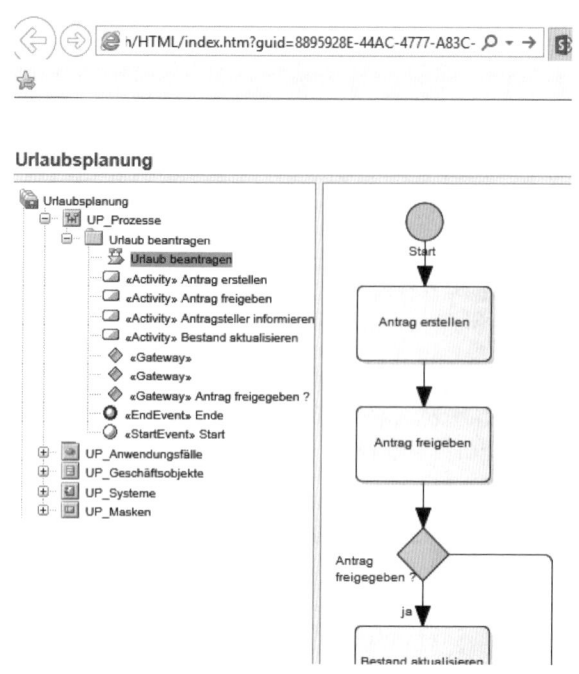

Abbildung 5.4: Ausschnitt aus dem HTML-Modell

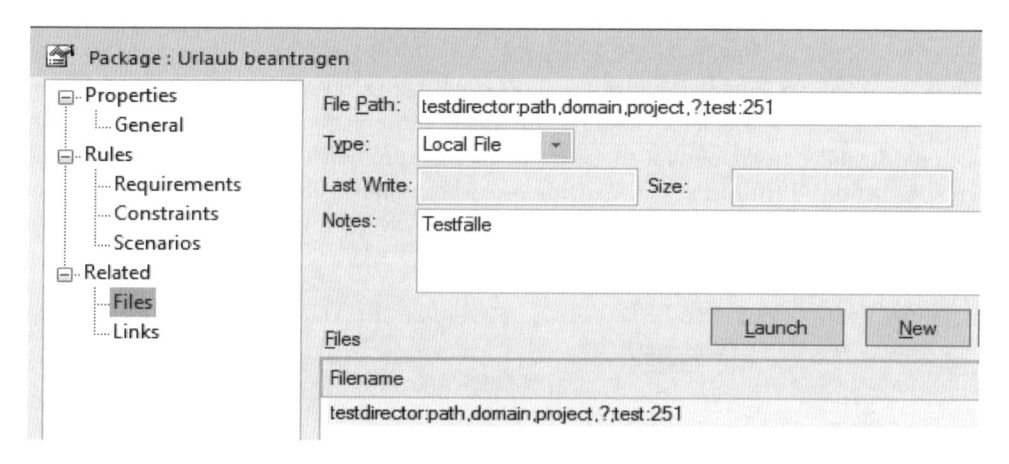

Abbildung 5.5: Testfallverweis im EA

In dem Moment, in dem wir dieselben Informationen an zwei Stellen abgelegt haben, haben wir uns ein Problem bezüglich der Synchronisierung eingehandelt. Der Ordner *Urlaub beantragen* existiert im EA und im HP-ALM jeweils mit demselben Namen und auch an derselben Stelle in der Ordnerhierarchie. Wie soll nun mit Namensänderungen und Verschiebungen umgegangen werden? Die Empfehlung der Autoren ist, sich für ein führendes System zu entscheiden und Änderungen nur in diesem System zuzulassen. Da die Anforderungen erst im EA erstellt und dann als Testobjekte in das HP-ALM übertra-

Erstellen der Testobjekte

gen werden, sollte der EA als führendes System definiert werden. Die generierte Ordnerstruktur mit Testobjekten im HP-ALM sollte dann für die Bearbeitung gesperrt werden. Zu welchem Zeitpunkt die Ordnerstrukturen jeweils synchronisiert werden sollen, ist wieder eine Designentscheidung: Entweder direkt nach dem Ändern oder Verschieben[8], über eigene Menüfunktionen oder nach dem Einchecken der Änderungen in das Versionierungssystem (Stichwort: Continuous Integration).

Es bleibt noch die letzte Frage zu klären, insbesondere die angesprochenen Designentscheidungen. Richtige Antwort: Im Metamodell. Wir müssen also ein Metamodell *Test* erstellen und das Metamodell *Fachbereich* anpassen[9]. Beginnen wir mit den Erweiterungen an dem Metamodell *Fachbereich*. In diesem müssen wir das Tagged Value *Testobjekt* einpflegen und verdeutlichen, dass wir den Reiter LINK verwenden, um einen Verweis auf die Testfälle im HP-ALM ablegen zu können. Da wir flexibel bezüglich der Anforderungen sein wollen, aus denen Testobjekte generiert werden können, werden wir diese Erweiterungen mithilfe eines Interfaces modellieren (Abbildung 5.6). Dieses Interface *Testobjekt* definiert das *TaggedValue* sowie das Attribut *HP-ALM Pfad*. Mit den gestrichelten Pfeilen wird verdeutlicht, dass die Metamodellelemente *Prozess*, *Anwendungsfall* und *Maske* auch dieses *TaggedValue* und das Attribut aus dem Interface beinhalten. Somit ersparen wir es uns, beides jeweils in jeder einzelnen Metamodellklasse zu erstellen. Wenn wir zu einem späteren Zeitpunkt auf die Idee kommen, auch zu Geschäftsobjekten Testobjekte und Testfälle zu erzeugen, so können wir dies über einen gestrichelten Pfeil auf das Interface Testobjekt umgehend realisieren.

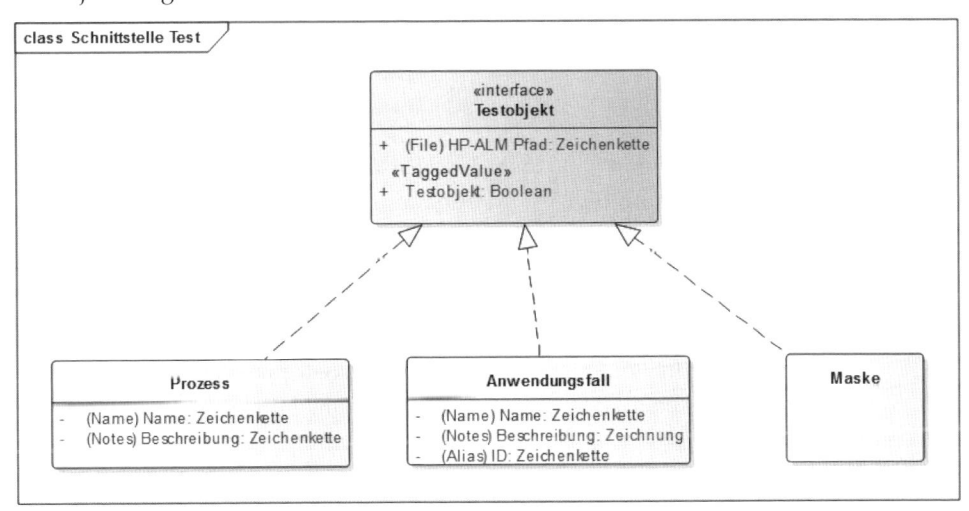

Abbildung 5.6: Schnittstelle zum Test

Nun müssen wir das Metamodell *Test* definieren. Als erstes werden wir zwischen einem fachlichen und einem IT-Test unterscheiden, um uns mit unseren fachlichen Tests deut-

---

8   Zur Erinnerung: Auch diese Ereignisse können über das EA API abgefangen und dann von unserem Add-in entsprechend bearbeitet werden.
9   Eventuell resultieren daraus auch wiederum Anpassungen am Metametamodell. Dies werden wir aber an dieser Stelle nicht mehr betrachten.

lich von den IT-Tests abzugrenzen[10]. In der Abbildung 5.7 ist das Metamodell für den fachlichen Test abgebildet, soweit wir es bisher entwickelt haben (und ohne alle Attribute). Unsere Ordnerstruktur in dem HP-ALM-Modul TEST PLAN besteht aus Unterordnern und Testobjektordner als unterstes Element. Ein Testobjektordner kann mehrere Testfälle enthalten und ist genau einem Testobjekt zugeordnet. Dieses Testobjekt kann ein Prozess, ein Anwendungsfall oder eine Maske sein (Abbildung 5.6). Diese Information ist zusätzlich noch in dem Attribut *Typ* des Testobjektordners abgelegt. Des Weiteren wird in dem Attribut *Attachment* der Verweis auf das HTML-Modell abgelegt.

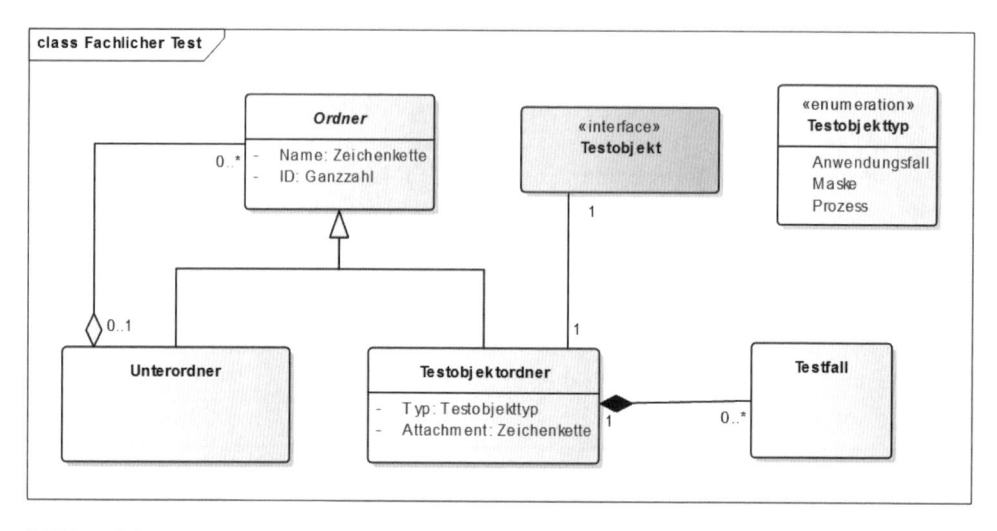

Abbildung 5.7: Metamodell „fachlicher Test"

Abbildung 5.8 fasst die Ergebnisse in einem Überblicksdiagramm nochmal zusammen. Wir haben unsere Testobjekte aus den Anforderungen abgeleitet und mit derselben Struktur wie im EA im HP-ALM abgelegt. Zusätzlich haben wir sichergestellt, dass zwischen den Testobjekten und den Anforderungen navigiert werden kann (Verbindung zwischen *Testobjektordner* und *Testobjekt* in Abbildung 5.8). Im Test Engineering wäre nun ein nächster Schritt, abstrakte Testfälle zu den Testobjekten zu erstellen (Klasse *Testfall* in Abbildung 5.8). Bezüglich der Testfallerstellung gibt es eine Vielzahl von Methoden, auf die wir hier nicht weiter eingehen wollen[11]. Für unseren Zusammenhang ist aber die Frage interessant, ob wir aus den Informationen, die wir in den Anforderungen haben, in einem ersten Schritt nicht auch Testfälle generieren können.

---

10 Auch hier bleibt anzumerken, dass sämtliche Überlegungen auch für die IT-Tests bzw. Entwicklertest angewendet werden können.
11 Siehe Spillner, A.; Roßner, T. (2014).

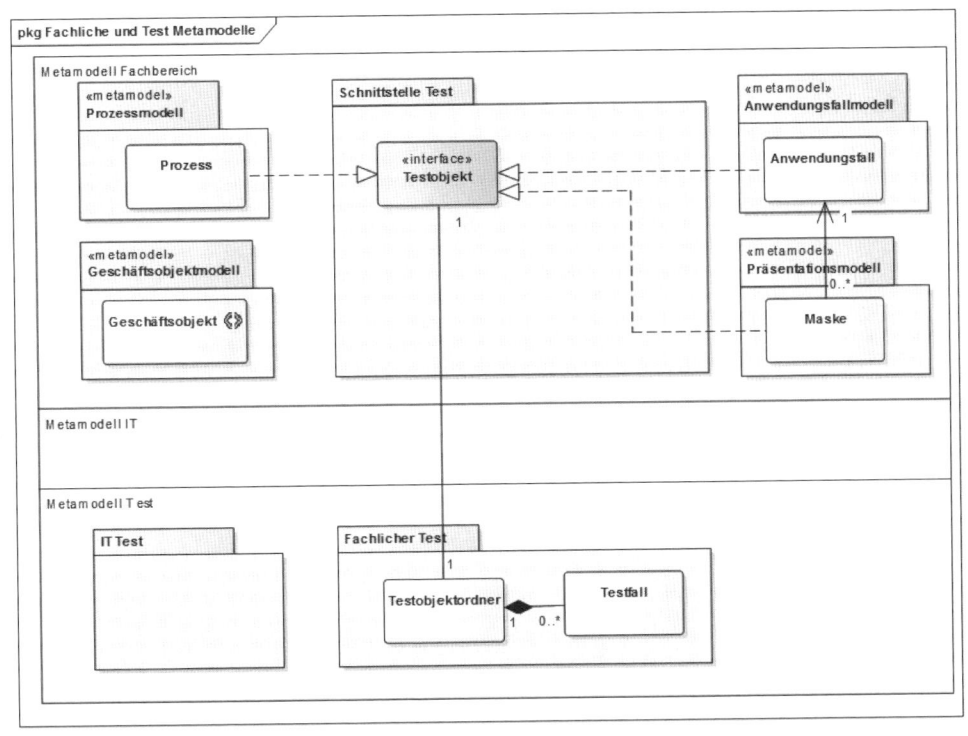

Abbildung 5.8: Metamodelle „Fachbereich und Test"

5.2 Generierung von Testfällen

Fangen wir direkt mit einem Beispiel aus unserem Projekt Urlaubsplaner an. In Abbildung 5.9 ist links der Prozess *Urlaub beantragen* abgebildet und rechts zwei aus diesem Prozess generierte Testfälle. In der obigen Abbildung 5.3 kann der genaue Ablageort der beiden Testfälle im HP-ALM nachvollzogen werden. Es handelt sich um die Testfälle *Urlaub beantragen_01* und *Urlaub beantragen_02*. Wie ist nun der Algorithmus konstruiert, mit dem diese zwei Testfälle erzeugt werden können? Als erstes muss festgelegt werden, welche Art von Testfallüberdeckung für Prozessabläufe wir verwenden wollen. Eine ausführliche Diskussion über unterschiedliche Überdeckungsalgorithmen findet sich in der Literatur[12]. Wir verwenden die Pfadüberdeckung und das bedeutet, dass jeder mögliche Pfad durch den Prozess mit genau einem Testfall abgedeckt werden muss. In unserem Fall entstehen somit genau zwei Testfälle[13]. Jetzt weiß der Algorithmus erstmal nicht, welches der Standardpfad durch den Prozess ist. Er würde die Testfälle in einer nicht determinierten Weise generieren. Für das Test Engineering ist es aber vielleicht wichtig zu wissen, welches denn der Standardpfad ist, da genau dieser als erstes getestet werden soll oder

---

12 Siehe Spillner, A.; Roßner, T. (2014).
13 Unser Prozess ist so einfach, dass auch alle anderen Überdeckungsalgorithmen auf genau diese zwei Pfade kommen.

5 – Requirements und Test Engineering

die Standardpfade ideale Kandidaten für Regressionstests darstellen. Somit ist es sinnvoll, im Prozess einen Standardpfad zu markieren[14]. Hier haben wir mehrere Möglichkeiten: Wir können die Aktivitäten oder die Übergänge zwischen den Aktivitäten, die zu einem Standardpfad gehören, mit einem Stereotyp *standard* versehen. Eine weitere Möglichkeit wäre die Verwendung von einem Tagged Value, das diese Information abbildet. In unserem Beispiel haben wir definiert, dass der Standardpfad immer als erstes generiert wird und den Postfix _01 erhält.

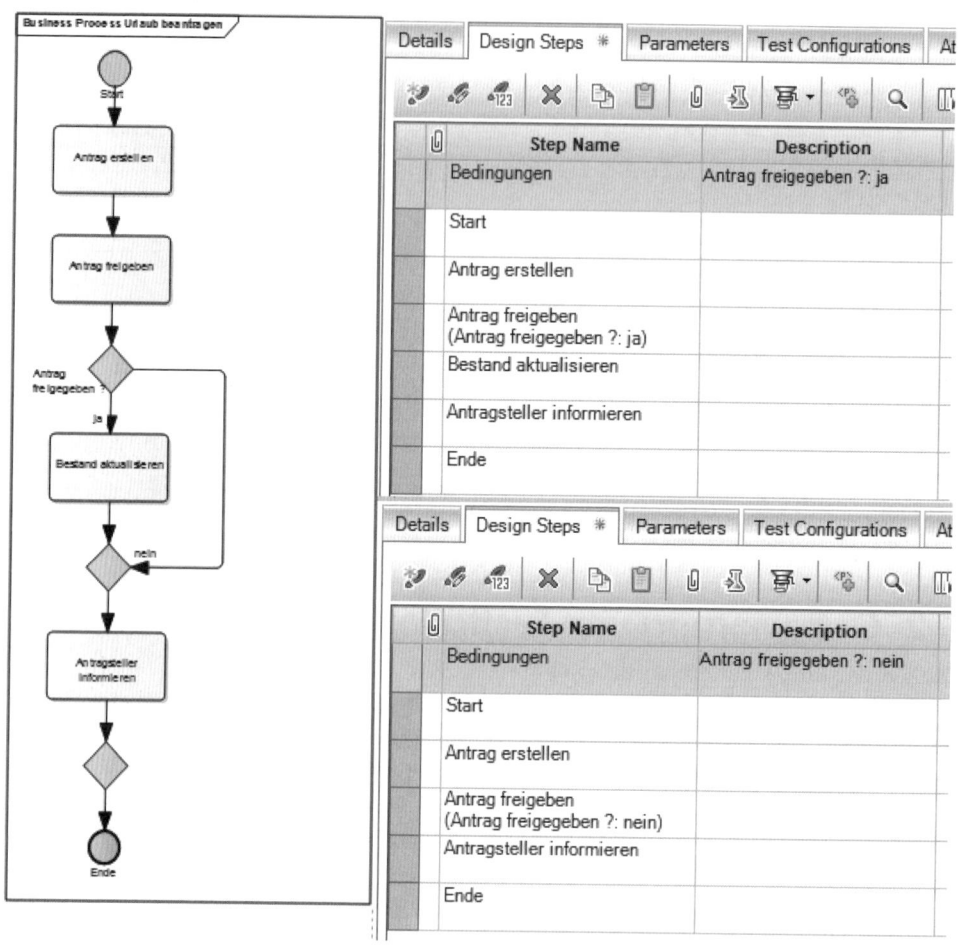

Abbildung 5.9: Testfall zum Prozess

Wie sieht das Ergebnis des Algorithmus aus? Er generiert alle notwendigen Testfälle bzgl. der festgelegten Testüberdeckung mit der folgenden Struktur:

- Anlegen eines neuen Testfalls.
- Der Name des Testfalls ist der Name des Prozesses mit einer laufenden Nummer als Postfix.

---

14 Hinweis der Autoren: Dadurch wird auch die Implementierung des Algorithmus vereinfacht.

Generierung von Testfällen

- Anlegen eines Attachments mit dem Verweis auf den Prozess im HTML-Modell. Identisch zu dem Vorgehen bei der Erzeugung der Ordnerstruktur.
- Anlegen der Testschritte
  - Erster Testschritt mit dem Schrittnamen *Bedingungen*. In der Beschreibung werden alle Verzweigungen des Prozesses aufgezählt, die mit diesem Testfall durchlaufen werden, und mit welcher Bedingung sie durchlaufen werden. Dadurch ist es einem Test Engineer auf den ersten Blick möglich, den Testfall zu überblicken und vor der Testdurchführung die entsprechenden Bedingungen in den verwendeten Testdaten herzustellen oder die passenden Testdaten herauszusuchen.
  - Jede Aktivität oder Verzweigung wird mit dem Namen und der Beschreibung als Testschritt angelegt, auch die Start- und Ende-Aktivitäten. Bei einer Verzweigung wird zusätzlich im Namen noch die Bedingung angegeben, die für diesen Testfall ausgewählt wurde.

In Abbildung 5.10 sehen wir das Add-in schon mal in Aktion. Der Menüpunkt TESTFÄLLE GENERIEREN ist nur dann freigeschaltet, wenn auch ein Prozess selektiert ist. Der Menüpunkt HP-ALM VERBINDEN zeigt an, dass wir noch keine Verbindung zum HP-ALM aufgebaut haben, ansonsten würde der Menüpunkt HP-ALM ABMELDEN heißen (Listing 5.3).

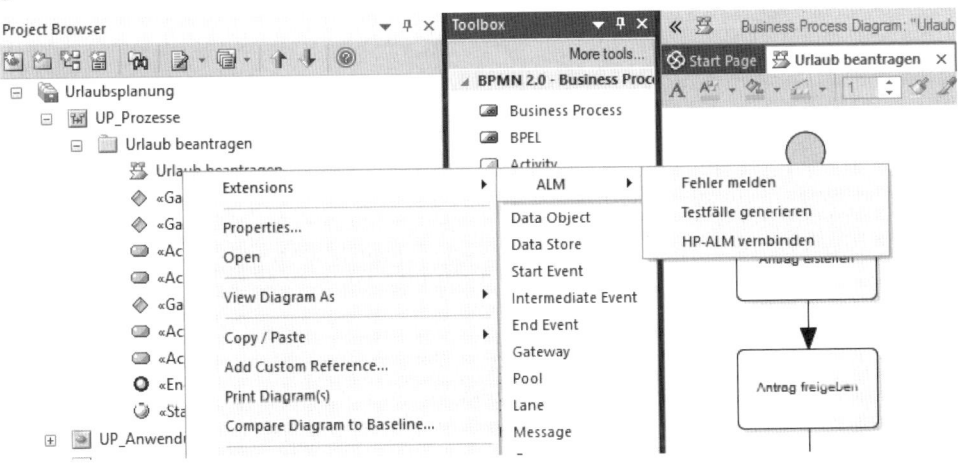

Abbildung 5.10: Add-in-Funktionen für Testfallgenerierung

```
private void createTestCase(List<Element> pPfad, string pName)
{
  string decision = "";
  Element element = null;
  DesignStep firstStep = null,
             step = null,
             previousStep = null;
  TDAPIOLELib.Test testcase = tcFolder.TestFactory.
                              AddItem(Sysem.DBNull.Value);
  testcase.Name = pName;
  testcase.Post();
  firstStep = testcase.DesignStepFactory.addItem(System.DBNull.Value);
  firstStep.StepName = "Bedingungen";
```

```
  firstStep.Post();
  previousStep = firstStep;
  for (int i = 0; i < pPfad.Count; i++)
  {
    element = pPfad.ElementAt(i);
    if (isParallelGateway(element))
    {
    }
    else if (isDecisionGateway(element) && (i < (pPfad.Count - 1)))
    {
      decision = fillFromDecision(previousStep, step, element,
                  findConnector(element, pPfad.ElementAt(i + 1)));
      firstStep.StepDescription = firstStep.StepDescription + "\n" + decision;
    }
    else if (!Constants.STEREOTYPE_GATEWAY.Equals(element.Stereotype))
    {
      step = testcase.DesignStepFactory.addItem(System.DBNull.Value);
      fillTestStep(step, element);
      step.Post();
      previousStep = step;
    }
  }
  firstStep.Post();
}

private void writeTestCase(List<Element> pPfad)
{
  if (HP_ALM)
  {
    createTestCase(pPfad, tCName + "_" + (counter<10?"0":"") + counter++);
  }
  else
  {
    writeOutput("----------Testcase----------");
    for (int i = 0; i < pPfad.Count; i++)
      writeOutput("" + i + ". " + pPfad.ElementAt(i).Name);
  }
}
```

Listing 5.2: Erzeugen eines Testfalls

Die Methode *createTestCase* bekommt eine Liste von Pfadelementen und einen Testfallnamen übergeben. Der Name enthält schon die laufende Nummer als Präfix. In der Instanzvariablen *tcFolder* ist der Ordner abgelegt, in den der Testfall generiert werden soll. Mit dieser Instanzvariablen wird über eine *TestFactory* mit der Methode *addItem()* ein leerer Testfall erzeugt und in einem nächsten Schritt der Name gesetzt. Wichtig ist dann der Aufruf der Methode *Post()* auf unserem Testfall, damit dieses Objekt auch persistent in der Datenbank zum HP-ALM abgespeichert wird. Dies kennen wir bereits von unserem EA API. Mit demselben Verfahren werden jetzt die einzelnen Testschritte erzeugt, befüllt und persistent abgelegt. Der erste Schritt wird als letztes persistiert, da er zwischendurch immer noch mit den jeweiligen Bedingungen bei einer Verzweigung befüllt wird. Die

Methode *writeTestCase()* kapselt die Funktion der Testfallerzeugung im HP-ALM, um zum Beispiel für Testzwecke das Ergebnis erstmal in die Ausgabe des EA schreiben zu können.

```
public object EA_GetMenuItems(EA.Repository pRepository, string pLocation,
                              string pMenuName)
{
  switch (pMenuName)
  {
    case "":
      return Constants.MENU_NAME;
    case Constants.MENU_NAME:
      string lALM = tdc == null
                  ? Constants.MENU_OPEN_HPALM
                  : Constants.MENU_CLOSE_HPALM;
      string[] ar = {Constants.MENU_TESTCASES_BPMN, lALM};
      return ar;
  }
  return "";
}
public void EA_GetMenuState(EA.Repository pRepository, string pLocation,
                            string pMenuName, string pItemName,
                            out bool pIsEnabled, out bool pIsChecked)
{
  pIsChecked = false;
  pIsEnabled = true;
  switch (pItemName)
  {
    case Constants.MENU_TESTCASES_BPMN:
      pIsEnabled = (getSelectedBPMN() != null);
      break;
  }
}
public void EA_MenuClick(EA.Repository pRepository, string pLocation,
                         string pMenuName, string pItemName)
{
  eaPackage = repository.GetTreeSelectedPackage();
  switch (pItemName)
  {
    case Constants.MENU_TESTCASES_BPMN:
      if (tdc == null)
        openHPALMC();
      new BPMNTestcase(pRepository, tdc, getSelectedBPMN());
      break;
    case Constants.MENU_OPEN_HPALM:
      openHPALM();
      break;
    case Constants.MENU_CLOSE_HPALM:
      closeHPALM();
      break;
  }
}
```

Listing 5.3: Aufruf der Testfallgenerierung

In Listing 5.3 werden drei Methoden definiert, die als Ereignismethoden von unserem Add-in über das EA API abgefangen werden. Mit der ersten Methode *EA_GetMenuItems()* definieren wir unsere Menüeinträge. An dieser Stelle wird schon überprüft, ob wir bereits am HP-ALM angemeldet sind. Die HP-ALM-Instanz wird in der Variablen *tdc* abgelegt. Die zweite Methode *EA_GetMenuState()* gibt den Status der Menüeinträge an. Wird zum Beispiel durch Rechtsklick auf einem Element im Repository ein Popup-Menü aktiviert, so wird für jeden Menüeintrag diese Methode aufgerufen. Dabei können zwei Status gesetzt werden: Die Aktivierbarkeit des Menüeintrags und ob der Menüeintrag ausgewählt wurde. Es erscheint dann ein Haken vor dem Menüeintrag. Mit dieser Methode überprüfen wir, ob ein Prozess im Repository selektiert wurde, und wenn ja, wird der entsprechende Menüeintrag aktiviert. Mit der dritten Methode *EA_MenuClick()* wird dann die Funktion hinter den Menüpunkten aufgerufen. Bei der Generierung der Testfälle wird vorher geprüft, ob die Verbindung zum HP-ALM schon steht. Wenn nicht, wird diese (eventuell über eine Log-in-Maske) erstmalig erzeugt.

5.3 Meldung von Abweichungen

Jetzt fehlt noch die Erklärung zu dem Menüpunkt FEHLER MELDEN. Mit diesem Menüpunkt ist es möglich, Fehler in ein Fehlermanagementwerkzeug einzustellen. Um die leicht negative Bedeutung von Fehler abzuschwächen, wird häufig der Begriff *Abweichung* verwendet. An dieser Stelle ist zu beachten, dass wir hier über Abweichungen in den modellierten Anforderungen sprechen, die zum Beispiel durch ein Review aufgedeckt wurden, oder die ein Anforderungsmodellierer während seiner Modellierung in Modellierungsbereichen seiner Kollegen entdeckt hat. Es geht nicht um Fehler, die beim Testen der fertigen Software entdeckt werden.

Beim Aktivieren des Menüpunktes FEHLER MELDEN öffnet sich eine Eingabemaske, wie in Abbildung 5.11 dargestellt. Mit dieser Eingabemaske kann ein Fehler erfasst und übermittelt werden. Die Eingabemaske ist als Beispiel zu verstehen und kann natürlich an spezifische Projektbedürfnisse angepasst werden. Die möglichen Eingabefelder sind auch abhängig von dem verwendeten Fehlermanagementwerkzeug, in dem wir den Fehler erzeugen wollen. Wenn es möglich ist, den erzeugten Fehler über einen Verweis zu erreichen, so kann dieser Verweis in dem Reiter FILES abgelegt werden. Für den HP-ALM ist der Mechanismus derselbe, wie wir ihn oben schon für den Verweis auf die Testfälle verwendet haben (Abbildung 5.5).

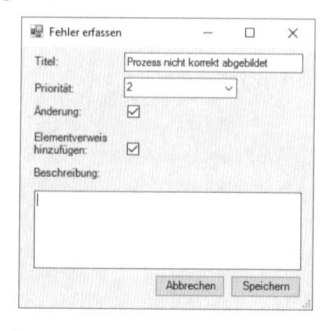

Abbildung 5.11: Maske für die Fehlererfassung

Auch wenn die Felder für einen Test Engineer größtenteils selbsterklärend sind, möchten wir jedes Feld kurz beschreiben.

- Titel: Name und Kurzbeschreibung des Fehlers.
- Priorität: Priorität des Fehlers. Bei Bedarf kann auch die Dringlichkeit mit aufgenommen werden[15].
- Änderung: Handelt es sich um einen wirklichen Fehler, oder soll nur ein Änderungswunsch kommuniziert werden? Dies ergibt dann Sinn, wenn auch das Änderungsmanagement über ein Fehlermanagementwerkzeug abgebildet wird. Ansonsten sollte ein weiterer Menüpunkt im Pop-up-Menü aufgenommen werden: ÄNDERUNG ERFASSEN mit einer eigenständigen Pflegemaske.
- Elementverweis hinzufügen: Angenommen, es ist ein konkretes Element im Projektbrowser oder in einem Diagramm selektiert, so kann der Verweis auf dieses Element im HTML-Modell in dem Fehlermanagementwerkzeug abgelegt werden. Dadurch kann ein Anwender aus dem erfassten Fehler direkt an die richtige Stelle in dem HTML-Modell springen (ähnlich zu Abbildung 5.3 oben).
- Beschreibung: Ausführliche Beschreibung des Fehlers bzw. des Änderungswunsches.

Mit dieser Funktionalität hat der Anwender die Möglichkeit, direkt aus dem fachlichen Modell Fehler oder Änderungswünsche zu melden, ohne das Werkzeug wechseln zu müssen. Dieser Vorteil sollte, insbesondere im Hinblick auf die Akzeptanz, nicht unterschätzt werden. Dieser Mechanismus kann auch dazu verwendet werden, um Fehler, bzw. Änderungswünsche an dem Add-in oder der Konfiguration des Modellierungswerkzeugs zu kommunizieren.

5.4 Weitere Beispiele

Wir haben uns nun genau angeschaut, wie wir aus einem Prozess Testfälle generieren können. Im Folgenden gehen wir noch kurz auf ein Beispiel bzgl. der Generierung von Testfällen aus Anwendungsfällen ein. Auch ein Anwendungsfall kann aus einem Ablauf bestehen (Aktivitätendiagramm). Zusätzlich beinhaltet ein Anwendungsfall aber noch weitere wichtige Informationen: Wer ist der Aufrufer oder Akteur des Anwendungsfalls? Was sind die Vorbedingungen für die Ausführung des Anwendungsfalls? Was sind die Nachbedingungen im Erfolgs- bzw. im Misserfolgsfall? Alle diese Informationen können wir für unsere Testfallgenerierung verwenden (siehe Abbildung 5.12).

---

15 Bei der Auswahl der aufzunehmenden Eingabefelder ist ein gesundes Augenmaß einzuhalten. Es sollten nicht alle möglichen Felder, welche von einem Fehlermanagementwerkzeug unterstützt werden, auch schon in dieser Eingabemaske erfasst werden müssen. Dies würde die Anwender eher abschrecken. Aber zumindest die Pflichtfelder sind aufzunehmen. Ansonsten kann der Datensatz in dem Fehlermanagementwerkzeug nicht gespeichert werden.

5 – Requirements und Test Engineering

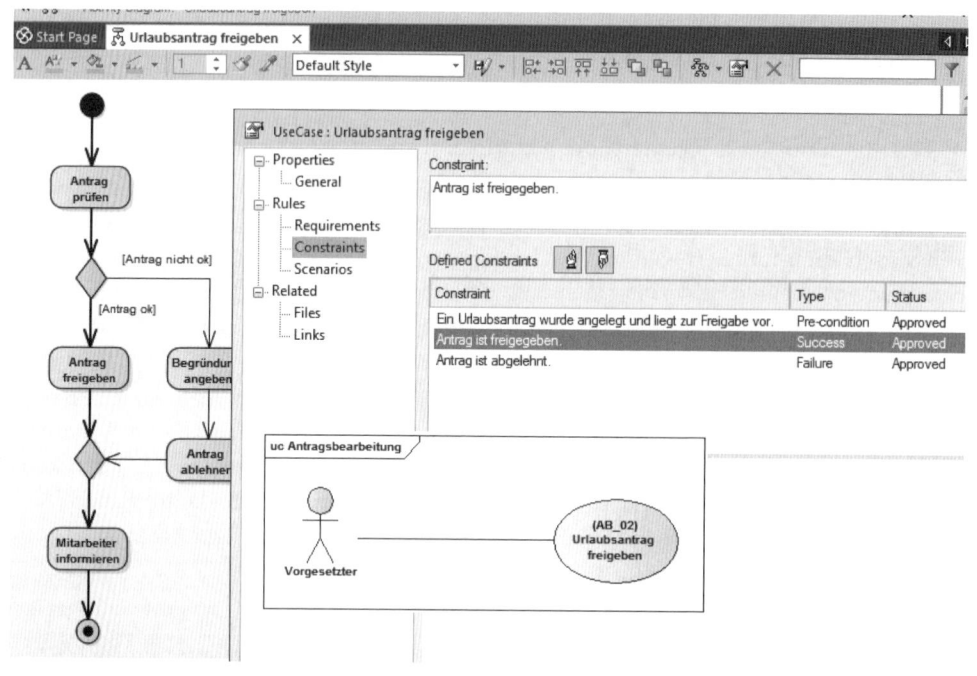

Abbildung 5.12: Anwendungsfall für die Generierung

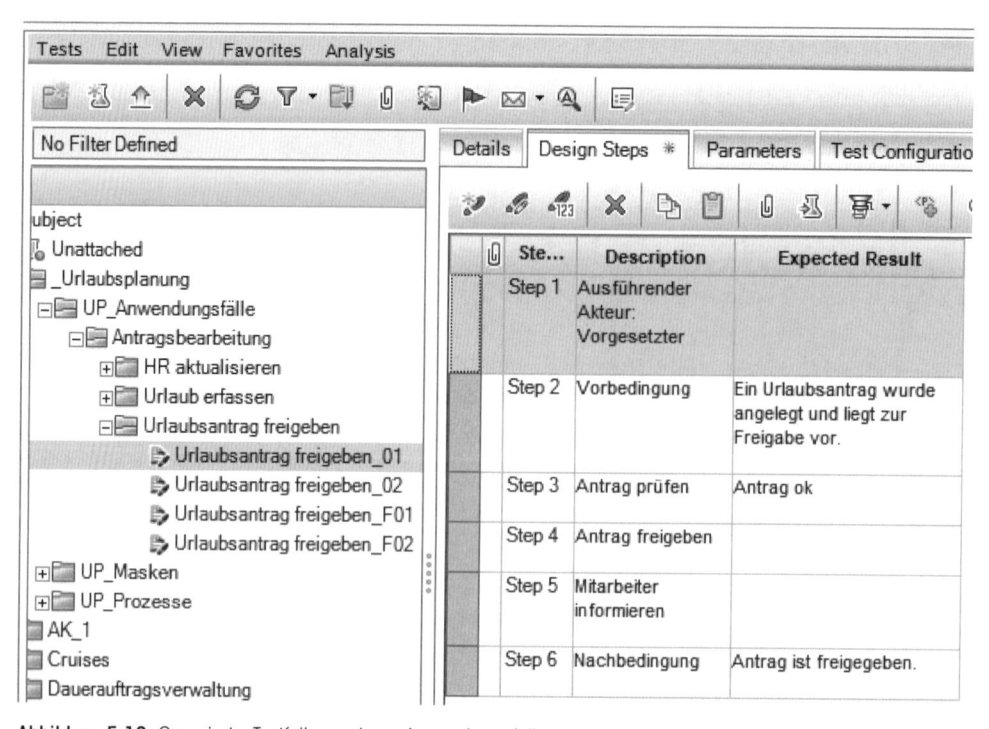

Abbildung 5.13: Generierter Testfall aus einem Anwendungsfall

Weitere Beispiele

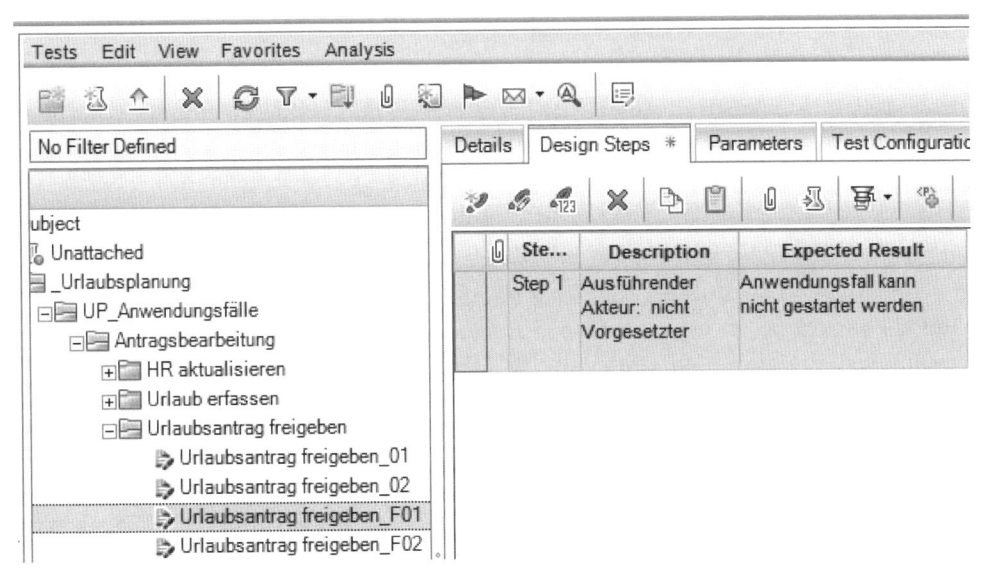

Abbildung 5.14: Generierter Negativtestfall aus einem Anwendungsfall

Das Ergebnis der Generierung sehen wir in Abbildung 5.13 und 5.14. In dem linken Bereich sehen wir die generierten Testfälle zu unserem ausgewählten Anwendungsfall. Es werden zwei Positivtestfälle generiert, die jeweils einem Ablauf durch unser Aktivitätsdiagramm, welches den Anwendungsfall näher beschreibt, entsprechen. Bezüglich der Auswertung einer Verzweigung verwenden wir eine andere Logik als oben bei Prozessgenerierung: Die Ausgangspfade aus einer Verzweigung werden als das erwartete Ergebnis der vorhergehenden Aktivität abgebildet. Für den ersten Schritt werden die zugeordneten Akteure ausgewertet und in den Testschritt geschrieben. Im zweiten Schritt stehen jeweils die definierten Vorbedingungen. Der letzte Schritt beinhaltet das Ergebnis nach der Ausführung des Anwendungsfalls, in diesem Fall das Erfolgsergebnis. Zusätzlich zu den zwei Positivtestfällen sind zwei Negativtestfälle erzeugt worden. In Abbildung 5.14 ist der Fall dargestellt, dass der ausführende Akteur nicht dem im Modell definierten Akteur entspricht. Der Anwendungsfall darf also nicht gestartet oder ausgeführt werden. Ein weiterer Negativtestfall wäre z. B., dass eine Vorbedingung nicht erfüllt ist.

Auch für Masken kann eine Methodik entwickelt werden, um Testfälle zu generieren. Über Tagged Values können zu jedem Maskenelement Design- oder Ablaufinformationen abgelegt werden. Für eine Schaltfläche sind vielleicht folgende Informationen wichtig:

- Wird die Maske nach dem Aktivieren der Schaltfläche (und erfolgreicher Verarbeitung) geschlossen?
- Wird das abgebildete Geschäftsobjekt persistent geändert?
- Wird eventuell eine Folgemaske aufgerufen?
- Was ist der Tooltip für die Schaltfläche?

5 – Requirements und Test Engineering

- Unter welchen Bedingungen ist die Schaltfläche deaktiviert?
- Unter welchen Bedingungen ist die Schaltfläche nicht sichtbar?

Im Modell selbst können zu einer Schaltfläche Fehler- und Hinweismeldungen, die beim Aktivieren der Schaltfläche unter bestimmten Bedingungen angezeigt werden, abgebildet werden. Aus diesen Informationen können dann mit einem entsprechenden Algorithmus Testfälle erzeugt werden, in denen zu jeder Information ein einzelner Testschritt erstellt wird, mit dem die Bedingung jeweils abgeprüft wird.

Die in diesem Abschnitt vorgestellten Algorithmen und Ideen zur Testfallgenerierung sind als Vorschläge zu verstehen. Zur Erinnerung: Jedes Projekt definiert sein eigenes Metamodell, um die Anforderungen abzubilden. Aus diesem Metamodell ergeben sich dann erst die unterschiedlichen Möglichkeiten der Testfallgenerierung. Der gewiefte Test Engineer wird jetzt vielleicht noch von einer Frage umgetrieben: Können auch Testdaten aus dem Modell generiert werden? Antwort: Na klar! (Abbildung 5.15).

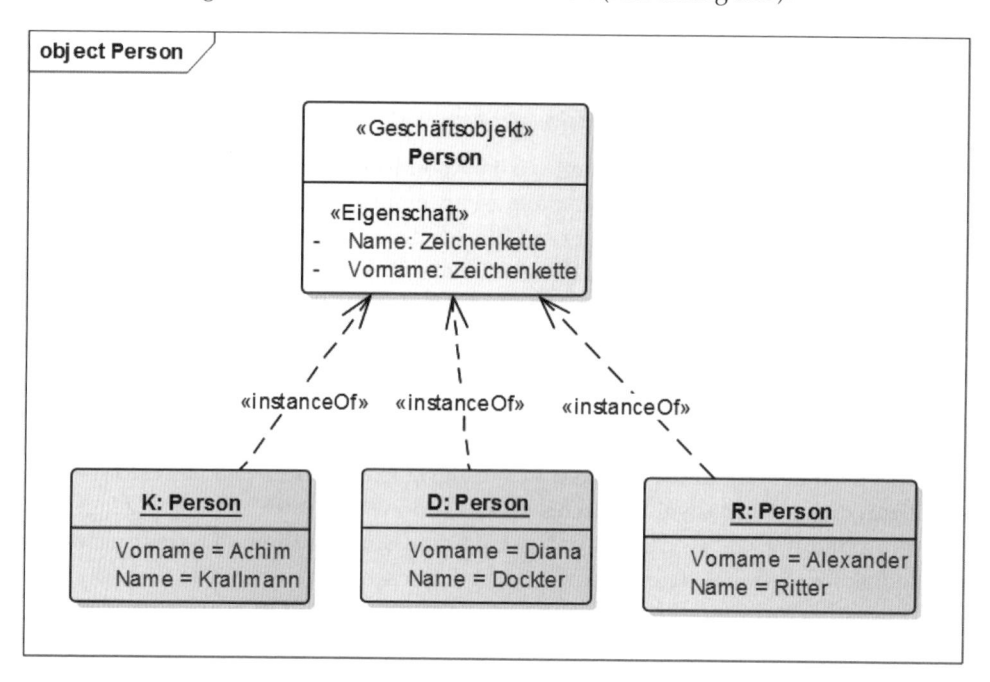

Abbildung 5.15: Generierung von Testdaten

Für die Generierung von Testdaten verwenden wir die Notationsmöglichkeiten der UML. Zu jeder Klasse können Instanzen oder Objekte angelegt werden. In unserer Urlaubsplanung haben wir einige Geschäftsobjekte angelegt, die wir genau hierfür verwenden. Diese Designentscheidung ist selbstverständlich umgehend im Metamodell zum Test nachzudokumentieren. Mit einer entsprechenden Menüfunktion und einer passenden Implementierung könnten wir jetzt aus diesen Informationen ein Excel Sheet mit den dargestellten Testdaten erzeugen oder eine XML-Datei, je nachdem, welches Format unser Testmanager benötigt. Der Vorteil, der sich durch diese Art der Testdatendefinition bietet, ist der, dass sich Änderungen am Geschäftsobjektmodell sofort an den zugehörigen Testdaten nachpflegen lassen[16].

Mit der Modellierung von Testdaten verlassen wir den Bereich des klassischen Test Engineerings und betreten die geheiligten Hallen des modellbasierten Testens. Alles, was zu diesem Thema gesagt werden kann, ist in einem Buch zum modellbasierten Testen zusammengefasst[17], sodass wir hier nicht weiter darauf eingehen wollen. Es seien uns aber zwei Anmerkungen gestattet:

Anmerkung 1: Bezüglich der Umsetzung modellbasierter Testmethoden und auch des Einsatzes von Modellierungswerkzeugen bleibt das Buch sehr praxisarm. An einigen Stellen wird zwar von einem Metamodell gesprochen und auch, dass Modellierungen plausibilisiert und gegen ein Metamodell validiert werden müssen, aber wie dies genau aussehen kann, wird nicht diskutiert. Jetzt ist es aber ein leichtes, die in diesem Buch definierten Methoden für das modellbasierte Requirements Engineering auf das modellbasierte Test Engineering zu übertragen. Auch beim modellbasierten Test Engineering ist ein Metamodell zu erstellen; eventuell kann ein Metametamodell wiederverwendet und um notwendige Konstrukte erweitert werden. Somit können dann auch Plausibilisierungsfunktionen entwickelt oder wiederverwendet werden und ein Modellierungswerkzeug kann entsprechend konfiguriert werden. Im besten Fall wird in einem Entwicklungsprojekt für die Modellierung der Anforderungen und der Testfälle dasselbe Werkzeug verwendet. Damit können dann Anforderungen und Testfälle über (natürlich in einem Metamodell zu definierende Verbindungen) mit einander verknüpft werden. Eine erste Idee dieser Vorgehensweise zeigt die obige Abbildung 5.8. Aus diesen modellierten Testfällen und Testdaten können dann selbstverständlich auch wieder ausführbare Testfälle in ein Testmanagementwerkzeug generiert werden.

Anmerkung 2: Ein großer Vorteil liegt in der Verbindung der beiden Konzepte modellbasiertes Requirements Engineering und modellbasiertes Test Engineering unter der Berücksichtigung von Testautomatisierungskonzepten. Einer der Autoren hat dies in einem Fachartikel unter dem Begriff *modellbasierte Testautomatisierung* skizziert. Der Artikel ist im Anhang dieses Buchs zu finden.

---

16 Man würde jetzt ja vermuten, dass der Enterprise Architect Änderungen am Geschäftsobjekt automatisch in die Instanzen, also unsere Testdaten, überträgt. Leider ist diese Funktionalität nicht implementiert. Wenn im Geschäftsobjekt *Person* das Attribut *Name* geändert wird, so wird diese Änderung nicht automatisch auf die Testobjekte übertragen. Dies müsste bei Bedarf programmiert werden und die Änderung eines Geschäftsobjekts in unserem Add-in über die Ereignismethode *Element geändert* abgefangen werden.
17 Siehe Winter, M.; Roßner, T. (2016).

6 Teamaufbau

Wenn wir uns das bisher Entwickelte vor Augen führen, werden wir feststellen, dass es sich bei dem modellbasierten Requirements Engineering, inklusive einer Schnittstelle zum Test Engineering, um einen komplexen Softwareentwicklungsprozess und somit um ein eigenständiges Projekt handelt:

- Es müssen Anforderungen der Fachbereiche an die Modellierungssprache aufgenommen werden.
- Anforderungen aus dem Testmanagement müssen abgefragt werden.
- Die Anforderungen müssen bewertet und umgesetzt werden.
- Das Metamodell muss gepflegt werden.
- Arbeitsplatzrechner müssen konfiguriert werden.
- Es müssen Dokumentationen erstellt werden: Benutzerhandbücher für die Werkzeuge, Modellierungsrichtlinien, Architekturbeschreibungen, Installationsbeschreibungen, etc.
- Änderungen und Erweiterungen an dem Add-in müssen entwickelt, getestet und ausgeliefert werden.

Dies bedeutet, dass wir einen Softwareentwicklungsprozess für die Umsetzung des modellbasierten Requirements Engineerings aufsetzen müssen. Dafür gibt es zwei Möglichkeiten: klassisch oder agil.

In einem ersten Schritt werden wir einen klassischen Entwicklungsprozess beschreiben. Dabei soll es für unser Problem irrelevant sein, ob wir ein Wasserfallmodell mit einem definierten Change-Prozess oder einen iterativ-inkrementellen Ansatz wählen. Diese Feinheiten überlassen wir dann den konkreten Umsetzungen in einem Projekt oder Programm. Damit sparen wir uns auch eine Diskussion über die unterschiedlichen Vorgehensmodelle. Im Anschluss wird ein agiler Ansatz vorgestellt und es wird sich zeigen, dass ein agiler Ansatz zum einen viel zielführender für unser modellbasiertes Requirements Engineering ist und zum anderen sehr effektiv umgesetzt werden kann. Mit der Unterscheidung klassisches oder agiles Vorgehen für das Team sagen wir nichts über das Vorgehen in dem übergeordneten Projekt oder Programm aus. Das Vorgehen in dem Projekt oder Programm ist vollständig unabhängig von dem Vorgehen im Team. Die Einbindung des Teams in ein Projekt oder Programm wird in Kapitel 7 vorgestellt. Um diese beiden Ebenen nicht zu vermischen, sprechen wir in diesem Kapitel auch weiterhin von einem Team, wobei wir dann später sehen werden, dass dieses Team ein Teilprojekt in einem Projekt, ein Projekt in einem Programm oder sogar ein angebotener Service in einem Unternehmen sein kann.

In einem ersten Schritt ist dem Team ein Name zu geben. Dies ist nicht so einfach, wie man jetzt denken könnte. Als erstes würde sich Requirements-Engineering-Team anbieten[1]. Aber beschreibt dieser Name wirklich die Kernaufgaben des Teams? Nein, denn das Team ist nicht verantwortlich für das Erstellen oder Verwalten der Anforderungen. Und dies sollte auch explizit bei der Definition der Aufgaben des Teams ausgeschlossen werden. Die fachlichen Anforderungen und somit auch die Modelle, mit denen die fachlichen Anforderungen abgebildet werden, liegen nicht in dem Verantwortungsbereich dieses Teams, sondern in den Fachbereichen oder in entsprechenden Teilprojekten eines Projekts. Eine weitere Möglichkeit für einen Teamnamen wäre Architektur-Team, aber auch das trifft es nicht ganz. Das Team ist nicht verantwortlich für die Architektur eines Projekts oder Programms, dafür gibt es weiterhin die Rolle Softwarearchitekt oder ein Teilprojekt Architektur.

Unser Vorschlag für einen Teamnamen ist Methodik-Team. Das Team ist somit verantwortlich für die Methodik in einem Projekt, in unserem Fall speziell für die Methode des modellbasierten Requirements Engineering, und bei Bedarf der Testmethoden und der Verknüpfung mit den Anforderungen. Als Methodik-Team hat das Team auch die Möglichkeit, die Methodik bzgl. der Entwicklung zu definieren. Die Idee, Metamodelle zu erstellen und die unterschiedlichen Anforderungen über Metamodelle miteinander zu verknüpfen, muss ja nicht auf das Requirements Engineering beschränkt bleiben. Auch das Softwaredesign einer Anwendung kann mit Metamodellen abgebildet werden und somit würde dieses Methodik-Team auch die Definition dieser Metamodelle übernehmen. Auch hier gilt wie bei den Anforderungen: Das Team ist nicht verantwortlich für das entwickelte Softwaredesign, dies liegt weiterhin in den Development-Teams bzw. entsprechenden Teilprojekten. Aber die Vorgaben, wie dieses Design zu erstellen ist, also die Definition und Pflege der Metamodelle, liegt in der Verantwortung des Methodik-Teams.

Wenn wir ein klassisches Vorgehensmodell für unser Methodik-Team entwerfen wollen, so sind vier Punkte zu klären:

1. Welche Artefakte müssen von dem Methodik-Team bereitgestellt werden? Unter einem Artefakt verstehen wir zum einen Dokumente, aber auch bereitzustellende Software (z. B. unser Add-in oder Konfigurationsdateien).
2. Welche Teamrollen werden benötigt? Was ist das Anforderungsprofil an eine Rolle und wie ist die genaue Aufgabenbeschreibung? Wie sind die Rollen in einem Organigramm abzubilden?
3. Mit welchen Aktivitäten werden die Artefakte von welcher Rolle erstellt?
4. Wie ist der gesamte Entwicklungsprozess definiert? Welche Abhängigkeiten bestehen zwischen den Aktivitäten?

Für ein agiles Vorgehen stellen sich dieselben Fragen, nur in leicht abgewandelter Form:

1. Welche Artefakte müssen bereitgestellt werden? (Die Artefakte sind für beide Vorgehensweisen identisch.)

---

[1] So hatten wir es auch erstmal bei den agilen Ansätzen definiert.

2. Bei einem agilen Vorgehen, insbesondere Scrum, sind die Rollen teilweise fest vorgegeben. Trotzdem müssen die Aufgabenbeschreibungen und Anforderungsprofile definiert sein. Diese unterscheiden sich allerdings auch nicht signifikant von denen aus dem klassischen Vorgehensmodell. Die Frage im agilen Umfeld ist dann nur: Welche agile bzw. Scrum-Rolle übernimmt welche Aufgaben und muss welche Anforderungen erfüllen?
3. Wie werden die Artefakte in einem agilen Kontext erstellt und bereitgestellt?
4. Wie ist der agile Prozess definiert?

Versuchen wir nun die Fragen zu klären, zuerst für das klassische Vorgehensmodell und im Anschluss für das agile Vorgehen. Da die Artefakte für beide Vorgehen identisch sind, werden wir diese als erstes beschreiben.

6.1 Artefakte

Bei den Artefakten beschränken wir uns auf die Artefakte, die aus dem Methodik-Team herausgegeben werden und von anderen Projektmitarbeitern verwendet werden müssen (externe Artefakte). Interne Artefakte, wie z. B. eine Anforderungsliste der umzusetzenden Anforderungen an die Methodik, Entwicklerdokumentationen der Add-ins, Architekturbeschreibung, Teststrategie oder Testberichte (jeweils alles bezogen auf die Implementierungen des Methodik-Teams und nicht des übergeordneten Projekts bzw. Programms) werden wir ausklammern.[2] Alle im Folgenden beschriebenen Artefakte sind gebündelt als ein zusammenhängendes Release von dem Methodik-Team bereitzustellen. Somit benötigen wir einen Releaseprozess inkl. Releasemanagement im klassischen Fall, oder ein Continuous Delivery im agilen Fall.

Modellierungsrichtlinie (inklusive Metamodelle)

Die Modellierungsrichtlinie ist das zentrale Artefakt, welches das Methodik-Team bereitstellen muss. In ihr wird das zugrundeliegende Metamodell ausführlich dargestellt und beschrieben. Es sind die Entscheidungen, die zu einer bestimmten Designentscheidung geführt haben, zu protokollieren und zu begründen. Die Modellierungsrichtlinie ist das Handbuch für die Requirements Engineers, die dann die Anforderungen mit der Methodik abbilden müssen. Neben dem Metamodell sind auch sonstige Konventionen in der Modellierungsrichtlinie zu beschreiben. Dies betrifft zum Beispiel das Benennen von Diagrammen, die Darstellung von Verbindungslinien im Diagramm, der Aufbau des Repositories im Modellierungswerkzeug etc. Die unterschiedlich definierten Dokumente, die im Bedarfsfall generiert werden sollen, sind genau zu beschreiben. Eventuell getätigte Anpassungen im HTML-Export der Modelle werden auch in diesem Dokument definiert. Im Falle, dass auch die Testmethodik über Metamodelle abgebildet wird, muss überlegt werden, ob dies dann in einem weiteren Dokument beschrieben werden soll oder in die Modellierungsrichtlinie integriert wird.

---

2 Dies bedeutet nicht, dass wir die internen Artefakte für unwichtig halten, aber sie unterscheiden sich nicht besonders von den üblich zu erstellenden Artefakten in einem Entwicklungsprojekt und sollten somit den meisten Lesern bekannt sein.

Konfiguration des Arbeitsplatzrechners (inklusive Werkzeuge)

Jedem Requirements Engineer, der mit dem Modellierungswerkzeug arbeiten muss, ist ein Dokument zur Verfügung zu stellen, indem die genaue Installation der Werkzeuge und die Konfiguration des Arbeitsplatzrechners beschrieben ist. Hierzu gehören:

- Installation des Modellierungswerkzeugs (in unserem Fall der Enterprise Architect).
- Registrierung der Add-ins in der Registry des Rechners.
- Konfiguration der Verbindung zum Versionierungsmanagementsystem.
- Notwendige Anpassungen in einer Konfigurationsdatei.

Benutzerhandbuch Modellierungswerkzeug

Zu dem eingesetzten Modellierungswerkzeug ist selbstverständlich ein Benutzerhandbuch zu erstellen. Dies Dokument sollte unter anderem folgende Informationen beinhalten:

- Zusätzliche Menüfunktionen, die durch die Add-ins bereitgestellt werden.
- Konfigurationseinstellungen, so wie sie in Verbindung mit der Modellierungsrichtlinie im aktuellen Einsatz benötigt werden.
- Wie wird die Generierung von Dokumenten angestoßen?
- Tipps und Tricks im Umgang mit dem Werkzeug, welche sich beim Arbeiten als hilfreich herausgestellt haben.

Dieses Benutzerhandbuch erweitert das mit dem Modellierungswerkzeug hoffentlich mitgelieferte Benutzerhandbuch um projektspezifische Hinweise.

Benutzerhandbuch Testmanagementwerkzeug

Wird auch das Test Engineering im Methodik-Team abgehandelt, so ist entsprechend dem Benutzerhandbuch Modellierungswerkzeug ein entsprechendes Benutzerhandbuch für das Test Engineering zu erstellen.

Releasenotes

Bezüglich jedes neu erstellten Releases (Achtung: Release unserer Methodik mit den Add-ins!) sind für die Requirements Engineers die Informationen über die enthaltenen Änderungen und Fehlerkorrekturen bereitzustellen. Dies geschieht üblicherweise über Releasenotes. Bei der Änderung der Methodik im laufenden Betrieb kann es vorkommen, dass Bereinigungsskripte laufen müssen. Diese sind dann auch mit den Releasenotes auszuliefern bzw. bereitzustellen.

Konfigurationsdateien

Wir haben in den obigen Kapiteln häufig darauf hingewiesen, dass es sinnvoll ist, bestimmte Paramater in Konfigurationsdateien auszulagern. Diese Konfigurationsdateien gehören somit zum Auslieferungsinhalt eines Releases.

Add-in Requirements Engineering

Die erstellten Add-ins für das Requirements Engineering sind wichtigster Bestandteil des Releases und somit auch Auslieferungsinhalt.

Add-in Testmanagement

Wird auch das Test Engineering im Methodik-Team abgehandelt, so gehören die entsprechenden Add-ins auch zum Lieferumfang.

Zum Abschluss noch eine Empfehlung bzgl. der Artefakte: Alle Artefakte sind auch in einem Versionierungsmanagementsystem abzulegen und zu pflegen.

6.2 Klassisches Vorgehen

6.2.1 Rollen

Wenden wir uns nun den Rollen zu, mit dem Ziel, die anfallenden Aufgaben sinnvoll zu bündeln und mit den notwendigen Kompetenzen, die für die Erfüllung der Aufgaben notwendig sind, zu versehen.

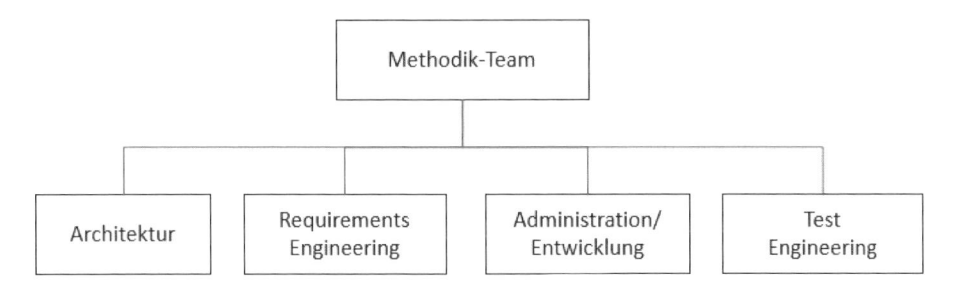

Abbildung 6.1: Organigramm eines Methodik-Teams

Jeder Kasten in dem Organigramm repräsentiert eine Rolle, die dann von einem oder mehreren Mitarbeitern wahrgenommen werden kann. Es ist auch möglich, zwei Rollen in Personalunion auf einen Mitarbeiter zu übertragen.

Teamleiter

Jedes Team braucht seinen Teamleiter. So auch bei uns. Der Teamleiter ist verantwortlich für die Steuerung des gesamten Methodik-Teams. In den meisten Fällen bietet es sich an, den Teamleiter mit der Rolle des Architekten in einer Person zu vereinen. Neben den allgemein bekannten Aufgaben und den daraus resultierenden Kompetenzen und Anforderungen eines Teamleiters sei an dieser Stelle ein Punkt besonders hervorgehoben: Der Teamleiter hat von der Sinnhaftigkeit und dem nachhaltigen Erfolg eines modellbasierten Requirements Engineering vollständig überzeugt zu sein. Er ist nach außen Repräsentant für dieses Vorgehen und wir werden in Kapitel 8 noch ausführlich auf diese Außenwirkung eingehen.

Architekt

Der Architekt im Methodik-Team hat zwei Hauptaufgaben. Er ist zum einen verantwortlich für das Zusammenspiel der eingesetzten Werkzeuge und deren Schnittstellen und damit auch für das übergreifende Konfigurationsmanagement. Zum anderen ist er verantwortlich für die Architektur der Metamodelle und des Designs der zu entwickelnden Add-ins. Diese Architekturaufgabe haben wir in den obigen Kapiteln ausführlich beleuchtet. Er ist hauptverantwortlich für das Metametamodell und seine Erweiterungen.

Requirements Engineer

Der Requirements Engineer bildet die Schnittstelle vom Methodik-Team zum Fachbereich. In jedem Projekt oder auch Unternehmen ist unterschiedlich geregelt, in wie weit der Fachbereich seine Anforderungen mit einem Modellierungswerkzeug abbilden soll. Es kann Fachbereiche geben, die sich dagegen sträuben ein Werkzeug einzusetzen und lieber weiterhin mit Word und Excel ihre Anforderungen beschreiben möchten. Auf der anderen Seite kann man sich überlegen, mit einem Fachbereich eine UML-Basisschulung durchzuführen, um ihn zu befähigen, seine Anforderungen eigenständig modellbasiert abbilden zu können. Unser Methodik-Team sollte für beide Extreme gerüstet sein. Der Requirements Engineer hat dann die Aufgabe, die Erwartungen an den Fachbereich und die Erwartungen aus dem Fachbereich genau zu ermitteln und sein Verhalten dementsprechend anzupassen. Im ersten Fall würde das bedeuten, dass er die Anforderungen aus den Word-Dokumenten in das fachliche Modell überführt, mit den Fachbereichsmitarbeitern die modellierten Anforderungen durchspricht und die Umsetzung erklärt und gegebenenfalls dafür Sorge trägt, dass entsprechende Dokumente aus dem Modell generiert werden, in denen der Fachbereichsmitarbeiter sich einfach zurechtfindet und seine geäußerten Anforderungen auch wiederfindet. Im zweiten Fall, dass der Fachbereich selbst modellieren möchte, würde sich die Aufgabe des Requirements Engineers auf ein Coaching des Fachbereichs beschränken. Abhängig vom gewählten Vorgehen im Fachbereich ist dann auch die Rolle des Requirements Engineers quantitativ zu besetzen. Im ersten Fall sind mehr Requirements Engineers notwendig als im zweiten Fall. In beiden Fällen hat er aber neue Anforderungen an das Metamodell oder an das Modellierungsvorgehen aufzunehmen und in das Methodik-Team zu kommunizieren. Werden diese Anforderungen dann umgesetzt, so muss er die Modellierungsrichtlinie entsprechend anpassen.

Was sind die Anforderungen an diese Rolle? Ein Requirements Engineer muss auf jeden Fall die Modellierungssprachen UML und BPMN beherrschen. Er muss auch genügend Erfahrungen in der Modellierung von fachlichen Anforderungen gesammelt haben, um den Fachbereich konkret unterstützen zu können oder Modellierungsvorschläge und -alternativen erarbeiten zu können. Es ist nicht notwendig, dass der Requirements Engineer genau das eingesetzte Modellierungswerkzeug beherrscht, aber er sollte zumindest ein Modellierungswerkzeug kennen und mit ihm gearbeitet haben. Kenntnisse aus dem fachlichen Umfeld des Projektes sind hilfreich, um mit dem Fachbereich auf Augenhöhe diskutieren zu können.

An dieser Stelle sei uns eine kleine Anmerkung bzgl. der Begrifflichkeit erlaubt. Wir sprechen im Zusammenhang mit dem modellbasierten Requirements Engineering explizit von der notwendigen Rolle des Requirements Engineers, so wie wir sie gerade definiert haben. Davon möchten wir ausdrücklich die Rolle Geschäftsanalytiker oder auch Businessanalyst abgrenzen. Bei diesen Rollen liegt der Schwerpunkt auf der Aufnahme und Beschreibung der Anforderungen und somit ist bei diesen Rollen auch ein tiefgehendes Domänenwissen über die Anwendung bzw. das Geschäftsumfeld notwendig. Die Rolle des Geschäftsanalytikers befindet sich also in den Fachbereichen und dort wird er notwendigerweise durch den Requirements Engineer, der die passende Methodik beherrscht, unterstützt.

Administrator/Entwickler

Den Kasten Administration/Entwicklung hätte man auch noch mal aufteilen können in Administration und Entwicklung. Unsere Erfahrungen haben aber gezeigt, dass beide Aufgaben meistens von derselben Rolle und somit denselben Mitarbeitern wahrgenommen werden. Jetzt wäre es sinnvoll gewesen, sich auf einen Namen zu einigen. Allerdings ginge uns dann ein Schwerpunkt verloren. Also bleiben wir bei dem Kompromiss Administrator/Entwickler, sprechen aber in diesem Abschnitt nur noch vom Entwickler[3].

Zu den Kernaufgaben eines Entwicklers gehört die Konfiguration und Administration des eingesetzten Modellierungswerkzeugs. Des Weiteren ist es seine Aufgabe, das Add-in für das Modellierungswerkzeug zu erstellen und weiter zu pflegen. Sind Schnittstellen zu anderen Werkzeugen zu erstellen, in unserem Beispielszenario wäre das die Schnittstelle zum HP-ALM, so liegt dies auch in der Verantwortung des Entwicklers. Er hat Änderungswünsche am Metamodell und an dem Modellierungswerkzeug zu bewerten und ggf. Vorschläge für die Umsetzung auszuarbeiten. Ihm obliegt die Umsetzung des Release- und Versionsmanagements für das Methodik-Team (Achtung: nicht für das übergeordnete Projekt!). Der Entwickler ist verantwortlich für die Erstellung der Benutzerhandbücher und die Konfiguration der Arbeitsplatzrechner und unterstützt bei der Ausformulierung der Modellierungsrichtlinien.

Notwendige Anforderungen an diese Rolle sind Kenntnisse des eingesetzten Modellierungswerkzeugs und der Programmiersprache der Programmierschnittstelle. Das eingesetzte Versionierungswerkzeug muss beherrscht werden und es müssen Erfahrungen im Aufbau einer Softwarearchitektur vorhanden sein. Kenntnisse in der UML sind für diese Rolle absolut notwendig, die Modellierungssprache BPMN sollte in Ansätzen bekannt sein. Wenn Schnittstellen zu anderen Werkzeugen genutzt werden, so müssen diese Werkzeuge und ihre Programmierschnittstellen auch bekannt sein.

Für unser Beispielszenario wären die konkreten Anforderungen an die Rolle Administrator/Entwickler (Legende: +:muss, #:sollte, ~:wünschenswert):

---

3 Wir hätten den Kasten auch neumodern DevOps nennen können. Aber diese Diskussion sparen wir uns lieber.

- \+ Tiefgehende Kenntnisse Enterprise Architect
- \+ Beherrschung der Programmiersprache C#
- \+ Erfahrung im Aufbauen einer Softwarearchitektur
- \+ Kenntnisse der C#-Entwicklungsumgebung und des Team Foundation Servers
- \+ Kenntnisse der UML
- \# Erfahrung im Erstellen von Benutzerhandbüchern
- \# Kenntnisse HP-ALM
- ~ Kenntnisse der BPMN

Test Engineer

Dort, wo es Administration und Entwicklung gibt, sollte auch getestet werden. Das gilt selbstredend auch für unser modellbasiertes Requirements Engineering. Dass die Konfigurationen an den Werkzeugen und die entwickelten Add-ins einwandfrei im produktiven Einsatz bei den Fachbereichen funktionieren, ist mit einer der wichtigsten Erfolgsfaktoren für den Einsatz dieser Methodik. Bei einem sehr großen Methodik-Team mag es sinnvoll sein, diese Rolle mit einer einzelnen Person zu besetzen. Solange dies aber nicht notwendig wird, bietet es sich an, alle Testaktivitäten in Personalunion mit der Rolle Requirements Engineer durchzuführen. Dies bedeutet, dass der eingesetzte Requirements Engineer auch über die notwendige Testexpertise verfügen muss.

Zu den Hauptaufgaben der Rolle Test Engineer gehören die Definition der Teststrategie, insbesondere in Absprache mit dem Architekten, der Aufbau einer sinnvollen Menge von Testfällen und die Durchführung der Tests zu bestimmten Releases. Zusätzlich zu den üblichen Kenntnissen, die ein Test Engineer von sich aus mitbringen sollte, ist es notwendig, dass auch der Tester die eingesetzten Werkzeuge beherrscht und über ausreichende Kenntnisse der UML verfügt.

Auch an dieser Stelle möchten wir ausdrücklich darauf hinweisen, dass es sich bei dieser Rolle nicht um das Test Engineering im übergeordneten Projekt handelt. Hier wird nur das Testen der von dem Methodik-Team bereitgestellten Add-ins betrachtet.

Das so aufgestellte Methodik-Team ist jetzt befähigt, die Methodik für ein modellbasiertes Requirements Engineering zu definieren, mit den Werkzeugen umzusetzen, zu testen und dann auszuliefern. Wenn nun gewünscht wird, dass diese modellbasierte Methodik auch auf das Test Engineering oder auch das Softwaredesign ausgeweitet werden soll, so sind selbstverständlich weitere Rollen notwendig. Es bietet sich dann an, im Methodik-Team zwischen Engineering und Methodik zu unterscheiden. In der Abbildung 6.2 ist dann auch gleich das Thema Projektmanagement mit aufgenommen. Damit wird das Team und deren Aufgaben dann so groß, dass es sich lohnt, die Rolle Entwickler und Administrator aufzuteilen. Auch dies ist abgebildet.

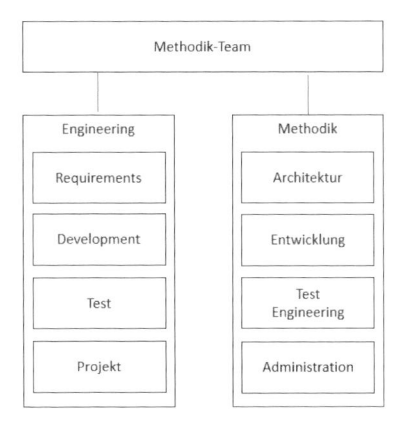

Abbildung 6.2: Organigramm des Methodik-Teams mit Engineering und Methodik

6.2.2 Prozess

Es ist jetzt nicht zielführend, an dieser Stelle den gesamten Entwicklungsprozess für das Methodik-Team zu definieren und ausführlich zu beschreiben. Grundsätzlich unterscheidet er sich auch nicht von normalen Softwareentwicklungsprozessen. Wir möchten aber ein paar Hinweise zu den einzelnen Phasen in einem klassischen Entwicklungsprozess, die speziell für ein Methodik-Team zu berücksichtigen und hilfreich sind, anbringen.

Phase Anforderungsanalyse

In dieser Phase sind die Anforderungen, die an ein modellbasiertes Requirements Engineering gestellt werden, genau aufzunehmen. Dazu gehören insbesondere die Evaluierungen von bestehenden Projekten im Unternehmensumfeld, die bereits Erfahrungen mit diesem Vorgehen oder auch nur den Modellierungswerkzeugen gemacht haben. Insbesondere Anforderungen aus den Bereichen Entwicklung und Testmanagement sind aufzunehmen. Beide können optimale Promoter für ein modellbasiertes Requirements Engineering im Unternehmen darstellen. Insbesondere die Kenntnisse bzgl. der Modellierung mit UML oder BPMN (aber auch mit ereignisgesteuerten Prozessketten) in den Fachbereichen sind in der Anforderungsanalyse zu ermitteln. Die im Unternehmen bisher eingesetzten Werkzeuge sind zu ermitteln, insbesondere die Werkzeuge für das Testmanagement und auch Projektmanagement[4].

---

4   Das Zusammenspiel zwischen Requirements Engineering und Projektmanagement haben wir bisher bewusst ausgeklammert und wollen wir auch nicht weiter vertiefen. Unsere Erfahrungen zeigen allerdings, dass, wenn ein modellbasiertes Requirements Engineering zum Tragen kommt, dieses sehr schnell gewisse Begehrlichkeiten bei einem Projektleiter erzeugt, der dann zum Beispiel eine Fortschrittskontrolle über den Entwicklungsstatus der einzelnen Use Cases in seinem Projektmanagementwerkzeug sehen möchte. Und schon hat das Methodik-Team eine weitere Schnittstelle zu betreuen.

Diese Phase wird hauptsächlich von einem Requirements Engineer durchgeführt. Unterstützt wird er von dem Architekten, der die ersten Überlegungen bzgl. der einzusetzenden Werkzeuge anstellen muss und auch deren Zusammenspiel mittels Prototypen überprüft. Das Ergebnis dieser Phase sollte eine abgestimmte Anforderungsdokumentation und eine Machbarkeitsstudie bzgl. der eingesetzten Werkzeuge sein[5].

Phase Design

In der Designphase ist die Architektur genau zu definieren und die eingesetzten Werkzeuge und deren Schnittstellen sind zu spezifizieren. In dieser Phase ist auch zu berücksichtigen, dass eine definierte Testumgebung bereitgestellt werden muss. Es sind die internen Prozesse abzustimmen und die Kommunikationswege innerhalb des Methodik-Teams sind festzulegen. Vom Architekten ist das Metametamodell zu definieren. Die Requirements Engineers können erste Metamodelle erstellen und auch die Modellierungsrichtlinie kann in einem ersten Wurf erstellt werden. Es ist zu empfehlen, auch ein IT-Konzept in dieser Phase zu erstellen. Dies beinhaltet eine genaue Beschreibung und Umsetzung der Anforderungen mit dem Modellierungswerkzeug. Daraus ergibt sich, dass alle Rollen in dieser Phase benötigt werden und genügend zu tun haben werden.

Phase Entwicklung

Diese Phase dient der Entwicklung der notwendigen Add-ins und der ausführlichen Definition der Metamodelle. Insbesondere sind die Modellierungsrichtlinie und die notwendigen Benutzerhandbücher zu erstellen. In dieser Phase kann der Test Engineer auch die Testobjekte definieren und die zugehörigen Testfälle erstellen. Als Informationsquelle dient ihm dazu das IT-Konzept, welches in der Designphase erstellt wurde.

Phase Test

Beim Testen ist darauf zu achten, dass nicht nur die Add-ins als Entwicklungsergebnisse zu testen sind. Wichtig ist auch ein ausführliches Prüfen der sonstigen, erstellten Artefakte, insbesondere der Modellierungsrichtlinie. So wie es in der Modellierungsrichtlinie beschrieben ist, muss es auch mit dem Modellierungswerkzeug abbildbar sein.

Phase Auslieferung

Bei der Erstauslieferung ist auf eine ausführliche Kommunikation zu achten. Notwendige Schulungen sollten kurzfristig angeboten werden. Es ist besonders wichtig, dass alle auszuliefernden Artefakte in der passenden Version gebündelt ausgeliefert werden, die Modellierungsrichtlinie sollte also mit dem Add-in korrekt abbildbar sein, die Konfigurationsdatei sollte zu dem Benutzerhandbuch passen.

Bei der Auslieferung von Erweiterungen ist zu berücksichtigen, dass eventuell Bereinigungsskripte gestartet werden müssen. Des Weiteren sollte sich das Methodik-Team bei größeren Änderungen nicht nur darauf verlassen, dass die Releasenotes gelesen werden.

---

5   Dies sind dann Beispiele für die internen Artefakte, die das Methodik-Team erstellt und die wir in der obigen Beschreibung der Artefakte ausgeklammert haben.

Hier ist es hilfreich, verbindlichere Kommunikationskanäle zu nutzen, z. B. zusätzlich angebotene Einweisungen über Telefonkonferenzen oder Schulungen etc.

6.3 Agiles Vorgehen

In dem Kapitel 2.3 haben wir uns bereits ausführlich mit dem agilen Vorgehen beschäftigt. Wenn sich das Methodik-Team nun entscheidet, agil vorzugehen, muss es die agilen Prinzipien umsetzen. Auch hier wollen wir nicht eine ausführliche Beschreibung eines agilen Vorgehens für unser Methodik-Team vorstellen. Auch da unterscheidet es sich nicht von vielen anderen agilen Projekten. Allerdings sind ein paar Hinweise, die speziell für unsere Thematik berücksichtigt werden sollten, angebracht.

Agile Projekte kennen nicht die ausführlichen Rollendefinitionen, wie wir sie für den klassischen Fall oben beschrieben haben. Nichts desto trotz werden in einem agilen Team (das Scrum-Team, wie oben definiert) die Kompetenzen, die sich hinter den Rollen verbergen, benötigt. Es ist also die Aufgabe eines agilen Methodik-Teams, sicherzustellen, dass alle notwendigen Kompetenzen im Team vorhanden sind. Bei Bedarf sind notwendige Schulungen zu organisieren. Wichtig in einem agilen Team ist die Unterscheidung zwischen Product Owner und Scrum Master. Im klassischen Vorgehen übernimmt der Teamleiter beide Aufgaben, also die Priorisierung der anstehenden Aufgaben und die Beachtung der Einhaltung der Teamregeln (auch diese gibt es im klassischen Vorgehen). In einem agilen Methodik-Team achtet der Scrum Master auf die Einhaltung der agilen Regeln. Der Product Owner ist zuständig für die Priorisierung der Anforderungen, die von den Requirements Engineers an die Methodik gestellt werden[6]. Eine wichtige Aufgabe, die der Product Owner zusätzlich übernehmen muss, ist die Kommunikation und Festigung des modellbasierten Requirements Engineerings im Unternehmen. Dies sollte nicht vom Scrum Master übernommen werden.

Die Vorteile eines agilen Vorgehens liegen in dem schnellen und kontinuierlichen Ausliefern von kleinen Inkrementen. Das, was bei dem klassischen Vorgehen in einem detaillierten Anforderungsdokument in der ersten Projektphase erstellt wird, wird in kleine grob definierte Anforderungen aufgeteilt und in einem Product Backlog verwaltet. Das Development-Team entscheidet sich dann, welche Anforderung aus dem Product Backlog jeweils in einem Sprint realisiert werden soll. Wir schauen uns dies jetzt an einem konkreten Beispiel an. Dafür verwenden wir wieder unser Beispielprojekt Urlaubsplaner und gehen davon aus, dass ein Add-in für das modellbasierte Requirements Engineering bereits im Einsatz ist. Ein Mitarbeiter aus dem Fachbereich hat nun die Idee, jeden modellierten Anwendungsfall um ein zusätzliches Attribut *Stakeholder* zu erweitern. Bei einem klassischen Vorgehen würden wir jetzt einen Change Request erstellen und diesen durch den Entwicklungsprozess schicken. Im agilen Fall passiert Folgendes:

1. Aufnahme der Idee als Backlog Item in den Backlog.
2. Priorisierung des Backlog Items durch den Product Owner.

---

[6] Auch hier bitte wieder beachten: Es geht nicht um die Anforderungen der Fachabteilungen an ein zu erstellendes Produkt o. ä., sondern um die Anforderungen an die Methodik.

3. Spezifizierung des Backlog Items durch das Development-Team.
4. Aufwandsschätzung des Backlog Items durch das Development-Team über Story Points.
5. Einplanung des Backlog Items in einem Sprint. Das Backlog Item wird dadurch zu einem Sprint Item.
6. Realisierung des Sprint Items im Sprint.
7. Abnahme des umgesetzten Sprint Items durch den Product Owner im Sprint Review.
8. Auslieferung des Sprint Releases, welches das Sprint Item enthält.

Entscheidend ist nun der Punkt 6: Um die Anforderung umzusetzen, sind mehrere Aktivitäten notwendig. Diese Einzelaktivitäten können als Tasks im Sprintboard eingeplant werden und von unterschiedlichen Teammitgliedern bearbeitet werden, je nachdem, wer die notwendigen Kompetenzen besitzt. Für unsere Beispielanforderung fallen einige Tasks an:

- Feinspezifikation der Anforderung. Ermittlung der Liste der möglichen Stakeholder, Namenskonvention der Stakeholder, Sortierung der Liste, Einzelzuweisung oder Mehrfachzuweisung etc.
- Anpassen das Metamodells *Anwendungsfallmodell*.
- Erweiterung des IT-Konzepts.
- Erweiterung der Programmierung (zumindest der Generierung der Plausibilisierungsmethoden, bzw. der Pflegeoberfläche).
- Erstellen der Testfälle.
- Anpassen der Modellierungsrichtlinie.
- Testen der neuen Funktionalität.
- Eventuell Benutzerhandbuch erweitern.
- Releasenotes erstellen.

Alle diese Punkte sind in einer Definition of Done aufzunehmen, um sie dann für jedes Sprint Item überprüfen zu können.

Wir haben uns nun in diesem Kapitel intensiv mit dem internen Aufbau des Methodik-Teams beschäftigt. Dabei haben wir, wie am Anfang formuliert, bewusst offengelassen, ob es sich wirklich um ein Team, ein Teilprojekt oder sogar um ein eigenständiges Projekt handelt. Diese Frage können wir auch nur in einem übergeordneten Zusammenhang klären, nämlich in welchem Gesamtkontext dieses Methodik-Team eingebunden ist.

7 Einsatzszenarien

Das im vorherigen Abschnitt beschriebene Methodik-Team kann auf unterschiedliche Art und Weise in einen Gesamtkontext eingebunden werden. Entweder wird dieses Team Teil eines Projekts, welches dann für dieses Projekt die Bereitstellung der notwendigen Programmierungen, Konfigurationen und Unterstützungsleistungen übernimmt, oder es wird als ein eigenständiger Service in einem Unternehmen etabliert. Über diesen Service haben dann Projekte die Möglichkeit, das modellbasierte Requirements Engineering als Produkt mit der entsprechenden Beratungsleistung zu beziehen. Bei dem projektbezogenen Einsatz ist zwischen klassischen und agilen Projekten zu unterscheiden, wobei auch das Methodik-Team, wie wir oben gesehen haben, sich selbst klassisch oder agil aufstellen kann. Die Abbildung 7.1 fasst die Kombinationsmöglichkeiten zusammen. Wenn wir im Folgenden vom Projekt reden, dann umfasst das auch die Möglichkeit eines Programms.

		Projekt		Service
		klassisch	agil	
Methodik Team	klassisch	kMkP	kMaP	kMS
	agil	aMkP	aMaP	aMS

Abbildung 7.1: Einsatzszenarien

- **kMkP**: Das Methodik-Team wird in einem klassisch strukturierten Projekt eingesetzt und unterliegt auch selbst diesem klassischen Vorgehen. Dieses Einsatzszenario werden wir weiter unten ausführlich besprechen, da es ein häufig anzutreffendes Szenario darstellt.
- **aMkP**: Dieses Szenario unterscheidet sich von dem ersten dadurch, dass sich das Methodik-Team für ein agiles Vorgehen in einem klassischen Projektvorgehen entschieden hat. Grundsätzlich ist dies ohne weiteres möglich, da die Releasezyklen eines agilen Teams deutlich kürzer sind als im klassischen Vorgehen. Für das Methodik-Team besteht nur die Herausforderung, die Artefakte, die in einem klassischen Vorgehen verlangt werden, auch zu erstellen und liefern zu müssen (z. B. Prozessbeschreibungen, Testkonzept etc.).
- **kMaP**: Dass sich in einem agilen Projektumfeld das Methodik-Team klassisch aufstellt, ist grundsätzlich nicht zu empfehlen. Dies dürfte zu schwerwiegenden Akzeptanzproblemen für das modellbasierte Requirements Engineering führen.
- **aMaP**: Dieses Szenario eines agilen Methodik-Teams in einem agilen Projektumfeld werden wir auch gleich ausführlich besprechen.

- **kMS, aMS**: Dem Einsatz des modellbasierten Requirements Engineerings als Service in einem Unternehmen oder auch als Dienstleistung eines Beratungsunternehmens werden wir ebenfalls einen eigenen Abschnitt widmen. Dabei ist die Unterscheidung ob klassisch oder agil in diesem Zusammenhang nicht mehr wichtig, bzw. es gelten die Argumente, die wir im Kapitel 6 angebracht haben. Das Methodik-Team wird bei einem angebotenen Service dann natürlich zu einem Projekt- bzw. Produkt-Team.

7.1 Modellbasiertes Requirements Engineering im klassischen Projektumfeld

Beim Aufsetzen der Aufbauorganisation eines größeren Projekts oder Programms, die sich dann in einem Organigramm des Projektes widerspiegelt, sind viele Aspekte zu berücksichtigen[1]:

- Einbettung des Projekts in die Gesamtorganisation.
- Umfang und Ziele des Projekts.
- Auslagerung von Aufgaben an externe Dienstleister.
- Schnittstellen zu anderen Systemen.
- Erfahrungen durch vorhergehende Projekte.
- Vorhandenes bzw. eventuell notwendig auszubauendes Wissen der Projektmitarbeiter.
- Befindlichkeiten von Abteilungsleitern oder sonstigen Betroffenen.

In den Abbildungen 7.2 und 7.3 haben wir zwei Idealtypen der klassischen Projektaufbauorganisation dargestellt. In der Realität werden die Projekte meistens eine Mischform aus den beiden Organigrammen darstellen. Wir wollen nicht auf die Vor- und Nachteile der beiden Projektaufbauorganisationen eingehen, dafür ist die Darstellung auch zu allgemein und wichtige Teilbereiche fehlen (so zum Beispiel Architektur, Betrieb etc.); aber uns interessieren ja auch nur der Zusammenhang und die Schnittstelle zu unserem Methodik-Team.

In der Abbildung 7.2 besteht das Projekt bzw. Programm aus mehreren Teilprojekten, die jeweils für sich für ein Teilsystem des gesamten Projektumfangs verantwortlich sind. Innerhalb eines jeden Teilsystems findet das Requirements Engineering, die Entwicklung und auch sämtliche Testaktivitäten statt. Das Methodik-Team ist ein eigenständiges Teilprojekt und unterstützt die anderen Teilprojekte bei deren Requirements Engineering. Die Herausforderung bei diesem Einsatzszenario besteht darin, die verschiedenen Requirements Engineers aus den einzelnen Teilprojekten unter einen Hut zu bekommen. In dieser Projektstruktur ist mit einem erhöhten Abstimmungsbedarf zu rechnen. Es besteht die Gefahr, dass Konflikte zwischen den Teilteams in die Methodik ausgelagert werden. Es muss frühzeitig genau festgelegt werden, welche Bereiche im fachlichen Modell von welchem Teilprojekt bearbeitet werden dürfen. Insbesondere die fachlichen Schnittmengen (zum Beispiel gemeinsam verwendete Geschäftsobjekte oder Datentypen) zwischen den

---

1 Ausführlicher siehe Johannsen, A.; Kramer, A. (2017).

Teilprojekten müssen identifiziert werden und die Verantwortlichkeit eindeutig geklärt sein. Es kann sinnvoll sein, die fachlichen Modelle aus der Schnittmenge in die Verantwortlichkeit des Methodik-Teams zu übergeben. Damit wird aber das Methodik-Team auch verantwortlich für die fachliche Modellierung der Anforderungen.

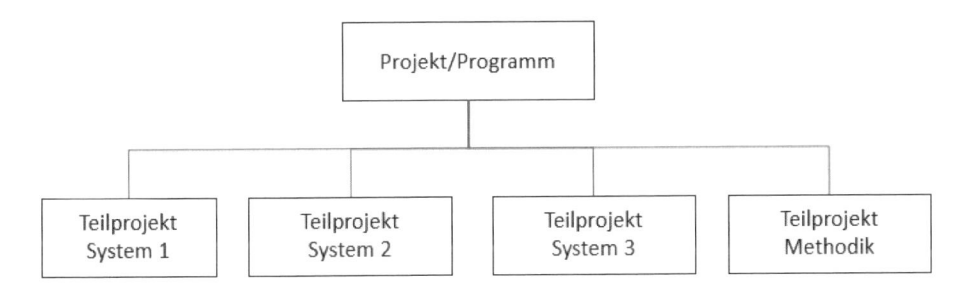

```
                    Projekt/Programm
         ┌──────────┬──────────┬──────────┐
    Teilprojekt  Teilprojekt  Teilprojekt  Teilprojekt
     System 1    System 2    System 3    Methodik
```

Abbildung 7.2: Klassisches Einsatzszenario 1

Diese Probleme versucht das Organigramm aus Abbildung 7.3 zu umgehen, indem es ein dediziertes Team für Requirements Engineering (kurz „Requirements-Team") als Teilprojekt gibt. Dieses Team ist dann als Ganzes für die fachliche Modellierung der Anforderung verantwortlich. Das Methodik-Team kann sich dann auf einen Ansprechpartner einstellen und es besteht nicht die Gefahr, dass es zwischen den Teilprojekten zerrieben wird. Unsere Empfehlung ist somit, dass bei dem Aufbau eines Projektes oder eines Programmes das Requirements Engineering möglichst in einem Teilprojekt gebündelt werden sollte. Man sollte aber niemals so weit gehen und beide Thematiken in einem Teilprojekt zusammenzufassen, also ein gemeinsames Teilprojekt für das Requirements Engineering und die Methodik.

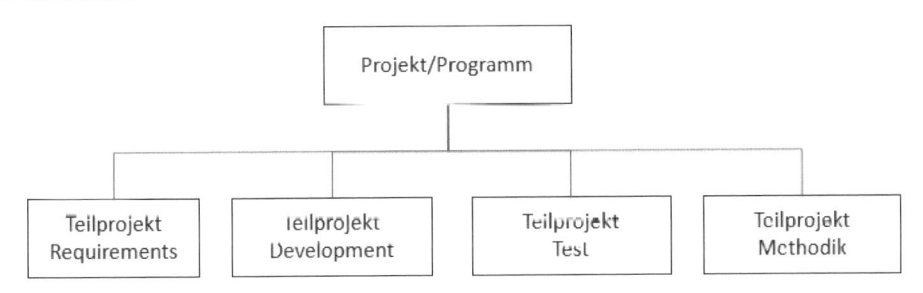

```
                    Projekt/Programm
         ┌──────────┬──────────┬──────────┐
    Teilprojekt  Teilprojekt  Teilprojekt  Teilprojekt
    Requirements Development    Test       Methodik
```

Abbildung 7.3: Klassisches Einsatzszenario 2

Dem aufmerksamen Leser ist jetzt vermutlich ein kleiner Widerspruch in den Ausführungen aufgefallen. Zumindest ist jetzt nicht mehr ganz klar, zu welchem Teilprojekt denn nun die Requirements Engineers zugeordnet werden. In Kapitel 6 haben wir argumentiert, dass die Rolle des Requirements Engineers und damit auch seine Kompetenzen ein notwendiger Bestandteil des Methodik-Teams sind. In diesem Kapitel verorten wir sie mehr in den Teilprojekten (Abbildung 7.2) oder in genau einem Teilprojekt (Abbildung 7.3). Dieser Widerspruch lässt sich allerdings leicht auflösen. In allen angesprochenen Teilprojekten werden Requirements Engineers benötigt. In dem Methodik-Team liegt dabei der Schwerpunkt mehr auf der methodischen Seite, während er in den anderen Teilprojekten mehr auf der fachlichen Seite und somit der Aufnahme und Dokumentierung der fachlichen Anforderungen liegt. Es bleibt nun dem konkreten Projekt überlassen, für diese beiden Schwerpunkte unterschiedliche Rollen zu definieren, zum Beispiel einen fachlichen und einen methodischen Requirements Engineer, oder die Rolle des Business-Analysten wird für die fachliche Seite wieder eingeführt.

7.2 Modellbasiertes Requirements Engineering im agilen Projektumfeld

Zum Thema agile Methoden und Vorgehensweisen lässt sich sehr viel sagen. Eine umfassende Kritik der agilen Vernunft steht noch aus, ist aber nach der Meinung der Autoren dringend von Nöten. Dies können und wollen wir aber nicht mit diesem Buch leisten. Die agilen Methoden, entwickelt und gereift in kleinen Projekten, haben eine sehr steile Erfolgsgeschichte vorgelegt und werden seit längerem auch in größeren Projekten eingesetzt. Was sich bei den agilen Methoden unbestritten als Vorteil herausgestellt hat, ist der Fokus auf die kurzen Kommunikationswege und die Etablierung des Verständnisses von sich selbstorganisierenden Teams[2]. Da die agilen Ideen hauptsächlich in den Köpfen von professionellen Softwareentwicklern gereift sind, wurden auch viele technische Probleme und deren Lösungen im agilen Umfeld entwickelt. Hier sei insbesondere auf das testgetriebene Vorgehen[3] (siehe oben) und das Continuous-Integration-Thema[4] (siehe unten) hingewiesen.

Aber spätestens seit dem Einsatz von agilen Vorgehensweisen in größeren Projekten geraten klassische Themen, wie Requirements Engineering, Testmanagement, Softwarearchitektur etc. wieder mehr in den Fokus. Mit dem Thema Testmanagement (oder besser Test Engineering) haben wir uns weiter oben kurz auseinandergesetzt[5]. In diesem Kapitel soll der Schwerpunkt auf dem Requirements Engineering in agilen Projekten liegen. Es gibt zwei Fachbücher, die das Thema nahezu umfassend behandeln und die wir auch den Lesern, die im agilen Umfeld aktiv sind, ausdrücklich zur Lektüre empfehlen möchten[6]. Zum einen ist aus dem deutschsprachigen Raum das Buch „Requirements Engineering für die agile Softwareentwicklung" zu nennen.[7] In diesem Buch wird auch die im Kapitel 2.2.2 dargestellte Vorgehensweise im agilen Kontext vorgestellt und detailliert beschrieben. Zum anderen empfehlen wir das englischsprachige Buch „Agile Software Requirements"[8],

---

2   Für eine ausführliche Diskussion dieser Aspekte siehe Kapitel 10.3.
3   Siehe Beck, K. (2002).
4   Siehe Duvall, P. (2007).
5   Vom ISTQB wird eine Agile-Tester-Extension-Zertifizierung angeboten. In dieser zweitägigen Schulung wird versucht, die beiden Welten der agilen und klassischen Testmethodiken zusammenzuführen. Dies führt teilweise zu sehr diskussionswürdigen Schulungsinhalten. Siehe auch Linz, T. (2016) und ISTQB-Agile.
6   Dies soll natürlich nicht die Lektüre dieses Buches ersparen, da wir in diesem Buch das Spezialthema modellbasiertes Requirements Engineering behandeln, welches in den genannten Fachbüchern nicht abgehandelt wird.
7   Siehe Bergsmann, J. (2014).
8   Siehe Leffingwell, D. (2010).

indem ausdrücklich für größere Projekte ein modellbasiertes Requirements Engineering empfohlen wird, zu der Umsetzung dann allerdings auch wenig bis keinen Inhalt liefert. Somit bleibt die Aufgabe, das modellbasierte Requirements Engineering in einem agilen Projektkontext zu verankern, den folgenden Ausführungen überlassen.

Wie wir oben im Kapitel 2.3 gesehen haben, haben wir es im agilen Umfeld mit den Artefakten *Epic* und *User Stories* zu tun. Repräsentieren diese Artefakte aus dem agilen Umfeld nun unsere Requirements? Erste einfache Antwort: Ja, das kann ein Projekt so handhaben. Dies würde bedeuten, dass unser Metamodell aus Epics und User Stories besteht. In dem Buch „Agile Software Requirements" wird so ein Metamodell auf den ersten 100 Seiten entwickelt (Abbildung 7.4). An diesem Metamodell kann jetzt sehr schön verdeutlicht werden, wieso diese scheinbar einfache Lösung für unsere Zwecke nicht zielführend ist. Was bedeutet denn die Klasse *Other Work Item* anderes, als dass auch die restlichen Klassen eigentlich Arbeitspakete sind? Und genau so werden sie auch in agilen Projekten verstanden, als Arbeitspakete. Aber damit vermischen wir unsere Requirements mit Arbeitspaketen. Wir werden irgendwann dazu gezwungen, unsere Requirements so zu schneiden, dass sie als Arbeitspakete abgearbeitet werden können. Des Weiteren geht auch die Traceability von Anforderungen verloren. Und Arbeitspakete sind irgendwann abgearbeitet, sie interessieren dann eigentlich nicht mehr, was für unsere Requirements nun ganz und gar nicht gilt. Requirements behalten ihre Gültigkeit und können als nachhaltige Dokumentation einer Anwendung verwendet werden.

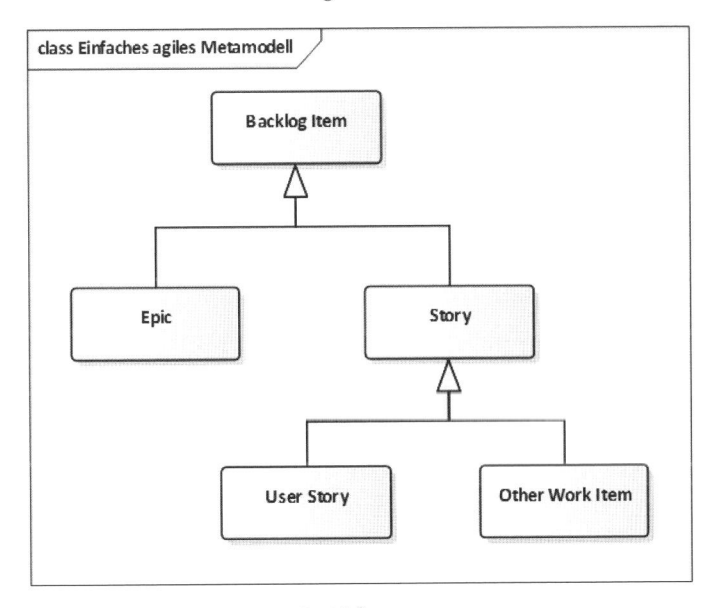

Abbildung 7.4: (Einfaches) Metamodell im agilen Projekt[9]

Somit ist unsere Empfehlung, zwischen Requirements und agilen Arbeitspaketen, ob sie nun Epics, Stories oder auch Tasks genannt werden, strikt zu unterscheiden. Dies ist

---

9   Siehe Leffingwell, D. (2010), S. 61 und 91.

auch ein Hauptkritikpunkt der Autoren, dass in der vielfältigen Fachliteratur zu agilen Themen genau diese Vermischung stattfindet. Viele Projekte realisieren ihr Requirements Engineering mit agilen Projektmanagementwerkzeugen[10]. Dies mag in kleinen Projekten funktionieren, aber nicht in größeren. Abbildung 7.5 skizziert diese Überlegungen, ohne dass wir uns jetzt groß an die Modellierungsvorgaben für Metamodelle halten[11]. Ist ein Requirement soweit spezifiziert, dass es entwickelt werden kann, so wird es einem Epic in einem Projektmanagementwerkzeug zugeordnet. Das agile Team ist dann verantwortlich, dieses Epic in weitere User Stories oder Tasks aufzuteilen und eventuell in mehreren Sprints zu realisieren.

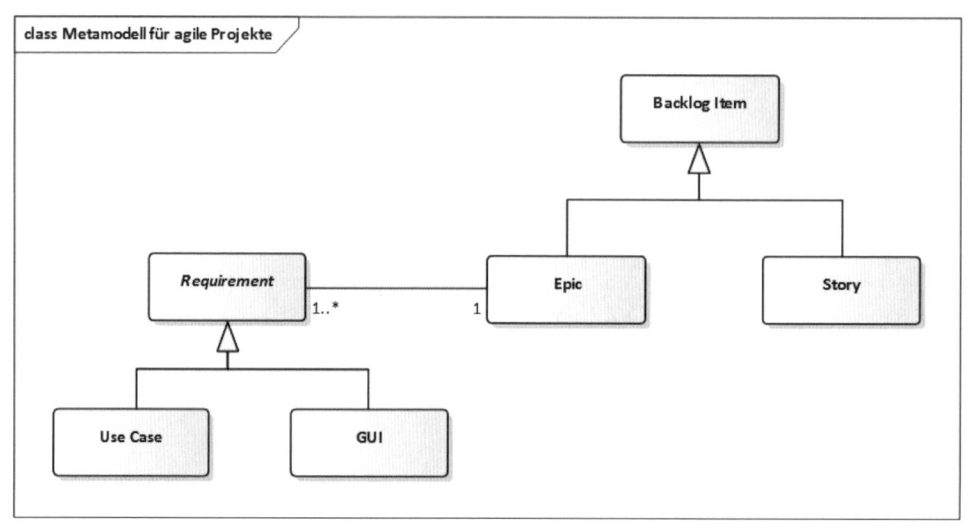

Abbildung 7.5: Metamodell für agile Projekte

Soweit zur Theorie. In der Praxis besteht aber in größeren agilen Projekten das Problem, dass wir es mit mehreren agilen Teams zu tun bekommen. Dies ist schlichtweg der agilen Regel geschuldet, dass zum Beispiel ein Scrum-Team nicht aus mehr als sieben Teammitgliedern bestehen sollte. Nach einer weiteren Regel sollte auch jedes Scrum-Team einen eigenen Product Backlog besitzen. In großen agilen Projekten müssen wir also mehrere Scrum-Teams mit jeweils eigenen Backlogs und somit auch eigenen Backlog Items managen, bzw. müssen sich die Teams selber managen (Stichwort: Selbstorganisation). In der Fachliteratur werden aktuell zwei Möglichkeiten diskutiert, wie sich diese Teams aufstellen können. Wir werden kurz beide Möglichkeiten vorstellen und im Hinblick auf die Integration des modellbasierten Requirements Engineering mit einem eigenen Methodik-Team bewerten. Wie auch im klassischen Projektumfeld stellen beide Möglichkeiten zwei Idealtypen dar, die so im agilen Projektumfeld vermutlich nie zum Einsatz kommen. Auch hier ist die konkrete Ausprägung der agilen Projektstruktur abhängig von persönlichen Befindlichkeiten der Projekt- bzw. Programmverantwortlichen, von den

---

10 Und nichts Anderes ist zum Beispiel Jira (siehe Jira): Ein agiles Projektmanagementwerkzeug.
11 Eine mögliche Implementierung der Schnitttstelle zwischen Requirements und Epics ist in Kapitel 10.1 zu finden.

bisherigen agilen Erfahrungen im Unternehmen, sowie die interne Organisationsstruktur des Unternehmens etc.

Die entscheidende Frage, um die es dabei geht, ist: Gibt es ein zentrales, teamübergreifendes Backlog, aus dem sich dann alle Teams bedienen, oder nicht? Gibt es kein zentrales Backlog, so bietet sich die agile Projektstruktur aus Abbildung 7.6 an. In diesem Szenario pflegt jedes Team seinen eigenen Backlog. Dies ist meistens dann zielführend, wenn jedes Team für ein eigenständiges Teilsystem der kompletten Anwendung verantwortlich ist[12]. Zusätzlich gibt es ein Team, welches die Requirements erstellt und verwaltet und natürlich unser Methodik-Team. Je nach Größe des Projekts ist es empfehlenswert, dass Requirements und das Methodik-Team zusammenzulegen. Für teamübergreifenden Abstimmungsbedarf und als Eskalationsinstanz wird dann ein Scrum of Scrums installiert. Dieses Team besteht im Prinzip aus Abgeordneten (oder auch Botschafter genannt) aus den jeweiligen Scrum-Teams. Anzumerken ist, dass selbstverständlich jedes Team seinen eigenen Scrum Master und seinen eigenen Product Owner besitzt.

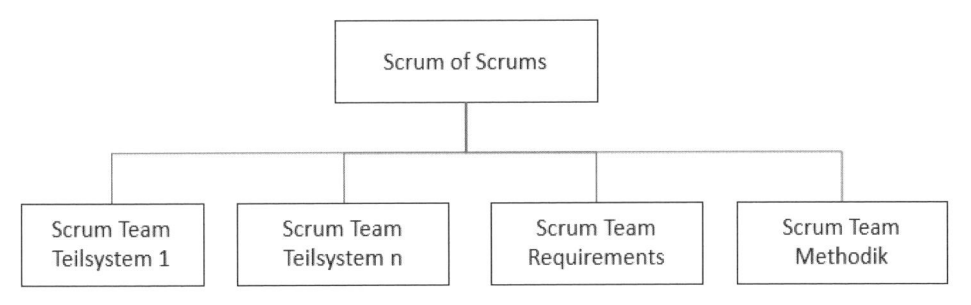

Abbildung 7.6: Agiles Einsatzszenario 1

Was ergibt sich aus dieser Projektkonstellation für unser Methodik- bzw. Requirements-Team? Das Methodik-Team kann relativ unabhängig von den anderen Teams arbeiten. Seine Backlog Items beziehen sich nur auf die Methodik und diese können entsprechend der Priorisierung des Product Owners (wohlgemerkt des Product Owners des Methodik Teams) umgesetzt werden. Komplizierter wird es für die Scrum-Teams, die ein Teilsystem umsetzen müssen. Diese müssen über fertiggestellte Requirements informiert werden, sodass diese in ihr Backlog einfließen und von dem jeweiligen Product Owner bewertet und priorisiert werden können. Dies muss organisatorisch oder über Automatismen sichergestellt werden.[13] Wird ein Requirement dann in ein Scrum-Team eingesteuert, so muss das Team bewerten, welche Aufgaben aus diesem Requirement für das Team abgeleitet werden können. Der Vorteil dieser agilen Projektstruktur liegt darin, dass externe Stakeholder, die fachliche Anforderungen an das Gesamtsystem haben, einen konkreten Ansprechpartner haben, nämlich den Product Owner aus dem Requirements-Team. Die

---

12 Dies ist häufig in Unternehmen der Fall, in denen diese Teams und deren Teilsysteme schon länger existieren, noch bevor überhaupt agile Themen akut wurden. Es ist dann meistens schwierig diese Teams auseinanderzureißen.
13 Im Anhang werden wir eine automatisierte Schnittstelle für diesen Prozess vorstellen.

Scrum-Teams für die Teilsysteme sind somit erstmal relativ unabhängig von fachlichen Themen.

In der Abbildung 7.7 ist nun ein Szenario für eine Projektstruktur abgebildet, in der es genau ein federführendes Backlog gibt. Damit wird kein eigenes Requirements-Team mehr notwendig, da dieses in dem sogenannten Nexus-Team aufgeht. Bei Nexus handelt es sich um eine Erweiterung des Scrum-Rahmenwerkes für größere Projekte mit mehreren Teams, also wie geschaffen für unsere Problemstellung. Allerdings basiert Nexus auf diesem Grundprinzip des einen, federführenden Backlogs, welches wir in dem ersten agilen Szenario nicht zwangsläufig voraussetzen mussten.[14] Die einzelnen Scrum-Teams werden in diesem Szenario auch nicht automatisch mit den Requirements versorgt, sondern jedes Scrum-Team zieht sich bei Bedarf ein fertiggestelltes Requirement aus dem Backlog des Nexus-Teams.

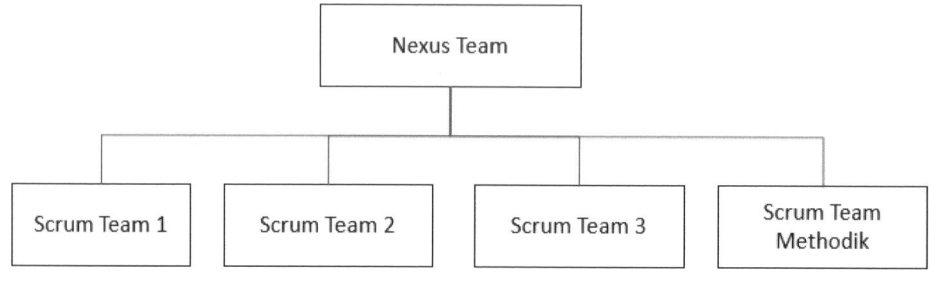

Abbildung 7.7: Agiles Einsatzszenario 2

Bei diesem Einsatzszenario ist Folgendes zu beachten: Ein Scrum-Team ist nicht mehr verantwortlich für ein Teilsystem, sondern für die Funktionsfähigkeit eines von ihm realisierten Requirements (oder eines Bündels von Requirements, je nachdem wie das Backlog Item definiert ist). Die Teams sind also anders zusammengesetzt als im ersten Szenario. Im Prinzip muss in jedem Scrum-Team ein Mitarbeiter aus den Teilsystemen, aus dem das Gesamtsystem besteht, vorhanden sein. Das Methodik-Team ist auch wie im ersten Fall recht unabhängig vom gesamten Projekt. Für die externen Stakeholder stellt sich das Problem, dass sie eventuell unterschiedliche Ansprechpartner haben. Der Vorteil dieses Szenarios liegt darin, dass nicht unbedingt jedes Requirement genau ausspezifiziert sein muss, bevor es in die einzelnen Teams geht. Die Feinspezifikation eines Requirements kann den Teams überlassen bleiben. Dies bedeutet aber auch, dass die einzelnen Teams die notwendigen Kompetenzen eines fachlichen Requirements Engineers (oder auch Business-Analysten, wie wir sie weiter oben definiert haben) besitzen. Diese sind im ersten Szenario nicht notwendig.

Continuous Integration

An dieser Stelle ist es langsam angebracht, das Thema Continuous Integration anzusprechen. Im agilen Umfeld wird von Continuous Integration genau dann gesprochen, wenn der von einem Entwickler in seiner lokalen Entwicklungsumgebung erstellte Quellcode nach dem Einchecken in einen gemeinsamen Entwicklungsstand auf einem Integrations-

---

14 Für eine ausführliche Beschreibung des Nexus-Rahmenwerks siehe Nexus Guide.

server sofort auf Korrektheit geprüft wird. Dies geschieht durch eine sofortige Kompilierung des Quellcodes und der anschließenden Ausführung aller existierenden automatisierten Tests. Scheitert die Kompilierung bzw. die Testdurchführung, so bekommt der Entwickler einen Hinweis und der defekte Quellcode wird aus dem Gesamtstand auf dem Integrationsserver wieder entfernt.[15] Wird dieser Prozess so erweitert, dass in regelmäßigen Abständen auslieferbare Produktversionen erzeugt werden können, so spricht man von Continuous Delivery[16].

Bei dem modellbasierten Requirements Engineering haben wir es aber nicht mit Quellcode zu tun, sondern mit Modellen. Und wir arbeiten nicht mit einer Entwicklungsumgebung, sondern mit einem Modellierungswerkzeug. Allerdings haben wir in Kapitel 3.4.9 schon gesehen, dass ein Modellierungswerkzeug mit einem Versionierungswerkzeug (das wäre dann unser Integrationsserver, wie er in der Entwicklung definiert ist) verbunden werden kann. Somit haben wir alle Bausteine für einen Continuous-Integration-Prozess bzgl. der fachlichen Modellierung von Anforderungen bei der Hand.

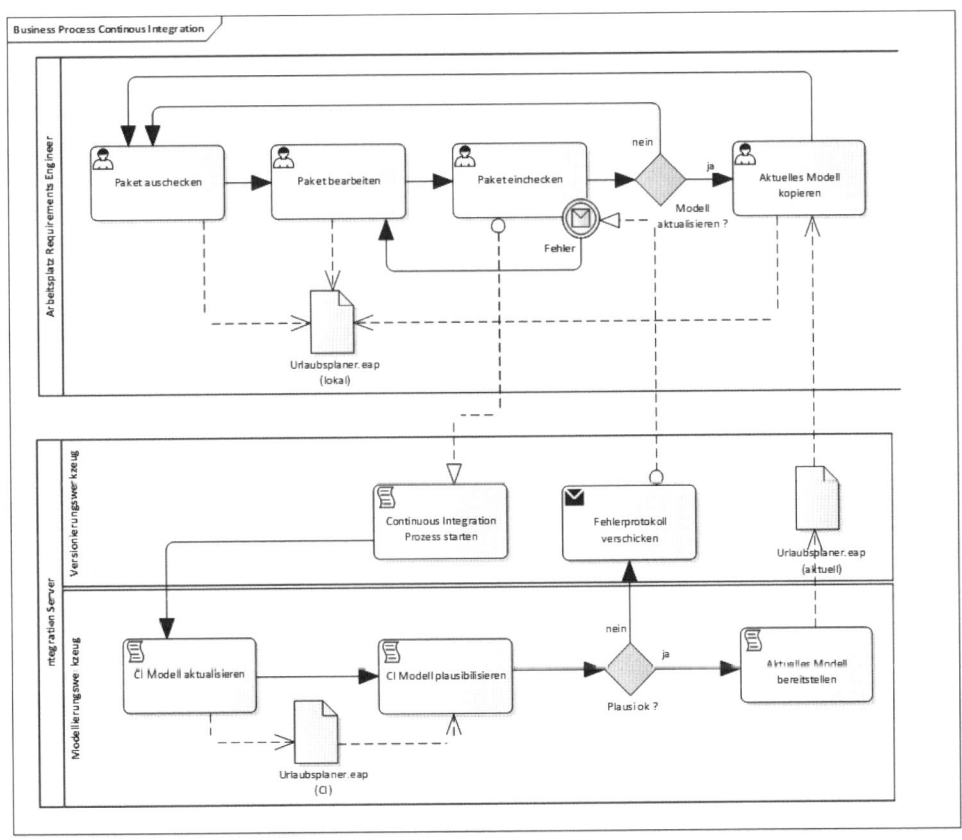

Abbildung 7.8: Continuous-Integration-Prozess

---

15 Für eine ausführliche Erklärung siehe Duvall, P. (2007).
16 Auch das Thema gibt es ausführlicher: Siehe Humble, J.; Farley, D. (2010).

Schauen wir uns den Ablauf in der Abbildung 7.8 ein wenig genauer an:

1. Wir gehen davon aus, dass jeder Requirements Engineer mit einer lokalen Kopie des Modells auf seinem Arbeitsplatzrechner arbeitet (Datenobjekt: *Urlaubsplaner*.eap (lokal)).
2. Wenn ein Requirements Engineer nun eine zusätzliche Anforderung in das Modell integrieren möchte, muss er als erstes das Paket, in welchem er die Änderungen eintragen will, aus dem Versionierungswerkzeug auschecken. Somit wird dieses Paket im EA als änderbar gekennzeichnet (Aktivität: Paket auschecken).
3. Der Requirements Engineer pflegt nun seine Änderungen in das lokal vorliegende Modell ein (Aktivität: Paket bearbeiten).
4. Sind die Änderungen abgeschlossen und der Requirements Engineer ist der Meinung, dass diese Änderungen nun in das Gesamtmodell integriert werden können, so checkt er das Paket mit den Änderungen ein (Aktivität: Paket einchecken). Damit stößt er den Continuous-Integration-Prozess an.
5. Auf dem Integrationsserver existiert ein Gesamtmodell, in dem alle Änderungen der Requirements Engineers integriert werden (Datenobjekt: *Urlaubsplaner.eap* (CI)). Die eingecheckten Änderungen des Requirements Engineers werden nun automatisch in dieses Gesamtmodell integriert.
6. Dieses neue Gesamtmodell wird mit den Plausibilisierungsroutinen überprüft. Damit wird sichergestellt, dass sich der Requirements Engineer an die Modellierungsrichtlinien gehalten hat (Aktivität: CI Modell plausibilisieren).
7. Wenn diese Überprüfung nicht erfolgreich war, wird der Requirements Engineer über ein Fehlerprotokoll informiert (Aktivität: Fehlerprotokoll verschicken) und das Einchecken wird abgebrochen. Somit hat der Requirements Engineer die Möglichkeit, die Modellierungsfehler zu korrigieren (Aktivität: Paket bearbeiten), um anschließend den Eincheckvorgang erneut zu starten.
8. War das Plausibilisieren erfolgreich, so wird ein aktuelles Gesamtmodell auf dem Integrationsserver für alle Requirements Engineers bereitgestellt (Aktivität: Aktuelles Modell bereitstellen, Datenobjekt: *Urlaubsplaner.eap* (aktuell)). In diesem Fall sollte auch der HTML-Export automatisch aktualisiert werden. Auch die generierten Dokumente aus dem Modell können in aktuellen Versionen von dem Integrationsserver bereitgestellt werden.
9. Abschließend hat der Requirements Engineer die Möglichkeit, weiter auf seiner lokalen Kopie des Modells zu arbeiten oder sich bei Bedarf eine aktuelle Version vom Integrationsserver zu kopieren (Aktivität: Aktuelles Modell kopieren, Datenobjekt: *Urlaubsplaner.eap* (aktuell)). Diese aktuelle Version beinhaltet dann auch alle Änderungen, die von anderen Requirements Engineers am Modell getätigt wurden (und die die Plausibilisierungen überstanden haben).

7.3 Modellbasiertes Requirements Engineering als Service

Bisher haben wir uns mit den Integrationsmöglichkeiten eines Methodik-Teams in unterschiedliche Projektstrukturen auseinandergesetzt. In diesem Abschnitt geht es darum, wie das modellbasierte Requirements Engineering als Service für Projekte angeboten werden kann. Dabei sind zwei Ausprägungen zu unterscheiden: Modellbasiertes Requirements Engineering als Service innerhalb eines Unternehmens, der von Projekten oder Programmen im Unternehmen genutzt werden kann, oder als Service eines Unternehmens, der von anderen Unternehmen auf dem Markt genutzt werden kann. Wir sprechen in diesem Fall auch von Dienstleistung. Beginnen wir mit der ersten Ausprägung.

Modellbasiertes Requirements Engineering als Service innerhalb eines Unternehmens

In diesem Fall sollte das Methodik-Team in den Unternehmensbereich eingegliedert werden, der auch für die Standardisierung und Vereinheitlichung der Softwareentwicklung verantwortlich ist. Der Vorteil ist dann, dass über das Methodik-Team eine einheitliche Werkzeuglandschaft propagiert werden kann: Ein Projekt, welches den Service nutzt, muss dann auch die Werkzeuge einsetzen, die von der Methodik unterstützt bzw. angeboten werden. Gleichzeitig kann eine einheitliche Methodik und Vorgehensweise durchgesetzt werden, dies insbesondere dann, wenn es nicht bei dem modellbasierten Requirements Engineering bleibt, sondern dieser modellbasierte Ansatz auch auf das Test Engineering und die Entwicklung ausgeweitet werden soll.

Ein weiterer Vorteil besteht in der Möglichkeit, unternehmensweit gültige fachliche Modelle zu erstellen. Dies gilt insbesondere für das Geschäftsobjektmodell, mit dem ein abteilungsübergreifendes Verständnis der Begrifflichkeit (in Form von Geschäftsobjekten und deren Attributen) der Geschäftsdomäne hergestellt werden kann. Mit Kontextdiagrammen wird es möglich, sämtliche Systeme mit ihren Schnittstellen abzubilden. Die Metamodelle können dann auch dahingehend erweitert werden, dass ein vollständiger Bebauungsplan der Hard- und Software eines Unternehmens abgebildet werden kann[17].

Die Herausforderungen bei diesem Vorgehen sind:

- Akzeptanz: Die Akzeptanz für diese Methodik ist selbstverständlich in allen Einsatzszenarien wichtig; bei dem Einsatz als Service muss dieser Punkt allerdings besonders berücksichtigt werden. Es muss eine unternehmensweite breite Unterstützung für dieses Vorgehen sichergestellt werden. Es muss auch frühzeitig entschieden werden, ob das Vorgehen für Projekte verpflichtend ist oder nicht.

- Architektur. Wird ein Modell für das gesamte Unternehmen erstellt, so wird eine stabile, wartbare und nachhaltige Architektur immens wichtig. Architekturschwächen können in Projekten über den schnellen Dienstweg adressiert und behoben werden. In diesem Servicemodell geht das dann nicht mehr. Es darf dabei nicht vergessen werden, dass Änderungen an der Methodik (und somit Änderungen an der Implementierung unserer Add-ins) immer an alle Projekte im Unternehmen ausgerollt werden müssen, die die Methodik einsetzen.

- Schulungen: Dies bedeutet auch, dass verstärkt auf professionelle Schulungen wert gelegt werden muss und auch immer genügend Requirements Engineers zur Verfügung stehen, um die Projekte aktiv durch Modellierung zu unterstützen oder Projektmitar-

---

17 Dadurch kann ein Werkzeug (für den Bebauungsplan) und ein Medienbruch eingespart werden.

beiter bei der Modellierung zu coachen.[18] Auch dieser Austausch geht bei dem Einsatz der Methodik innerhalb eines Projekts viel schneller.

Modellbasiertes Requirements Engineering als Service/ Dienstleistung eines (Beratungs-)Unternehmens

In diesem Fall unterscheiden wir zwei Ausprägungen.

1. Der Service bzw. die Dienstleistung wird nur als Beratungsleistung angeboten. Dies bedeutet, das Unternehmen bietet Berater mit den notwendigen Kompetenzen an, die dann ein anderes Unternehmen bei dem Aufbau eines modellbasierten Requirements Engineering in deren Unternehmen unterstützen. Diese Unterstützung kann für jedes oben beschriebene Einsatzszenario angeboten werden.
2. Das Unternehmen erstellt selber ein Add-in für ein Modellierungswerkzeug, welches von anderen Unternehmen gekauft und eingesetzt werden kann, natürlich mit dem entsprechenden zusätzlichen Beratungsangebot.

Diesen zweiten Fall müssen wir uns noch ein wenig genauer ansehen. Die Entwicklung eines Add-ins bedeutet erst mal einen sehr hohen Investitionsaufwand für ein Unternehmen. Insbesondere dann, wenn es dieses Add-in nicht für eigene Projekte einsetzt, sondern an potenzielle Kunden auf dem Markt verkaufen will. Da sich jeder Kunde in seinem eigenen Umfeld bewegt, muss das Add-in hochgradig generisch konzeptioniert sein, sodass auf spezielle Kundenwünsche schnell und flexibel reagiert werden kann. Es ist vermutlich auch nicht ratsam, sich auf ein konkretes Modellierungswerkzeug festzulegen, da dadurch der Service nur in Verbindung mit diesem Werkzeug angeboten und verkauft werden kann. Dies erhöht den Investitionsaufwand noch zusätzlich. Wir können an dieser Stelle jetzt keine vollständige Investitionsrechnung für die Entwicklung eines solchen Produkts liefern[19], aber einige wichtige Fragen, die in einer ersten Klärungsphase zu beantworten sind, seien aufgezählt:

Wie ist das Interesse am Markt? In einem ersten Schritt ist selbstverständlich eine Marktanalyse durchzuführen. Es sind Unternehmen zu untersuchen, die bereits Erfahrungen mit einem modellbasierten Requirements Engineering gemacht haben. Was sind oder waren die Erfahrungen? Woran sind Projekte gescheitert? Welche Werkzeuge wurden eingesetzt? Hat sich die Nachfrage nach einem modellbasierten Vorgehen durch aktuelle Themen, wie Digitalisierung, Internet of Things etc. geändert? Haben die Unternehmen Interesse an Standardlösungen? Kann eine Standardlösung überhaupt nutzbringend eingesetzt werden, oder sind die Unternehmen so speziell aufgestellt, dass immer mit einem sehr hohen Änderungsaufwand an einer Standardlösung gerechnet werden muss?

Welche Werkzeuge sollen bedient werden? Für dieses Buch haben wir den Enterprise Architect verwendet. Aber dieser ist nur ein Werkzeug unter vielen. Für die Erstellung eines Produkts sind eine ausführliche Marktanalyse der potenziellen Werkzeuge und deren Einsatz in den Unternehmen notwendig. Sind mehrere Werkzeuge zu bedienen,

---

18 Für ein ausführliches Schulungskonzept für das Requirements Engineering siehe Krallmann, A. (2017).
19 Im Folgende sprechen wir jetzt von einem zu entwickelndem Produkt oder auch einer Standardlösung, da der Begriff eines Add-ins die Problemstellung nicht mehr adäquat beschreibt.

so hat dies Auswirkungen auf unser Metametamodell. Dies muss dann in einem ersten Schritt viel generischer konzeptioniert werden, um dann in einem zweiten Schritt auf unterschiedliche Werkzeuge angepasst werden zu können.

Welche weiteren Werkzeuge sollen über Schnittstellen bedient werden? Wir haben oben schon mehrere Schnittstellen angesprochen. Die Schnittstelle zu einem Testmanagementwerkzeug haben wir dabei ausführlich betrachtet. Aber auch Schnittstellen zu Projektmanagementwerkzeugen können über ein modellbasiertes Requirements Engineering bedient werden. Vielleicht sind Schnittstellen zu Entwicklungswerkzeugen notwendig. Dieses ist alles genau zu untersuchen und bei der Konzeption eines Produkts zu berücksichtigen; also welche Schnittstellen sollen bedient werden und dann, welche Werkzeuge kommen pro Schnittstelle in Frage?

Soll eine feste Methodik vorgegeben werden? Das Vorgehen bei unserem Urlaubsplaner war nur eine mögliche Methodik für das modellbasierte Requirements Engineering unter vielen. Bei einer Standardlösung ist festzulegen, ob genau diese Methodik abgebildet werden soll, eine andere oder sogar mehrere unterschiedliche Methodiken zur Auswahl stehen sollen. Es ist auch möglich, nur ein Rahmenwerk zur Verfügung zu stellen, welches von einem Unternehmen entsprechend des gewünschten Vorgehens konfiguriert oder angepasst werden kann.

Sind alle diese Fragen geklärt, so können abschließend die notwendigen Beratungsleistungen definiert werden, die mit dem Produkt angeboten werden sollen.

8 Change-Management-Prozess

„Change Management heißt, Strukturen, Prozesse und Verhaltensweisen tief greifend verändern. In Theorie und Praxis wurden dafür viele Modelle und Methoden entwickelt. Denn meistens wollen Führungskräfte und Mitarbeiter am Bestehenden festhalten. Erst in der Krise, wenn es gar nicht anders geht, kommt die Veränderung. In der Praxis scheitern viele Change-Management-Projekte, weil Rahmenbedingungen nicht beachtet und Regeln nicht eingehalten werden. Dann ist der Widerstand der Betroffenen groß."[1]

Was hat das modellbasierte Requirements Engineering mit Change Management zu tun?

Das modellbasierte Requirements Engineering bedeutet für viele Unternehmen organisatorisch interne Anpassungen, um die notwendigen Voraussetzungen und Rahmenbedingungen zu schaffen. Stringentes methodisches Vorgehen hat Regeln und Beteiligte, die das entsprechende Know-how besitzen. Verbindlichkeit und die gezielte Unterstützung des Managements sind entscheidende Einflussfaktoren für die erfolgreiche Umsetzung, damit notwendige Entscheidungen zeitnah getroffen, die methodischen Vorgehensweisen und damit verbundene Rahmenbedingungen vom Management mitgetragen und unterstützt werden.

Das methodische Vorgehen zum modellbasierten Requirements Engineering muss im Unternehmen auf verständliche und operativ nachvollziehbare Art dokumentiert sein. Es wird unternehmensintern abgestimmt und durch das Management als verbindlich anzuwenden definiert. Hilfreich ist es, operative Handlungsanleitungen zu erstellen, die dann von den Beteiligten im Projekt konkret verwendet werden können.

Parallel dazu ist, sofern noch nicht vorhanden, die für das modellbasierte Requirements Engineering erforderliche Software zu beschaffen und zu installieren. Die Investition ist notwendig, um den Mehrwert des methodischen Vorgehens in vollem Umfang zu nutzen.

Ist diese Basis geschaffen, sind entsprechende Schulungen für Mitarbeiter und Management durchzuführen, um das methodische Vorgehen zu verstehen und zu erlernen. Es gilt „Übung macht den Meister". Eine Schulung allein reicht aus unserer Erfahrung nicht, um direkt bei den Beteiligten vollumfängliche Handlungssicherheit sicherzustellen. Aus dem Grund ist es zu empfehlen, ein projektbegleitendes Coaching zu etablieren und Schritt für Schritt gemeinsam zu lernen und bei Bedarf das Vorgehen zu verbessern.

---

1 http://www.business-wissen.de/hb/was-ist-change-management-oder-veraenderungsmanagement

Die angesprochenen Aspekte sind nochmals als Checkliste zusammengestellt, zur Orientierung für die Umsetzung des modellbasierten Requirements Engineering. Die Auflistung der Punkte stellt eine logische Reihenfolge dar, sie verlaufen in der Praxis aber teilweise auch parallel.

Checkliste zur Umsetzung des modellbasierten Requirements Engineering aus Change-Management-Sicht:

1. Definition und Dokumentation des methodischen Vorgehens zum modellbasierten Requirements Engineering, konkret bezogen auf das jeweilige Unternehmen.
2. Abstimmung des Vorgehens mit dem Management.
3. Festlegung als verbindliches Vorgehen im Unternehmen durch das Management.
4. Auswahl und Einführung notwendiger Tools zur technischen Unterstützung.
5. Etablierung der erforderlichen Rollen des modellbasierten Requirements Engineering unter Berücksichtigung der erforderlichen Skills.
6. Konzipieren und Durchführen von gezielten Schulungen zum modellbasierten Requirements Engineering.
7. Etablierung eines projektbegleitenden Coachings zum methodischen Vorgehen innerhalb des Unternehmens.
8. Durchführung einer regelmäßigen „Lesson Learned" zur Optimierung des Vorgehens.

„Tu Gutes und sprich darüber"

Machen Sie Erfolge, die mit dem Vorgehen des MRE erreicht sind, sichtbar im Unternehmen. Das motiviert die Beteiligten, steigert die Akzeptanz, sorgt für Transparenz und Aufmerksamkeit – und trägt positiv zur gemeinsamen Zielerreichung bei!

9 Zusammenfassung

Herzlichen Glückwunsch! Sie haben es geschafft. Die Autoren bedanken sich bei allen Lesern, die den Text bis hierhin gelesen und durchgearbeitet haben. Wir wissen natürlich, dass sich nicht jeder Leser alle Kapitel erarbeitet hat. Insbesondere die Implementierungskapitel wird wohl der eine oder andere ausgelassen haben. Leser, die mehr Interesse an den Programmierbeispielen hatten, verzichteten vielleicht auf die Erläuterungen zu den Einsatzszenarien. Und dann gibt es noch die Leser, die erst die Zusammenfassung lesen und sich dann erst der Mühe unterziehen, auch die Details zu verstehen. Für alle diese drei Lesergruppen gibt es jetzt die Zusammenfassung.

Wir begannen mit der Darstellung des Requirements Engineering, wie es bisher in der Literatur und auch in konkreten Projekten behandelt wird. Nacheinander gaben wir eine Einführung in die Anwendung der Strukturierten Analyse von Anforderungen als eine Form der klassischen Anforderungsanalyse sowie eine Scrum-basierte Vorgehensweise als agile Alternative.

In diesem Rahmen haben wir über die Vielfalt von Begrifflichkeiten und die Notwendigkeit der Herstellung eines gemeinsamen Verständnisses gesprochen. Ein Glossar ist an der Stelle generell hilfreich. Von entscheidender Bedeutung ist auch, die Beteiligten zum Thema zu identifizieren und mit im Boot zu haben, um die unterschiedlichen Sichten einzubinden, Anforderungen vollumfänglich zu erfassen und die Akzeptanz für das zu entwickelnde System bzw. die Funktion zu steigern.

Die Nutzer des Fachkonzepts sollten uns bewusst sein, damit jeder auch die Informationen im Fachkonzept findet, die er jeweils für die weitere Arbeit benötigt, also der Fachbereich, um fachliche Inhalte vollständig zu beschreiben und hinreichend abzustimmen, die IT, um die Umsetzung gezielt und interpretationsfrei durchzuführen, der Test, um ausreichende Informationen zur Testfallerstellung zu erhalten, und die Organisation, um so realistisch wie möglich planen zu können.

Die Einhaltung von Qualitätskriterien bei der Anforderungsbeschreibung spielt eine wichtige Rolle, damit Missverständnisse vermieden werden, Vollständigkeit gegeben ist, die Inhalte korrekt beschrieben und Angaben konsistent, die Anforderungen lesbar, verständlich und insbesondere testbar sind.

Methodisch haben wir uns einen möglichen Weg angeschaut, wie wir von der Idee zur fachlichen Detaillierung kommen. Über die Ideensammlung im Brainstorming, der daraus resultierenden Anforderungsliste, weiter mit Hilfe der Strukturierten Analyse über das Kontextdiagramm als Sicht von außen auf das System und die Diagramme 0 und

1-n mit dem schrittweise tiefergehenden Blick hinein in das System bis auf die Ebene der Datenfeldbeschreibung.

Wir haben die wesentlichen Inhalte erläutert, die in einem Fachkonzept zu beschreiben sind, und dargestellt, wie die Ergebnisse des methodischen Vorgehens in strukturierter Form im Fachkonzept erfasst werden, angefangen vom Projektauftrag, über die Beschreibung der Ausgangssituation, Beschreibung von Bildschirmmasken, Datenfeldtabellen, Fehlermeldungen, Plausibilitätsprüfungen bis hin zu Anlagen und Freigabevermerken.

Herr Maier mit seinem Auftrag der Fachkonzepterstellung „Urlaub beantragen" war uns ein ständiger Begleiter, den wir gerne mit Erläuterungen und praktischen Tipps aus unserer täglichen Projekterfahrung versorgt haben.

Wenn vom modellbasierten Requirements Engineering gesprochen wird, müssen wir von Modellen reden, und wenn wir von Modellen sprechen, müssen wir über Modellierungssprachen reden. Nun ist es möglich, dass man eine eigene Modellierungssprache für das modellbasierte Requirements Engineering entwickelt. Dies ist aber nicht sehr zielführend, da es bereits standardisierte Modellierungssprachen gibt, die wir verwenden können. Unser Vorschlag war dann auch, die Modellierungssprachen UML und BPMN zu verwenden. Beide haben wir kurz in einem historischen Abschnitt dargestellt und erläutert.

Mit diesen beiden Modellierungssprachen hatten wir das Werkzeug zusammen, um eine Beispielanwendung *Urlaubsplaner* zu modellieren. Dieses Beispiel diente uns für den weiteren Verlauf des Buchs, um alle Inhalte an diesem Beispiel zu verdeutlichen. Für den Urlaubsplaner haben wir mit der Modellierungssprache UML ein Geschäftsobjektmodell, ein Anwendungsfallmodell und ein Kontextmodell erstellt. Die BPMN haben wir für ein einfaches Prozessmodell verwendet. Da sich weder mit der UML noch mit der BPMN graphische Benutzeroberflächen modellieren lassen, haben wir eine erste Eigenschaft eines Modellierungswerkzeuges kennengelernt: Die Modellierung von graphischen Benutzeroberflächen und die Modellierung von Beziehungen zwischen Oberflächenelementen (Eingabefeld, Checkbox etc.) und Eigenschaften von Geschäftsobjekten. Dies haben wir dann das Präsentationsmodell unserer Anwendung genannt.

Bei der Modellierung unserer Beispielanwendung haben wir viele Designentscheidungen getroffen und auch die Modellierungssprachen um zusätzliche Informationen erweitert. Wir haben also die Semantik unserer Modelle eingeschränkt, um damit präziser und eindeutiger unsere Anforderungen ablegen zu können. Diese Entscheidungen und Erweiterungen müssen dokumentiert werden, so dass in Projekten ein gemeinsames Verständnis aufgebaut werden kann, wie Modelle zu lesen und zu interpretieren sind. Für diese Dokumentation haben wir den Begriff *Metamodell* eingeführt und für unsere Beispielanwendung bezüglich des Geschäftsobjekt- und des Kontextmodells die jeweiligen Metamodelle entwickelt. Die Abhängigkeiten zwischen den einzelnen Metamodellen haben wir in einem zusammenfassenden Metamodell dargestellt.

Bei der Herausarbeitung der Metamodelle wurde zusätzlich ein Vorschlag für die Konzeption und Definition von Datentypen für das modellbasierte Requirements Engineering erarbeitet. Die Eigenschaften eines Geschäftsobjektes sollten mit einem Datentyp versehen werden. Welche Datentypen zur Verfügung stehen, definiert das Metamodell. Auch

Zusammenfassung

die Datentypen sind zu beschreiben und zu dokumentieren. In diesem Zusammenhang wurde dann auch ein erstes Artefakt genannt, welches für das modellbasierte Requirements Engineering von zentraler Bedeutung ist: Die Modellierungsrichtlinie.

Bis zu dieser Stelle im Buch waren wir noch recht unabhängig von einem Modellierungswerkzeug, wenn wir mal von der Modellierung der graphischen Benutzeroberflächen absehen. Für das modellbasierte Requirements Engineering ist es aber unabdingbar, dass ein Modellierungswerkzeug zum Einsatz kommt. Wir haben uns für den Enterprise Architect der Firma Sparx System entschieden, mit der Unterstellung, dass jedes andere professionelle Modellierungswerkzeug dieselben Funktionen in ähnlicher Weise wie der Enterprise Architect zur Verfügung stellt.

In einer ersten Annäherung an das Modellierungswerkzeug haben wir dann einfache Konfigurationsmöglichkeiten des Werkzeugs kennengelernt. So war es uns möglich, UML-Profile über das Werkzeug zu definieren und notwendige Werkzeugfunktionen auf dieses UML-Profil anzupassen. Da dies für unsere Belange des modellbasierten Requirements Engineering noch nicht ausreichend war, haben wir uns in einem nächsten Schritt mit der Programmierschnittstelle des Enterprise Architect vertraut gemacht und Ansätze eines Frameworks für die Programmierung zusätzlicher Funktionen definiert. Als wichtige zusätzliche Funktionen haben wir uns die Plausibilisierung von Modellen angeschaut und gezeigt, wie eigene Eingabeoberflächen erstellt werden können. Beide Funktionen dienen uns dazu, den Endanwendern, in unserem Fall den Anforderungsmodellierern, die Arbeit mit dem Modellierungswerkzeug zu erleichtern und somit die Akzeptanz für das modellbasierte Requirements Engineering zu erhöhen.

Durch die Konzeption eines Frameworks und den Zugriff auf alle modellierten Informationen über eine Programmierschnittstelle des Werkzeuges ist es uns dann ein leichtes, definierte Metriken zu programmieren und die Berechnungsergebnisse allen Projektinteressierten zur Verfügung zu stellen. Somit können wir Modelle über Quantitäts-, Komplexitäts- und Qualitätsmetriken auswerten und letztendlich auch bewerten. Diese Auswertung über Metriken haben wir kurz angerissen und mit einigen Beispielen verdeutlicht.

Wir haben anschließend Optionen besprochen, wie die modellierten Anforderungen Personenkreisen zur Verfügung gestellt werden können, die nicht mit einem Modellierungswerkzeug arbeiten möchten, oder nicht vertraut genug mit dem Umgang dieser Werkzeuge sind, um die für sie notwendigen Informationen zu extrahieren. Hier sprachen wir zwei Möglichkeiten an, zum einen den Export der gesamten Modelle als verknüpfte HTML-Seiten, zum anderen die Generierung von Dokumenten (Word oder PDF) aus den Modellen. Durch unterschiedliche Konfigurationen für die Generierung von Dokumenten können jeweils auf spezielle Lesergruppen angepasste Dokumente erstellt werden.

Auch Modelle müssen versioniert werden können. Wir haben die Gründe für eine Versionierung von Modellen kennengelernt und Vorschläge für die Archivstruktur kennengelernt. Alle unsere Überlegungen und Vorschläge zu Modellierungswerkzeugen sind dann in ein abschließendes Architekturmodell eingeflossen, mit dem wir diesen Teil des modellbasierten Requirements Engineering abgeschlossen haben.

Die Vorteile eines modellbasierten Requirements Engineering liegen nicht nur im Requirements Engineering an sich begründet, sondern strahlen auch auf weitere Aktivitäten im Softwareentwicklungsprozess aus. Dies habe wir uns am Beispiel des Test Engineerings verdeutlicht. Dabei wurde es notwendig, in einem ersten Teil die Grundbegriffe des Test Engineering einzuführen und zu erläutern: Testobjekt, Testfall etc. Wir haben dann gesehen, wie die Modelebenen und ihre Modellelemente unserer Beispielanwendung auf unterschiedlichen Stufen des V-Modells als Testobjekte zum Einsatz kommen und wie wir dann aus unseren Modellen Testfälle zu den Testobjekten generieren können. Auch hier mussten wir uns für ein Testwerkzeug entscheiden, um die Generierung beispielhaft skizzieren zu können. Unsere Wahl fiel dabei auf den Application Lifecycle Manager von HP (HP-ALM), aber mit jedem anderen Testwerkzeug sollten die Beispiele auch umsetzbar sein. An dieser Stelle haben wir auch gezeigt, wie die Erstellung von Fehlern und Änderungswünschen in dem Modellierungswerkzeug elegant erfasst werden und in ein Fehlermanagementwerkzeug (hier wieder HP-ALM) über eine geeignete Schnittstelle übertragen werden können.

Nachdem wir die Methodiken des modellbasierten Requirements Engineering tiefgehend abgehandelt hatten, blieb es uns nun noch übrig, die Integration dieser Methodiken in die unterschiedlichsten Projekt-, Programm- oder Unternehmenskontexte einzubinden. Es war uns dabei wichtig zu zeigen, dass das modellbasierte Requirements Engineering kein Selbstläufer ist, der einfach in einem Projekt eingesetzt werden kann. Modellbasiertes Requirements Engineering kann nur funktionieren, wenn ein Team aufgebaut wird, welches die notwendigen Kompetenzen besitzt und bereitstellt.

Als erstes haben wir die von einem Team zu erstellenden Artefakte definiert. Hier haben wir die Modellierungsrichtlinie kennengelernt, sowie unterschiedliche Benutzerhandbücher, Releasenotes und Konfigurationsdateien. Anschließend haben wir ausführlich die benötigten Rollen in diesem Team mit den notwendigen Kompetenzen beschrieben: Teamleiter, Architekt, Requirements Engineer, Administrator, Entwickler, Test Engineer. Anhand des klassischen Softwareentwicklungsprozesses haben wir die Aufgaben, die unser Team in den einzelnen Aktivitäten ausführen muss, abgehandelt.

Dieses von uns dann genauer Methodik-Team genannte Team kann sich auch agil aufstellen. Die Implikationen, die aus einem agilen Methodik-Team entstehen, haben wir uns genauer angeschaut und als erstes festgestellt, dass von diesem Team dieselben Artefakte bereitgestellt werden müssen, wie von einem klassisch aufgestellten Team. Ein agiles Team kennt nicht unbedingt die Rollen, die wir für den klassischen Fall vorgesehen haben, aber nichts desto trotz müssen die Kompetenzen, die sich hinter diesen Rollen verbergen, in einem agilen Methodik-Team vorhanden sein.

Nun steht ein Methodik-Team, egal ob es klassisch oder agil aufgestellt ist, nicht im luftleeren Raum. Es ist immer eingebettet in ein Projekt, ein Programm oder ist Teil eines Services, welches ein Unternehmen bereitstellt. Diesen unterschiedlichen Einsatzszenarien sind wir nachgegangen, auch wiederum unter Berücksichtigung, dass unser Methodik-Team in klassische oder auch agile Kontexte eingebunden werden kann. Für ein agiles Einsatzszenario haben wir den aufzubauenden Continuous-Integration-Prozess kennengelernt.

Zusammenfassung

Um explizit zu verdeutlichen, dass das modellbasierte Requirements Engineering kein einfaches Unterfangen ist, was mal so eben in einem Projekt eingesetzt werden kann, haben wir uns im letzten Kapitel mit dem Change Management auseinandergesetzt. Der Einsatz der in diesem Buch beschriebenen Methodiken und der notwendige Aufbau eines Methodik-Teams funktioniert nur, wenn dies als eine Änderung der Organisation, für die die Organisationsmitglieder begeistert werden müssen, begriffen wird. Damit wird auch die Managementunterstützung ein wichtiger Erfolgsfaktor für das modellbasierte Requirements Engineering

Für alle Leser, insbesondere die, die noch neugierig auf weitere Ausführungen zum modellbasierten Requirements Engineering sind, bleibt noch der Anhang (Kapitel 10). Für den interessierten Entwickler empfehlen wir Kapitel 10.1. Hier wird die Schnittstelle zu Jira mit ganz viel Quellcode, der vollständig ist und somit funktionieren sollte, beschrieben. Für die mehr am Testen, insbesondere der Testautomatisierung, Interessierten, haben wir den Fachartikel „Modellbasierte Testautomation" in Kapitel 10.2 aufgenommen, in dem weitere Vorteile für das Test Engineering durch ein modellbasiertes Requirements Engineering dargestellt werden. Allen Lesern, denen der Inhalt viel zu technisch und trocken vorgekommen ist und die gerne etwas mehr die menschliche Seite des modellbasierten Requirements Engineering beleuchtet hätten, sei Kapitel 10.3 empfohlen. Alles, was in diesem Artikel über das Projektmanagement gesagt wird, kann direkt auf des modellbasierte Requirements Engineering übertragen werden.

10 Anhang

10.1 Jira und Rest API

Bisher haben wir alle Programmierbeispiele bzgl. Schnittstellen mit C# und dem Testmanagementwerkzeug HP-ALM abgebildet. In diesem Kapitel wollen wir versuchen, eine Schnittstelle zu dem agilen Projektmanagementwerkzeug Jira aufzubauen und dies mit der Verwendung des REST API von Jira. Die gestellte Anforderung, die wir mit diesem Beispiel abbilden, ergibt sich aus dem Kapitel 7.2: In dem Modellierungswerkzeug fertiggestellte Requirements sind als Epics in ein Product Backlog zu übertragen. Zusätzlich möchten wir die Möglichkeit haben, im Modellierungswerkzeug den aktuellen Status des Epics aus dem Product Backlog abzufragen.

Als erstes muss diese an das Methodik-Team herangetragene Anforderung genauer spezifiziert werden. Ist das Methodik-Team klassisch aufgestellt, so müsste ein Pflichtenheft[1] erstellt werden. Dieses müsste anschließend von den Anforderern gereviewt und dann freigegeben werden. Abschließend beginnt die Realisierung. Im agilen Fall würde das Methodik-Team die Anforderung in der Refinement- bzw. Grooming-Phase zusammen mit dem Anforderer detaillieren (siehe Kapitel 2.3).

Welcher Weg auch gewählt wird, als Ergebnis unterstellen wir mal das folgende Umsetzungskonzept:

- Die fertiggestellten Requirements, die in einem Epic umgesetzt werden sollen, werden im EA in einem Paket, welches mit dem Stereotyp *Epic* zu versehen ist, gebündelt.
- Dieses Paket kann über einen Menüpunkt CREATE EPIC nach Jira exportiert werden. Dabei sollen folgende Informationen übertragen werden:
  - Name des Pakets als Zusammenfassung in Jira.
  - Alias des Pakets als Name in Jira. In dem Alias des Pakets ist eine eindeutige ID zu hinterlegen.
  - Beschreibung des Pakets als Beschreibung in Jira.
  - Zusätzlich soll in der Beschreibung in Jira auch der Verweis auf das Paket im HTML-Export enthalten sein.
- Der Menüpunkt CREATE EPIC soll nur auswählbar sein, wenn ein Paket mit dem Stereotyp *Epic* selektiert wurde.
- Bei erfolgreicher Anlage des Epics in Jira ist zu dem Paket ein Tagged Value mit dem Namen *KDR-Jira* zu erzeugen. Der Wert dieses Tagged Values ist mit dem Text *Created* zu hinterlegen. Die in Jira generierte ID zu dem Epic ist in der Notiz abzulegen.

---

[1] Synonyme: Umsetzungskonzept, DV-Konzept, IT-Konzept etc.

10 – Anhang

- Es wird ein Menüpunkt UPDATE EPIC zur Verfügung gestellt. Mit diesem Menüpunkt kann der Status des Epics in Jira abgefragt werden. Der abgefragte Status ist in dem Wert des Tagged Values *KDR-Jira* zu hinterlegen.
- Der Menüpunkt CREATE EPIC soll nur auswählbar sein, wenn das Tagged Value *KDR-Jira* existiert.
- Es sind sprechende Fehlermeldungen bzw. Hinweismeldungen bei Erfolg mit dem Inhalt der verschickten Zeichenkette im EA auf einem eigenen Reiter JIRA CONNECTOR auszugeben.

Im EA würde das wie in Abbildung 10.1 aussehen. In Abbildung 10.2 sehen wir dann das generierte Epic in dem Werkzeug Jira.

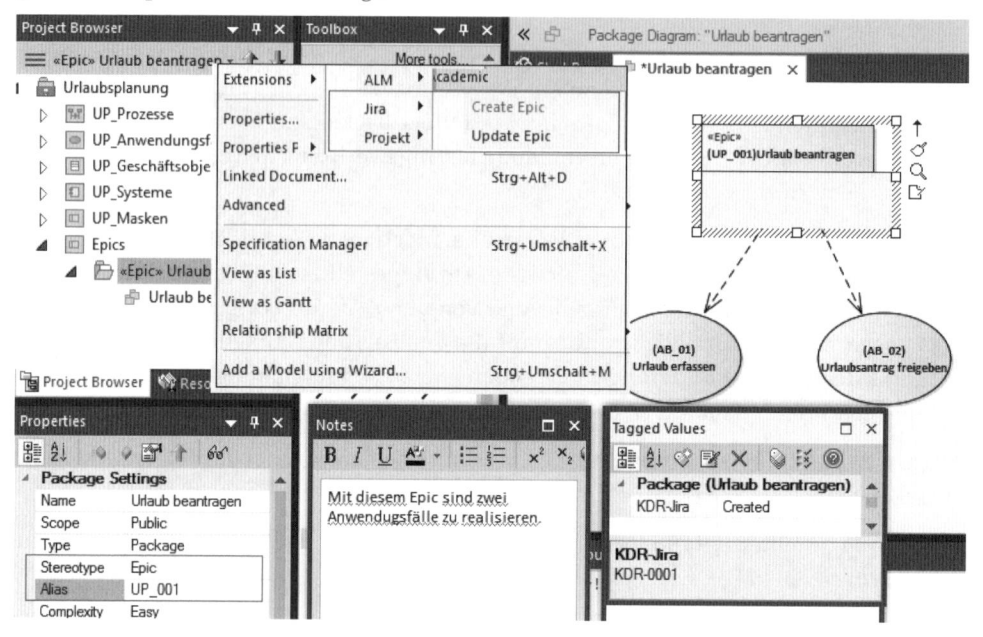

Abbildung 10.1: Jira-Add-in

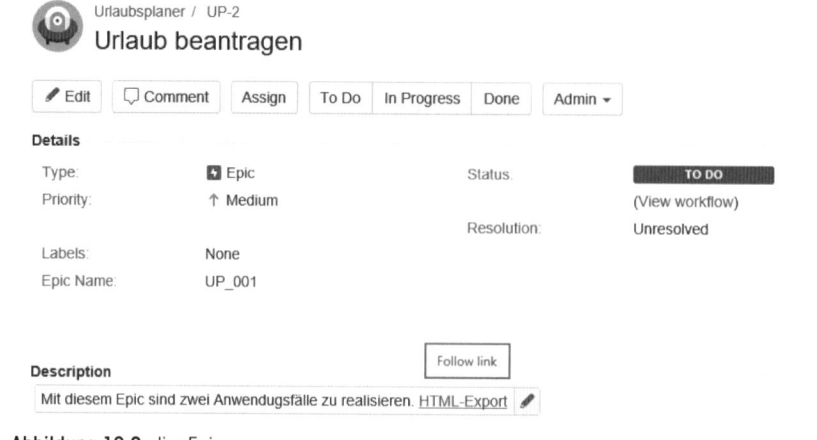

Abbildung 10.2: Jira Epic

Nun können wir uns an die Implementierung machen. Das folgende Programmierbeispiel ist vollständig. Es sollte als Add-in für den Enterprise Architect funktionieren. Somit dient das Beispiel auch nochmal als Zusammenfassung.

Als erstes wollen wir die wichtigsten Konstanten in eine eigenständige Klasse auslagern (siehe Listing 10.1).

```
namespace JiraConnector
{
  class Constants
  {
    public const string MENU_NAME = "-&Jira";
    public const string MENU_CREATEEPIC = "&Create Epic";
    public const string MENU_UPDATE = "&Update Epic";
    public const string STEREOTYPE_EPIC = "Epic";
    public const string TV_PROJEKT = "KDR-Jira";
    public const string OUTPUT_TAB = "Jira Connector";
    public const string HTML_Export = @"file:///C:/.../index.htm";

    public const string JIRA_URL_POST =
              "https://kdrprojekt.atlasian.net/rest/api/2/issue/";
    public const string JIRA_URL_GET =
              "https://kdrprojekt.atlasian.net/rest/api/2/
                    search?fields=status&jql=key=";
    public const string JIRA_PROJECT = "KDR";
    public const string JIRA_USER = "user@kdr.com";
    public const string JIRA_PW = "password";
    public const string JIRA_TYPE = "Epic";
  }
}
```

Listing 10.1: Klasse „Constants"

- *MENU_NAME*: Der Name des obersten Menüeintrags im Enterprise Architect.
- *MENU_CREATEEPIC*: Der Name des Menüeintrags für die Erzeugung eines Epics.
- *MENU_UPDATE*: Der Name des Menüeintrags für das Aktualisieren eines Epics.
- *STEREOTYPE_EPIC*: Der zu verwendende Stereotyp für das Paket im EA.
- *TV_PROJEKT*: Der Name des anzulegenden Tagged Values.
- *OUTPUT_TAB*: Der Name des Reiters für die Ausgabe der Fehler- bzw. Hinweismeldungen.
- *HTML_Export*: Verzeichnis, in dem der HTML-Export des fachlichen Modells unseres Urlaubsplaners abgelegt wird. Diese Konstante sollte in eine Konfigurationsdatei ausgelagert werden.
- *JIRA_URL_POST*: Der URL, um das REST API zu unserer Jira-Installation über eine *Post*-Anfrage zu erreichen. Die 2 gibt die Versionsnummer des zu verwendenden REST API an. Diese Angabe sollte auch in eine Konfigurationsdatei ausgelagert werden.
- *JIRA_URL_GET*: Der URL, um das REST API zu unserer Jira-Installation über eine *Get*-Anfrage zu erreichen. Die 2 gibt die Versionsnummer des zu verwendenden REST API

an. Dieser URL ist schon so speziell für unseren Fall zugeschnitten, dass wir den Status eines Epics mithilfe dessen Schlüssel abfragen wollen. Diese Angabe sollte auch in eine Konfigurationsdatei ausgelagert werden, dann allerdings ohne die konkrete Ausprägung.

- *JIRA_PROJECT*: Der Name unseres Jira-Projekts, in welches das Epic generiert werden soll. Ist auch in eine Konfigurationsdatei auszulagern.
- *JIRA_USER*: Name des Benutzers, mit dem das Epic in dem Jira-Projekt angelegt werden soll.
- *JIRA_PW*: Passwort des Benutzers.
- *JIRA_TYPE*: In unserem Fall soll ein Epic angelegt werden.

Als nächstes schauen wir uns in Listing 10.2 den Rumpf der zentralen Klasse *JiraAddIn* an. Wir sehen die bereits bekannten zwei Methoden *EA_Connect*, mit der dem Add-in das ausgewählte Repository bekannt gemacht wird, und die Methode *EA_Disconnect*, mit der der Speicher wieder freigegeben werden kann. Das übergebene Repository speichern wir in einer Instanzvariablen *repository*. Zusätzlich benötigen wir das Flag *outputActive*, welches die Information beinhaltet, ob der Reiter im EA, der die Hinweis- und Fehlermeldungen ausgeben soll, bereits geöffnet wurde und somit dem Modellierer sichtbar ist.

```
namespace JiraConnector
{
  public class JiraAddIn
  {
    private Repository repository = null;
    private bool outputActive = false;

    public string EA_Connect(EA.Repository pRepository)
    {
      repository = pRepository;
      return "";
    }
    public void EA_Disconnect()
    {
      GC.Collect();
      GC.WaitForPendingFinalizers();
    }
  }
}
```

Listing 10.2: Klasse „JiraAddIn"

In diese zentrale Klasse werden wir nun vier weitere Blöcke einpflegen:

- Die Menümethoden (siehe Listing 10.3).
- Die zentralen Aufrufmethoden für das Erzeugen des Epics in Jira und das Aktualisieren des Status des Epics im EA (siehe Listing 10.4).
- Ausgabemethoden (siehe Listing 10.5).
- Zusätzliche Hilfsmethoden (siehe Listing 10.6).

```csharp
public void EA_MenuClick(EA.Repository pRepository,
                    string pLocation, string pMenuName, string pItemName)
{
  switch (pItemName)
  {
    case Constants.MENU_CREATEEPIC:
      createEpic();
      break;
    case Constants.MENU_UPDATE:
      updateState();
      break;
  }
}
public object EA_GetMenuItems(EA.Repository pRepository,
                                          string pLocaion, string pMenuName)
{
  if (!outputActive)
  {
    createOutputTab();
  }
  switch (pMenuName)
  {
    case "":
      return Constants.MENU_NAME;
    case Constants.MENU_NAME:
      string[] ar = {
        Constants.MENU_CREATEEPIC,
        Constants.MENU_UPDATE};
      return ar;
  }
  return "";
}
public void EA_GetMenuState(
        EA.Repository pRepository,
        string pLocation,
        string pMenuName,
        string pItemName,
        out bool pIsEnabled,
        out bool pIsChecked)
{
  pIsChecked = false;
  pIsEnabled = true;
  switch (pItemName)
  {
    case Constants.MENU_CREATEEPIC:
      pIsEnabled = isEpicSelected() && !isEpicCreated();
      break;
    case Constants.MENU_UPDATE:
      pIsEnabled = isEpicCreated();
      break;
  }
}
```

Listing 10.3: Menümethoden

Die Menümethoden haben wir schon weiter oben ausführlich besprochen. Mit der Methode *EA_MenuClick* wird, abhängig vom Menüpunkt, unser Methode mit der entsprechenden Implementierung aufgerufen. Eine Überprüfung, ob auch ein korrektes Paket ausgewählt wurde, bzw. ob überhaupt ein Element selektiert wurde, wird in dieser Methode nicht mehr überprüft, da wir das schon in den anderen beiden Methoden sichergestellt haben. Zum einen wäre da die Methode *EA_GetMenuItems*. Mit dieser Methode bauen wir unser Menü mit dem obersten Menüpunkt und den untergeordneten Menüpunkten auf. Da diese Methode als erstes vom EA aufgerufen wird, überprüfen wir sofort, ob unser Reiter für die Meldungen schon geöffnet ist. Wenn nicht, öffnen wir ihn. Des Weiteren haben wir die Methode *EA_GetMenuState*, die wir auch schon kennengelernt haben. Mit der Methode steuern wir die Auswählbarkeit der beiden Menüpunkte. Der Menüpunkt CREATE EPIC soll nur auswählbar sein, wenn ein Paket mit dem Stereotyp *Epic* im EA selektiert wurde und noch kein Epic in Jira generiert wurde. Damit stellen wir sicher, dass ein Epic nicht mehrmals in Jira erzeugt wird, im Gegensatz zum Menüpunkt UPDATE EPIC. Dieser soll nur dann auswählbar sein, wenn ein Epic bereits in Jira erzeugt wurde. Dies impliziert natürlich, dass auch ein Paket mit dem Stereotyp *Epic* ausgewählt wurde. Zu den konkreten Implementierungen der Methoden *isEpicSelected* und *isEpicCreated* siehe unten.

```
private void createEpic()
{
  HttpWebRequest request = (HttpWebRequest)WebRequest.
                                          Create(Constants.JIRA_URL_POST);
  request.Method = "POST";
  request.ContentType = "application/json";
  request.Headers["Authorization"] =
      "Basic " + Convert.ToBase64String(Encoding.Default.
                GetBytes(Constants.JIRA_USER + ":" + Constants.JIRA_PW));
  string lData = getData();
  request.ContentLength = lData.Length;
  StreamWriter requestWriter = new StreamWriter(
                  request.GetRequestStream(), System.Text.Encoding.ASCII);
  requestWriter.Write(lData);
  requestWriter.Close();
  writeOutput(lData);
  try
  {
    WebResponse webResponse = request.GetResponse();
    Stream webStream = webResponse.GetResponseStream();
    StreamReader responseReader = new StreamReader(webStream);
    string response = responseReader.ReadToEnd();
    writeOutput(response);
    createTVKey(extractValue(response, "key"));
    responseReader.Close();
  }
  catch (Exception e)
  {
    writeOutput("Exception Create: ");
    writeOutput(e.Message);
  }
}
```

```csharp
private string getData()
{
  Package lPackage = repository.GetTreeSelectedPackage();
  string lData = @"";
  lData = lData + @"{";
  lData = lData + @"""fields""": {";
  lData = lData + @"""project""":";
  lData = lData + @"{";
  lData = lData + @"""key""": """ + Constants.JIRA_PROJECT + @"""";
  lData = lData + @"},";
  lData = lData + @"""summary""": """ + lPackage.Name + @""",";
  lData = lData + @"""description""": """ + getDescription(lPackage) + @""",";
  lData = lData + @"""issuetype""": {";
  lData = lData + @"""name""": """ + Constants.JIRA_TYPE + @"""";
  lData = lData + @"}";
  lData = lData + @",""customfield_10002""":""" + lPackage.Alias + @"""";
  lData = lData + @"}";
  lData = lData + @"}";

  return lData;
}
private void updateState()
{
  Package lPackage = repository.GetTreeSelectedPackage();
  TaggedValue lTV = (TaggedValue)lPackage.Element.TaggedValues.
                                        GetByName(Constants.TV_PROJEKT);
  HttpWebRequest request = (HttpWebRequest)WebRequest.Create(
       Constants.JIRA_URL_GET + lTV.Notes);
  request.Method = "GET";
  request.ContentType = "application/json";
  request.Headers["Authorization"] =
                      "Basic " + Convert.ToBase64String(Encoding.Default.
                 GetBytes(Constants.JIRA_USER + ":" + Constants.JIRA_PW));
  try
  {
    WebResponse webResponse = request.GetResponse();
    Stream webStream = webResponse.GetResponseStream();
    StreamReader responseReader = new StreamReader(webStream);
    string response = responseReader.ReadToEnd();
    writeOutput(response);
    lTV.Value = extractValue(response, "name");
    lTV.Update();
    responseReader.Close();
  }
  catch (Exception e)
  {
    writeOutput("Exception Update:");
    writeOutput(e.Message);
  }
}
```

Listing 10.4: Aufrufmethoden

Kommen wir nun zu den zentralen Methode *createEpic* und *updateState*. Mit der Methode *createEpic* wird ein Epic mit den Informationen aus dem Paket im EA mit folgenden Schritten in Jira erzeugt:

1. Es wird ein *Request*-Objekt erzeugt und mit den notwendigen Headerinformationen versehen.
2. Es wird der zu übergebende Datenstring mit der Methode *getData* erzeugt (siehe Listing 10.5 für den erzeugten Datenstring).
3. Die Daten werden zur Kontrolle im Reiter für die Hinweismeldungen ausgegeben.
4. Der Request wird abgesetzt und der entsprechende Response als Hinweismeldung ausgegeben und anschließend ausgewertet, indem aus dem Rückgabestring der Wert in dem Schlüssel *key* ausgelesen wird, um mit diesem dann ein Tagged Value zu dem selektierten Paket zu erzeugen (*createTVKey(extractValue(response, "key"))*).
5. Der *StreamReader* wird geschlossen.

Die Methode *updateState* funktioniert wie folgt:

1. Es wird der Tagged Value, der die ID des Epics in Jira beinhaltet, ermittelt.
2. Es wird ein *Request*-Objekt erzeugt und mit den notwendigen Headerinformationen versehen. Dabei wird die Notiz aus dem Tagged Value ausgelesen, da dieses Feld die ID beinhaltet.
3. Da es sich um einen *Get*-Request handelt, muss kein Datenstring aufgebaut werden.
4. Der Request wird abgesetzt und der entsprechende Response als Hinweismeldung ausgegeben.
5. Aus dem Response-String wird jetzt der Wert zu dem Schlüssel *name* ermittelt, da dieser den aktuellen Status des Epics in Jira enthält.
6. Dieser ermittelte Status wird als Wert des Tagged Values zu dem selektierten Paket abgelegt (*lTV.Value = extractValue(response, "name")*).
7. Das Tagged Value wird persistent gespeichert (*lTV.Update()*).[2]
8. Der *StreamReader* wird geschlossen.

```
{
  "fields": {
    "project": {
      "key": "UP"
    },
    "summary": "Urlaub beantragen",
    "description": "Mit diesem Epic sind zwei Anwendugsfälle zu realisieren.
                                                          [HTML-Export|
            file:///C:/.../index.htm23DD3E00-2B87-4487-BE1C-38898662B469]",
    "issuetype": {
      "name": "Epic"
    },
```

---

2   Hinweis: Wenn die Methode *updateEpic* über den Menüpunkt UPDATE EPIC im EA aufgerufen wird und der Tagged Value in einem Fenster im EA zu sehen ist (so wie in der Abbildung 10.1), dann wird der Tagged Value nicht automatisch aktualisiert. Der Anwender muss dann einmal den Tagged Value schließen und wieder öffnen, um den aktualisierten Status angezeigt zu bekommen.

```
    "customfield_10302": "UP_001"
  }
}
```

Listing 10.5: JSON-Datenstring

```
private void createOutputTab()
{
  repository.CreateOutputTab(Constants.OUTPUT_TAB);
  repository.ClearOutput(Constants.OUTPUT_TAB);
  repository.EnsureOutputVisible(Constants.OUTPUT_TAB);
  writeOutput("Voith Connector aktiv !");
  outputActive = true;
}
private void writeOutput(string text)
{
  repository.WriteOutput(Constants.OUTPUT_TAB, text, 0);
}
```

Listing 10.6: Ausgabemethoden

Mit der Methode *createOutputTab* wird ein Reiter JIRA CONNECTOR erzeugt. Falls er schon existiert, wird der bereits enthaltene Inhalt gelöscht und es wird sichergestellt, dass der Reiter dem Anwender sichtbar ist. Die Methode *writeOutput* schreibt dann die übergebene Zeichenkette in den Reiter JIRA CONNECTOR.

```
private string getDescription(Package pPackage)
{
  string lDescription = pPackage.Notes;
  lDescription = lDescription + @" [HTML-Export| " + Constants.HTML_Export;
  lDescription = lDescription + getGUID(pPackage) + "]";
  return lDescription;
}
private string getGUID(Package pPackage)
{
  return pPackage.PackageGUID.Substring(1, pPackage.PackageGUID.Length - 2);
}
private bool isEpicSelected()
{
  Package lPackage = repository.GetTreeSelectedPackage();
  if(lPackage != null && lPackage.Element != null)
    return Constants.STEREOTYPE_EPIC.Equals(lPackage.Element.Stereotype);
  return false;
}
private bool isEpicCreated()
{
  Package lPackage = repository.GetTreeSelectedPackage();
  if(isEpicSelected())
    return existsTV(lPackage, Constants.TV_PROJEKT);
  return false;
}
private bool existsTV(Package pPackage, string pTV)
```

```
{
  if(pPackage != null && pPackage.Element != null)
    return pPackage.Element.TaggedValues.GetByName(pTV) != null;
  return false;
}
private void createTVKey(string pKey)
{
  Package lPackage = repository.GetTreeSelectedPackage();
  TaggedValue lTV = lPackage.Element.TaggedValues.
                          AddNew(Constants.TV_PROJEKT, "otTaggedValue");
  lTV.Value = "Created";
  lTV.Notes = pKey;
  lTV.Update();
}
private string extractValue(string pResponse, string pValue)
{
  int lIndex;
  lIndex = pResponse.IndexOf("\"" + pValue + "\"");
  pResponse = pResponse.Remove(0, lIndex + pValue.Length + 4);
  return pResponse.Substring(0, pResponse.IndexOf("\""));
}
```

Listing 10.7: Hilfsmethoden

Die Hilfsmethoden erledigen folgende Dienste:

- *string getDescription(Package pPackage)*: Aus dem übergebenen Paket wird die Notiz ermittelt und an diese wird ein Link mit dem Titel *HTML-Export* angehängt. Hinter diesem Link verbirgt sich der Verweis auf den HTML-Exports unseres Modells. Damit der Link direkt auf unser Paket verweist und nicht auf die allgemeine Startseite des Modells, wird die GUID des Paketes ausgewertet und an die definierte Konstante für das HTML-Verzeichnis gehängt (siehe auch Listing 10.5). Das Format der zurückgegebenen Zeichenkette ist angepasst auf das von dem Werkzeug Jira erwartete Format.
- *string getGUID(Package pPackage)*: Diese Methode ermittelt die GUID eines übergebenen Pakets ohne die geschweiften Klammern am Beginn und Ende der GUID.
- *bool isEpicSelected()*: Diese Methode überprüft, ob ein Paket mit dem Stereotyp *Epic* in dem Modell (genauer: in dem Repository bzw. Project Browser) selektiert wurde.
- *bool isEpicCreated()*: Diese Methode überprüft, ob, falls ein Paket mit dem Stereotyp *Epic* selektiert wurde, dieses Paket schon nach Jira exportiert wurde. Denn genau in diesem Fall wurde ein Tagged Value angelegt.
- *bool existsTV(Package pPackage, string pTV)*: Diese Methode überprüft, ob zu einem beliebigen Paket im EA ein Tagged Value mit dem übergebenen Namen angelegt wurde.
- *void createTVKey(string pKey)*: Es wird zu dem selektierten Paket ein Tagged Value hinzugefügt. Der Wert des Tagged Values ist *Created*. Der übergebene Schlüssel, in unserem Fall die Jira ID für das erzeugte Epic, wird als Notiz abgelegt. Mit *Update* wird der Tagged Value persistent gespeichert.

- *string extractValue(string pResponse, string pValue)*: In der übergebenen Zeichenkette *pResponse* wird der Wert zum Schlüssel *pValue* ermittelt und zurückgegeben. Es wird unterstellt, dass die Zeichenkette im JSON-Format aufgebaut ist.

Falls das Jira-Projekt nur über einen Proxy angesprochen werden kann, ist dieser Proxy zu integrieren (siehe Listing 10.8).

```
public WebProxy SetWebproxy(string address, int port,
                            string username = "", string password = "")
{
  this._proxy = new WebProxy(address, port);
  this._proxy.BypassProxyOnLocal = true;
  if (string.IsNullOrEmpty(username))
  {
    this._proxy.UseDefaultCredentials = true;
  }
  else
  {
    this._proxy.Credentials = new NetworkCredential(username, password);
  }
  return _proxy;
}


private void createEpic()
{
  HttpWebRequest request = (HttpWebRequest)WebRequest.
                                  Create(Constants.JIRA_URL_POST);

  WebProxy proxy = SetWebproxy(...);
  request.Proxy = proxy;
  request.Method = "POST";
  ...
}
```

Listing 10.8: Proxy-Erweiterung

10.2 Modellbasierte Testautomatisierung

Bei dem folgenden Text handelt es sich um einen Fachartikel, der im März 2014 in der Zeitschrift ObjektSpektrum 02/2014 unter dem Titel „Modellbasierte Testautomatisierung – Von der Anforderungsanalyse zu automatisierten Testfällen" erschienen ist. Die Autoren sind Achim Krallmann und Markus Lingelbach[3]. An dieser Stelle einen recht herzlichen Dank an Markus Lingelbach für seine Bereitschaft, unseren Text in diesem Buch erneut zu veröffentlichen.

Das in diesem Artikel beschriebene Vorgehen einer modellbasierten Testautomatisierung versucht, aktuelle Testansätze auf die Phase der Anforderungsanalyse zu übertragen. Wenn in den Fachabteilungen Anforderungen mithilfe von Modellen erstellt werden, ist es sinnvoll und machbar, diese Modelle so zu erweitern, dass auch Testabläufe erstellt

---

3 Siehe Krallmann, A.; Lingelbach, M. (2014).

werden können. Aus diesen modellierten Testabläufen können mithilfe von Generatoren Testskripte generiert werden, die dann automatisiert ablaufen.

In der Disziplin des Softwaretestens hat sich in den letzten Jahren einiges getan. Die Testautomatisierung hat insbesondere über schlüssel- oder aktionswort-getriebener Frameworks einen so hohen Reifegrad erreicht, dass einem größeren Einsatz in Projekten nichts mehr im Wege steht. Über agile Projektmethoden ist die testgetriebene Softwareentwicklung ins Gespräch gekommen und weiter professionalisiert worden. Neben den modellbasierten Ansätzen zur Anforderungsanalyse und Softwareentwicklung gibt es nun auch das Vorgehen des modellbasierten Testens.

Allerdings sind diese angesprochenen Methoden und Techniken sehr entwicklungslastig. Bei der Testautomatisierung liegt dies in der Natur der Sache, bei der testgetriebenen Softwareentwicklung liegt es schon im Namen. Spätestens, wenn es beim modellbasierten Testen um die Generierung von Testfällen geht, bleibt ein gewisses Entwicklungswissen unabdingbar. Somit besteht immer noch eine Kluft zwischen Fach- und Entwicklungsabteilungen, die schwer zu überbrücken ist. Wenn aber in den Fachabteilungen Anforderungen mithilfe von Modellen erstellt werden, ist es sinnvoll und auch machbar, diese Modelle so zu erweitern, dass auch Testabläufe modelliert werden können. Im Idealfall werden dadurch Geschäftsanalysten in die Lage versetzt, Testdurchläufe zu modellieren, die ohne weitere Programmierung bzw. Skripterstellung automatisiert ausgeführt werden können.

Für jeden durchzuführenden Test werden zwei Informationen benötigt: Der Testfall, zum Beispiel als eine Beschreibung des Durchlaufes durch eine Anwendung, und die Testdaten. Dabei beschreiben die Testdaten zum einen die Eingabedaten und zum anderen das erwartete Ergebnis, mit dem die Korrektheit des Testes verifiziert werden kann. Dies gilt selbstverständlich auch für automatisierte Tests. Dabei werden die Testdaten meistens in Dateien (Excel) ausgelagert und der Ablauf des Tests wird als Skript programmiert, das in einem Automatisierungswerkzeug mit den jeweiligen Testdaten ausgeführt wird. Dieses Vorgehen besitzt mehrere Nachteile:

- Die Pflege der Testdatendateien ist unübersichtlich und fehleranfällig.
- Der Testablauf ist nicht dokumentiert, da er nur als Skript existiert.
- Änderungen und Erweiterungen am Testablauf müssen programmiert werden.
- Änderungen an den Anforderungen (Ablauflogik, Geschäftsobjekte, Oberflächen) müssen umgehend in die Testdaten und Skripte eingearbeitet werden.

Ein erster Schritt, um diese Nachteile zu umgehen, ist die Entwicklung eines Frameworks mit Schlüssel- oder auch Aktionswörtern[4]. Die Testabläufe werden dabei über sequenziell angeordnete Schlüsselwörter beschrieben (ähnlich wie in Listing 10.9). Hinter diesen Schlüsselwörtern verbergen sich dann entsprechende Skripte, die die gewünschte Funktion ausführen. Dadurch sind die Testabläufe einfacher lesbar und auch erweiterbar.

---

4   Siehe Bucsics, T.; Baumgartner, M. (2015).

```
Öffne Maske (Kunde.ID)
Fülle Feld (Kunde.Vorname.ID, "Karl")
Fülle Feld (Kunde.Name.ID, "Schmidt")
Drücke Schaltfläche (Kunde.Speichern.ID)
Validiere ist Maske offen (Kundenstatus.ID)
Validiere Feld (Kundenstatus.Status.ID, "Angelegt")}
```

Listing 10.9: Skript (Pseudocode)

In einem nächsten Schritt bietet es sich an, die Testdaten und -abläufe zu modellieren und die entsprechenden Skripte (mit den Schlüsselwörtern) aus diesen Modellen zu generieren. Basiert auch die Anforderungsanalyse auf Modellen, so können die Testdaten mit den Geschäftsobjekten und die Testabläufe mit den Oberflächendefinitionen verknüpft werden. Dadurch können Änderungen in den Anforderungen bis in den Testablauf nachverfolgt und eingearbeitet werden. Gleichzeitig entsteht eine lesbare Dokumentation der Testabläufe mit den Testdaten. Unterstützt wird somit auch eine frühzeitige Validierung der Anforderungen, da die Testabläufe parallel mit der Anforderungsanalyse erstellt werden können. Der Hauptvorteil liegt allerdings darin, dass aus diesen Modellen die Testskripte automatisch generiert werden können.

Voraussetzung für diese modellbasierte Testautomatisierung ist neben einem Testautomatisierungswerkzeug mit einem intelligenten Framework auch ein Modellierungswerkzeug. Die Möglichkeiten, die ausgeschöpft werden können, sind grundsätzlich abhängig von dem Reifegrad des eingesetzten Modellierungswerkzeugs. Dieses Vorgehen möchten wir im Folgenden an einem Beispiel verdeutlichen. Bei dem Beispiel handelt es sich um eine maskenbasierte Anwendung, allerdings können die Ergebnisse ohne weiteres auch auf Schnittstellen, Batch-Abläufe usw. übertragen werden.

Ergebnisse der Anforderungsanalyse

Die Ergebnisse einer jeglichen Anforderungsanalyse sollten zumindest die Geschäftsobjekte mit den zugehörigen Attributen sein. Bei der Definition der Oberflächen gibt es häufig einen Streit, ob dies nun zur Anforderungsanalyse oder zum IT-Design der Anwendung gehört. Für die hier angestellten Überlegungen ist dies irrelevant: Es wird davon ausgegangen, dass diese Oberflächendefinitionen existieren. Des Weiteren ist es möglich, die Attribute eines Geschäftsobjekts auf entsprechende Eingabefelder einer Oberfläche abzubilden. Im Idealfall ist das Ergebnis der Anforderungsanalyse ein Modell, wie in Abbildung 10.3 dargestellt.

Für eine modellbasierte Testautomatisierung müssen die Geschäftsobjekte und die Oberflächen in der Anforderungsanalyse definiert und mit einem Modellierungswerkzeug abgebildet werden. Ist dies nicht der Fall, so bleibt die Möglichkeit, aus den bestehenden, natürlich-sprachlich formulierten Fachkonzepten die entsprechenden Geschäftsobjekte und Oberflächen zu extrahieren und sie in einem Modellierungswerkzeug, wie abgebildet, zu modellieren. Sind selbst die Geschäftsobjekte nicht zu extrahieren, so kann zu jeder Oberfläche ein Datencontainer als Geschäftsobjekt definiert werden. Wichtig ist dies, weil über diese Geschäftsobjekte die Struktur der Testdaten für die Testautomatisierung definiert wird.

Beschreibung eines Testdurchlaufs

Nach der reinen Lehre sind Testfälle von den Testdaten strikt zu trennen. In einem ersten Schritt werden logische Testfälle definiert, die dann mit Testdaten in konkrete Testfälle überführt werden[5]. Im Zusammenhang mit der Testautomatisierung wird von einem Testdurchlauf gesprochen. Ein Testdurchlauf entspricht dabei einem logischen Testfall, der mit genau einem Testdatum automatisiert ausgeführt wird. Zur Vereinfachung betrachten wir im Folgenden nur Testdurchläufe, die als Modell abgebildet werden. Ein modellierter Testdurchlauf beinhaltet also zum einen den logischen Testfall und zum anderen auch die Testdaten.

Abbildung 10.4 verdeutlicht einen beispielhaften Testdurchlauf, der die modellierten Elemente aus der Anforderungsanalyse in Abbildung 10.3 wiederverwendet. Hinter dem Testdurchlauf verbirgt sich diese fachliche Anforderung: Jeder neu angelegte Kunde hat den Status *Angelegt*. Der fachliche Testdurchlauf ist: Öffne die Oberfläche *Kunde*, trage die Testdaten aus *Kunde 1* in die Eingabefelder ein, aktiviere die Schaltfläche SPEICHERN und überprüfe in der neuen Oberfläche, ob der Status *Angelegt* angezeigt wird.

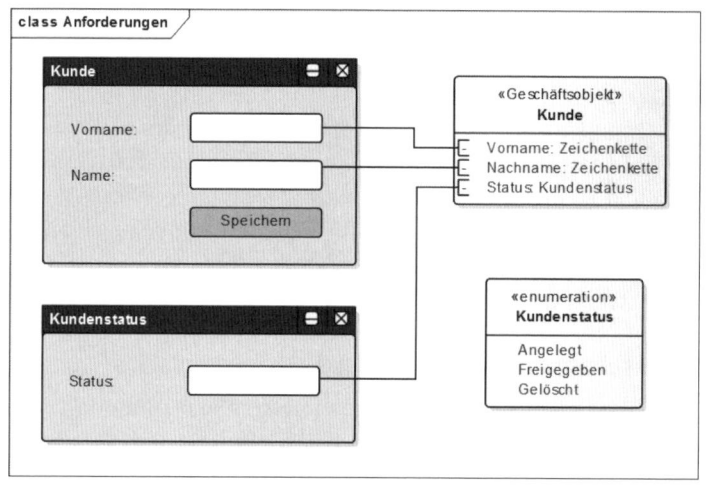

Abbildung 10.3: Anforderungen

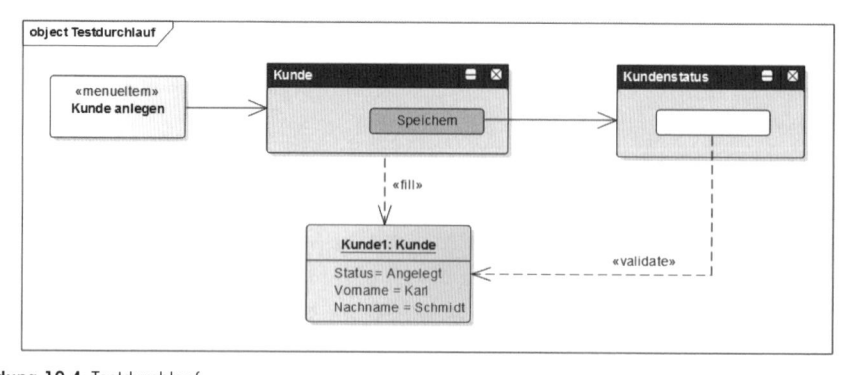

Abbildung 10.4: Testdurchlauf

---

5 Siehe Spillner, A.; Linz, T. (2012).

Entscheidend ist dabei, dass durch die Modellierung sichergestellt wird, dass bei den Testdaten auch wirklich die Attribute belegt werden, die im Geschäftsobjekt definiert sind und die dadurch mit einem Eingabefeld der Oberfläche verbunden sind. (An dieser Stelle wird die UML-Notation für Klassen und Objekte verwendet, die genau diese Beziehung definiert[6].) Mit dieser Methode können auch Fehlertestfälle erzeugt werden, indem zum Beispiel Attribute nicht belegt werden und eine Fehlermeldung als erwartete Maske modelliert wird.

Generierung des Testskripts

Grundvoraussetzung für eine Generierung von Testskripten ist, dass ein Metamodell für die Modellierung von Testdurchläufen erstellt wird. Dieses Metamodell ist abhängig von der zu testenden Applikation, den Anforderungen an die Testautomatisierung, den eingesetzten Testwerkzeugen und vielen weiteren Parametern. Für den hier dargestellten Testdurchlauf wurde zum Beispiel in einem Metamodell definiert, wie das Eintragen von Testdaten in eine Oberfläche zu modellieren ist: über eine Abhängigkeitsbeziehung mit dem Stereotyp <<fill>>.

Diese Verpflichtungen bezüglich der Notation müssen von allen Modellierern eingehalten werden, damit ein Generator die Informationen eindeutig auswerten kann. Das gilt grundsätzlich für jegliche Art der modellbasierten Methoden, da nur so sichergestellt werden kann, dass die Modelle auch von jedem Stakeholder gleichartig interpretiert und verstanden werden.

Viele Werkzeuge für die Testautomatisierung funktionieren in zwei Schritten:

- In einem ersten Schritt werden die Elemente, die eine Oberfläche beinhaltet, ausgewertet und an einer zentralen Stelle so abgelegt, dass sie eindeutig identifiziert werden können (so zum Beispiel die GUI-Map bei dem Werkzeug Quick Test Professional, oder UIMap bei der Automatisierung mit CodedUI Test für Microsoft Visual Studio).
- In einem zweiten Schritt werden diese Elemente dann über das Erstellen eines Skripts zu einem Testdurchlauf angesprochen und bei Bedarf aktiviert, mit Werten ausgefüllt oder der Inhalt wird ausgelesen.

Beide Schritte, die Definition der Oberflächen und die Testdurchlaufskripte, können durch einen Generator erzeugt werden.

Die Oberflächenelemente werden aus der Definition der Oberflächen aus dem Modell übernommen und vom Generator in eine Datei mit den Oberflächendefinitionen geschrieben (Listing 10.10). Die eindeutigen IDs für die Elemente können beliebig aus dem Modellierungswerkzeug ermittelt werden. Dabei bietet sich die eindeutige ID an, die das Werkzeug dem Element zugeordnet hat. Wichtig ist, dass diese IDs auch von den Entwicklern der Applikation verwendet werden, damit die Elemente durch das Testautomatisierungswerkzeug gefunden werden können (siehe weiter unten).

---

6 Siehe Rumbaugh, J. (2010).

```
Kunde.ID = M#001
Kunde.Vorname.ID = M#001F#001
Kunde.Nachname.ID = M#001F#002
Kunde.Speichern.ID = M#001#003
Kundenstatus.ID = M#002
Kundenstatus.Status.ID = M#002F#001
```

Listing 10.10: Oberfläche und Elemente (Pseudocode)

Anhand des modellierten Testdurchlaufs und des definierten Metamodells kann nun der Generator auch automatisch das Testskript erstellen. In Listing 10.9 ist das zu Abbildung 10.4 gehörende Skript in Pseudocode dargestellt. Dieses Skript muss natürlich an die Skriptsprache des verwendeten Automatisierungswerkzeugs, die verwendeten Schlüsselwörter und das implementierte Framework angepasst werden. Dabei bleibt ein weiterer Vorteil der modellbasierten Testautomatisierung anzumerken: Die Testdurchläufe sind sprachunabhängig und können durch konfigurierbare Generatoren auf unterschiedliche Testautomatisierungswerkzeuge abgebildet und ausgeführt werden.

Anforderungen an die Entwicklung

Damit die entsprechenden Oberflächenelemente bei der Testdurchführung gefunden werden, müssen bei der Entwicklung der Oberflächen bestimmte Regeln eingehalten werden.

Die Oberflächen werden vor der Umsetzung in der Entwicklung mit den Entwicklern besprochen. Dabei werden der Typ jedes Elements und dessen Abhängigkeit zu anderen Aktionen, wie Eingaben oder das Drücken eines Buttons, eindeutig definiert. Außerdem werden die IDs der Elemente, die später für die Zuweisung und Erkennung der Elemente einer Seite für die Testautomatisierung notwendig sind, im Modell festgelegt. Die Entwickler müssen sich bei der Umsetzung an diese Vorgaben aus dem Modell halten, wobei der Aufbau der Seite und die Platzierung der einzelnen Elemente nicht relevant für die Testautomatisierung sind, da sich der Testablauf aus den Testfällen im Modellierungswerkzeug und den dahinterliegenden IDs der Elemente ergibt. Ein Beispiel für eine HTML-Oberfläche, die die in Listing 10.10 definierten Felder verwendet, ist in Listing 10.11 dargestellt.

```html
<html xmlns="http://www.w3.org/1999/xhtml" xml:lang="en">
<head>
  <title id="M#001">
    Kunde
  </title>
</head>
<body>
  <form action="kundenstatus.html">
    <input type="input" id="M#001F#001" />
    <input type="input" id="M#001F#002" />
    <input type="submit" id="M#001F#003" />
  </form>
</body>
</html>
```

Listing 10.11: Beispiel-HTML-Quellcode

Werkzeugunterstützung und der Testskriptgenerator

Die Erfolge bzw. die Einsatzmöglichkeiten der hier beschriebenen modellbasierten Testautomatisierung stehen und fallen mit der Mächtigkeit der eingesetzten Werkzeuge. Das hier verwendete Beispiel wurde mit dem Enterprise Architect der Firma Sparx Systems erstellt. Dieses Modellierungswerkzeug unterstützt zum einen die Modellierung von Objekten mit Werten für die entsprechenden Attribute der zugeordneten Klasse, die zur UML-Spezifikation gehört. Zum anderen verfügt es über zusätzliche Eigenschaften, wie die Möglichkeit der Modellierung von Oberflächen und die Verknüpfung von Eingabefeldern zu Attributen einer Klasse (siehe Abbildung 10.3 und 10.4). Diese zusätzlichen Eigenschaften gehören allerdings nicht zur UML-Spezifikation. Somit ist bei der Auswahl eines Modellierungswerkzeugs darauf zu achten, dass auch die für die Modellierung der Testdurchläufe benötigten Elemente und Beziehungen, die wiederum im Metamodell definiert werden, unterstützt werden.

Des Weiteren sind die Auswirkungen auf den Testskriptgenerator zu berücksichtigen. Dieser muss die für das Testautomatisierungswerkzeug benötigten Dateien aus den Informationen, die im Werkzeug modelliert sind, und mithilfe des definierten Metamodells erzeugen. Dadurch, dass das Metamodell jeweils von den definierten Testanforderungen und dem Modellierungswerkzeug abhängt, wird es mit hoher Wahrscheinlichkeit keine Standardgeneratoren auf dem Markt geben. Der Generator muss also selbst konzeptioniert und implementiert werden. Als Eingabe benötigt der Generator die im Werkzeug modellierten Informationen, die er entweder über eine Programmierschnittstelle zu dem Werkzeug abfragen kann, oder indem er geeignete Exportfunktionen, die das Werkzeug zur Verfügung stellt, ausnutzt. Der Weg über eine Programmierschnittstelle ist robuster, einfacher zu handhaben und somit als Standardweg zu empfehlen. Der Weg über eine Exportfunktion könnte den Charme haben, dass, falls es sich um eine XMI-Schnittstelle und somit um eine standardisierte Schnittstelle für den Austausch von UML-Modellen[7] handelt, der Generator unabhängig vom verwendeten Werkzeug programmiert werden kann. Das gelingt allerdings nur, wenn für die modellbasierte Testautomatisierung Modellierungselemente verwendet werden, die zum UML-Standard gehören bzw. die über den Erweiterungsmechanismus der UML-Profile abgebildet werden können. Zusätzlich muss das Modellierungswerkzeug bei diesem Vorgehen auch das Modell korrekt exportieren. Der Enterprise Architect exportiert zum Beispiel die Objekte mit den Attributwerten nicht wie in der XMI-Spezifikation vorgesehen, sondern in einem proprietären Format, was dann die Übertragbarkeit sehr stark einschränkt.

Ablauf

Wie sieht nun der konkrete Ablauf bei der modellbasierten Testautomatisierung aus? Es ist zu unterscheiden zwischen dem Ablauf während der Designzeit und dem Ablauf zur Laufzeit (siehe Abbildung 10.5).

---

7 Siehe Grose, T. J.; Doney, G.C. (2002).

10 – Anhang

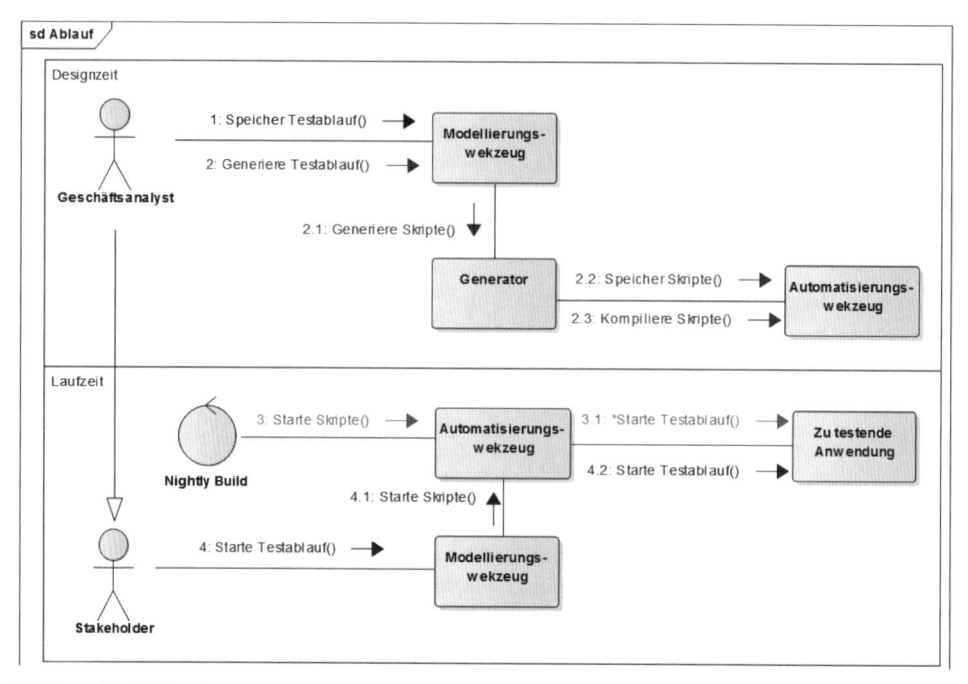

Abbildung 10.5: Ablauf

In der Designzeit kann der Geschäftsanalyst oder auch Testanalyst beliebige Testabläufe erstellen und pflegen (Sequenz 1). Alle Änderungen werden im Modellierungswerkzeug gespeichert, haben aber noch keine Auswirkungen auf die bereits existierenden, automatisierten Testdurchläufe. Zu einem definierten Zeitpunkt (beispielsweise „Anforderungen/Testfälle sind abgenommen" oder „zu testende Anwendung steht bereit") können dann alle gespeicherten Testabläufe in das Automatisierungswerkzeug übertragen werden (Sequenz 2). Dies kann direkt aus dem Modellierungswerkzeug heraus angestoßen werden, z. B. über einen zusätzlichen Menüpunkt, der den Generator aktiviert, oder indem der Generator direkt gestartet wird. Die Aufgabe des Generators ist es nun, die entsprechenden Skripte zu erzeugen, diese am korrekten Ablageort abzulegen und gegebenenfalls die Kompilierung der Skripte durch das Testautomatisierungswerkzeug anzustoßen. Als Ergebnis stehen somit automatisiert ausführbare Testdurchläufe zur Verfügung.

Das Ausführen dieser Testdurchläufe geschieht zur Laufzeit. Jeder berechtigte Stakeholder kann über das Modellierungswerkzeug die Ausführung eines Testdurchlaufs starten (Sequenz 4). Auch dies kann über entsprechende Erweiterungen in den Menüs des Werkzeugs realisiert werden. Eine zeitpunktgesteuerte Ausführung der Testdurchläufe ist auch möglich (Sequenz 3). Existiert zum Beispiel im Projekt ein nächtlich erstellter Versionsstand (Nightly Build), der im nächsten Schritt automatisch auf einem Testsystem bereitgestellt wird, kann im Anschluss an diese Bereitstellung die Ausführung aller automatisierten Testdurchläufe gestartet werden.

Erfolgsfaktoren

Wie bereits angedeutet, benötigt die modellbasierte Testautomatisierung die modellierten Geschäftsobjekte und die definierten Oberflächen aus der Fachkonzeption. Erstellt der Fachbereich diese Informationen bereits mit einem Modellierungswerkzeug und ist dadurch mit dem Arbeiten eines Werkzeugs vertraut, so ist es ein Leichtes, den Fachbereich zu befähigen, auch die Testdurchläufe zu modellieren. Wenn dem nicht so ist, ist die Einarbeitung des Fachbereichs in ein Modellierungswerkzeug eine nicht zu unterschätzende Aufgabe. Insbesondere ist zu beachten, dass die Geschäftsobjekte und Oberflächen nicht annähernd so simpel sind, wie hier in den Abbildungen dargestellt. Der Aufbau von komplexen Geschäftsobjektmodellen, Oberflächendefinitionen und deren Verknüpfung über die Instanziierung von Geschäftsklassen erfordert ein grundlegendes Verständnis der UML-Notation und deren korrekte Anwendung in einem Modellierungswerkzeug.

Der Einsatz eines Modellierungswerkzeugs sollte somit nur dann angegangen werden, wenn die erstellten Modelle primär für die Fachkonzeption Verwendung finden und nicht ausschließlich für die Testautomatisierung benutzt werden. Zusätzlich profitiert allerdings auch der Entwicklungsbereich von diesen Modellen, z. B. durch die Möglichkeit der Generierung von Quellcodedateien oder die Möglichkeit der Verknüpfung von DV-Konstrukten mit entsprechenden Anforderungen. Eine modellbasierte Testautomatisierung ist also nur in Verbindung mit einer modellbasierten Anforderungsanalyse sinnvoll.

Ein weiterer kritischer Erfolgsfaktor ist die Implementierung des Generators, bei dem das Wissen aus mehreren Bereichen nötig ist: Das Modellierungswerkzeug und das Testautomatisierungswerkzeug müssen beherrscht und die Schnittstelle zum Modellierungswerkzeug muss verstanden werden (dies impliziert ein tiefgehendes Verständnis der UML). Der Entwickler des Generators muss somit in der Welt der Anforderungen, der Implementierung sowie der Testfallerstellung und -durchführung zu Hause sein.

Aus dem bisher Gesagten wird deutlich, dass das Vorgehen einer modellbasierten Testautomatisierung keine Aufgabe ist, die ein einzelnes Projekt für sich allein angehen sollte. Eine strategische Verankerung des Vorgehens in einem Unternehmen ist sehr zu empfehlen.

Fazit

Die modellbasierte Testautomatisierung ist ein weiterer notwendiger Baustein modellbasierter Teststrategien[8]. Mit entsprechenden Werkzeugen und einer durchdachten Konzeption können aus der Anforderungsanalyse mit wenig zusätzlichem Aufwand passende, automatisierte Testdurchläufe zur Verifizierung der Anforderungen erstellt werden. Das kann bei entsprechender Einweisung sogar direkt durch die Geschäftsanalysten geschehen. Die Auswirkungen von Anforderungsänderungen auf die Testdurchläufe werden im Werkzeug umgehend identifiziert, die Testdurchläufe können sofort angepasst und die Testskripte neu generiert werden. Damit sind auch die nicht zu unterschätzenden Kosten, die für die Konzeption und Realisierung eines Testskriptgenerators aufzubringen sind, sinnvoll begründet und eingesetzt.

---

8 Zu weiteren modellbasierten Teststrategien siehe Winter, M.; Roßner, T. (2016).

Des Weiteren unterstützt und erweitert die Methode der modellbasierten Testautomatisierung auch den Ansatz einer testgetriebenen Softwareentwicklung[9]. Dieser Ansatz („Schreibe erst die Tests (z. B. Unit-Tests), automatisiere diese Tests und entwickle dann solange, bis alle Tests erfolgreich ablaufen") beschränkt sich hauptsächlich auf Entwicklertests (Modul- und Integrationstest). Mit dem hier beschriebenen Ansatz kann dieses Vorgehen auf System- und Abnahmetests ausgeweitet werden: „Modelliere erst die Testfälle (Fachbereich), generiere die automatisierten Testabläufe und entwickle dann die Anwendung, bis alle Testdurchläufe erfolgreich ablaufen."

10.3 Problemkind Projektkommunikation

Abstract

Was ist die häufigste Ursache für das Scheitern von Projekten? Kommunikationsprobleme. Diese Antwort hat sich seit langem als Allgemeinwissen im IT-Projektgeschäft etabliert und wird von nahezu jedem akzeptiert. Doch was ist Kommunikation? Und was sind genau die Kommunikationsprobleme? Beide Fragen werden in diesem Artikel mit dem sehr komplexen Kommunikationsbegriff aus der soziologischen Systemtheorie beantwortet. Ist diese theoretische Hürde aber erst mal bewältigt, dann stellen sich die Lösungen wie von selbst ein.

Einleitung

Wird nach den Gründen für das Scheitern von Softwareprojekten gefragt, so haben sich zwei Problemfelder als Standardantwort etabliert: Kommunikation und Anforderungen. Die Vorwürfe bezüglich Anforderungen reichen von ungenau beschriebenen, widersprüchlichen Anforderungen bis zu einem fehlenden Anforderungsmanagement und auch Änderungsmanagement. Dabei können diese Vorwürfe auch wieder auf Kommunikationsprobleme zurückgeführt werden, oder sie werden mit einer fehlenden Werkzeugunterstützung bzw. einem fehlenden methodischen Vorgehens begründet. Dieser zweite Punkt ist allerdings nicht ganz nachvollziehbar, da insbesondere im Bereich der Werkzeuge und Methoden eine Professionalisierung erreicht worden ist, die eigentlich alle Wünsche für ein erfolgreiches Projektgeschäft befriedigt. Wenn dieses Potenzial in Projekten trotzdem nicht angemessen ausgeschöpft wird, lässt sich dies dann auch wieder auf Probleme bei der Kommunikation zurückführen: Unzureichende Wissensvermittlung an den Universitäten, ungenügendes Coaching in den Unternehmen, halbherzig aufgebaute Onlinehilfen, um nur einige Gründe zu nennen.

Um nun diese Kommunikationsprobleme zu lösen, ist es in einem ersten Schritt unabdingbar, ein Verständnis von Kommunikation aufzubauen: Was ist unter Kommunikation eigentlich zu verstehen? Wie funktioniert Kommunikation? Gibt es erfolgreiche, nicht erfolgreiche Kommunikation? Um diese Fragen zu klären, wird in diesem Artikel die soziologische Systemtheorie zu Hilfe genommen, die ein sehr elaboriertes Verständnis von

---

9   Siehe Beck, K. (2002).

Kommunikation entwickelt hat. Mit diesem Kommunikationsverständnis können dann weitere Fragen sehr schnell beantwortet werden: Wieso scheitern Projekte tatsächlich an Kommunikationsproblemen? Wiese sind agile Projekte erfolgreicher als klassische Projekte? Was bedeuten diese Erkenntnisse für Projektleiter? Auch diese Fragen sollen in dem Artikel beantwortet werden[10].

Das klassische Kommunikationsmodell

Das klassische Kommunikationsmodell ist das Sender-Empfänger-Modell (siehe Abbildung 10.6), welches auch unserem intuitiven Verständnis von Kommunikation am weitesten entgegenkommt. Ein Sender übermittelt eine Information an einen Empfänger, die im Normalfall genauso vom Empfänger verstanden wird, wie sie vom Sender intendiert wurde, vorausgesetzt, dass beide über dieselben Kodierungs- bzw. Dekodierungsfunktionen verfügen. Dass hierbei auch nicht verbal geäußerte Informationen durch zum Beispiel Mimik übertragen werden können, ist schnell einsehbar. Ist der Empfänger nicht sicher, ob er etwas richtig verstanden hat, so kann er nachfragen; dies ist allerdings eher die Ausnahme und nicht die Regel.

Abbildung 10.6: Sender-Empfänger-Modell

Das Kommunikationsmodell der soziologischen Systemtheorie

Es ist nicht zielführend, an dieser Stelle das Kommunikationsmodell der soziologischen Systemtheorie genau zu beschreiben und herzuleiten. Der interessierte Leser sei auf die Literatur verwiesen[11]. Um trotzdem ein Verständnis für dieses Modell aufzubauen, wird im Folgenden versucht, dieses im Unterschied zu dem klassischen Sender-Empfänger-Modell zu erklären und zu beschreiben.

Ein grundlegender Unterschied, der betrachtet werden muss, ist der, dass das Modell der Systemtheorie nicht von Sender und Empfänger spricht, sondern von Alter und Ego als psychischen Systemen. Was ist nun unter einem psychischen System zu verstehen? Um diese Frage beantworten zu können, müssen die drei Ebenen der Systembildung betrachtet werden (siehe Abbildung 10.7). Auf der obersten Ebene existieren Systeme. Diese unterscheiden sich auf einer zweiten Ebene in Maschinen (technische Systeme), Organismen (biologische Körper), soziale und psychische Systeme. Soziale Systeme lassen sich wiederrum aufteilen in Interaktionen, Organisationen und Gesellschaften. Soziale und psychische Systeme haben nun bestimmte Eigenschaften, die sie von anderen System-

---

10 Eine grundsätzliche Auseinandersetzung mit den Herausforderungen und Problemen bezüglich erfolgreicher (IT)-Projektkommunikation findet sich in Freitag, M. (2011).
11 Siehe Luhmann, N. (1987).

typen unterscheiden: Sie erzeugen ihre Elemente, aus denen sie bestehen, selbst und sie sind in sich geschlossen.

```
                          Systeme
            ┌──────────┬────┴─────────┬──────────────┐
       Maschinen   Organismen   soziale Systeme   psychische Systeme
                          ┌──────────┼──────────┐
                    Interaktionen  Organisationen  Gesellschaften
```

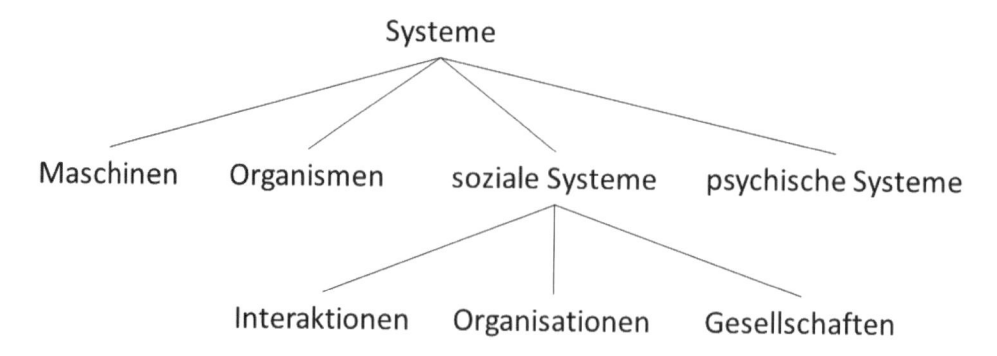

Abbildung 10.7: Ebenen der Systembildung

Aber was bedeutet dies genau? Was sind denn die Elemente, aus denen ein psychisches System besteht? Es sind Gedanken. Ein Gedanke erzeugt den nächsten Gedanken. Die Gedanken in einem Gehirn sind in sich geschlossen und sind nicht von außen sichtbar, geschweige denn steuerbar. Und was sind die Elemente eines sozialen Systems? Es sind Kommunikationen. Eine Kommunikation erzeugt wiederum weitere Kommunikationen.

Eine grundlegende Erkenntnis dieser Theorie ist nun die, dass soziale Systeme und psychische Systeme völlig unabhängig voneinander agieren, da beide aus unterschiedlichen Elementen bestehen (Gedanken vs. Kommunikationen). Psychische Systeme gehören auch nicht zu einem sozialen System oder erzeugen dieses. Ein soziales System ist zwar auf psychische Systeme angewiesen, aber dies ändert nichts an der Geschlossenheit des sozialen Systems über Kommunikationen. Was die psychischen Systeme, die an einem sozialen System beteiligt sind, denken, ist völlig irrelevant, nicht transparent und auch nicht kommunizierbar, wie die klassische Kommunikationstheorie mit dem Sender-Empfänger-Modell, welches unterstellt, dass eine identische Information von Person A nach Person B übertragen werden kann, glaubt. Die Abbildung 10.8 versucht diesen Sachverhalt zu verdeutlichen.

```
┌─────────────┐   ┌─────────────┐   ┌─────────────┐
│    Ego:     │   │ Interaktion:│   │   Alter:    │
│ psychisches │   │soziales Sys-│   │ psychisches │
│   System    │   │    tem      │   │   System    │
│             │   │             │   │             │
└─────────────┘   └─────────────┘   └─────────────┘
```

Legende: ─── Gedanke; ───▶ Kommunikation

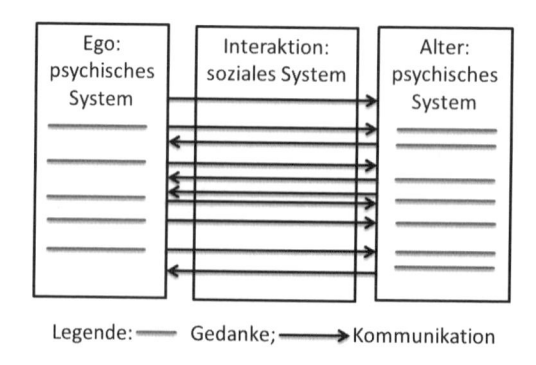

Abbildung 10.8: Kommunikationsmodell der soziologischen Systemtheorie

Diese sehr theoretischen Überlegen sollen nun an Hand eines Beispiels und einer Selbstaufgabe erläutert werden.

Beispiel: Dem Autor ist das Folgende widerfahren. In einer Kantine unterhielt er sich mit einem Kollegen über einen Mitarbeiter. Mit diesem Mitarbeiter hatten beide vor über einem Jahr zusammengearbeitet, nur fiel keinem der genaue Name ein, sodass beide sich intensiv über den nun so genannten Kollegen austauschten und meistens auch einer Meinung über dessen Qualitäten und Kompetenzen waren. Nach einer Weile fiel dann doch meinem Gegenüber der Name ein: „Meier". Das war aber definitiv nicht der Mitarbeiter, von dem ich die ganze Zeit gesprochen hatte. Wir hatten uns somit über verschiedene Personen unterhalten, und wenn der Name nicht gefallen wäre, so wären wir mit dem tiefen Verständnis auseinandergegangen, uns vollständig über denselben Mitarbeiter ausgetauscht zu haben. Das soziale System *Interaktion* hatte also einwandfrei über Kommunikationen funktioniert, obwohl die psychischen Systeme zwei völlig unterschiedliche Sachverhalte in ihren Gedanken bearbeitet hatten.

Selbstaufgabe: Der Leser möge mal in Meetings selber beobachten, wie auf Äußerungen geantwortet wird und wie dann wiederum auf diese Antwort reagiert wird. Insbesondere, wenn es sich bei den Kommunikationsteilnehmern um Personen handelt, deren Denken und Einstellungen er gut zu kennen glaubt, kann er folgenden Effekt beobachten. Person A gibt ein Statement ab und Person B nimmt dazu Stellung. Ein Beobachter merkt dann sehr schnell anhand der Stellungnahme von B, dass B das Statement von A falsch bzw. so interpretiert hat, wie es gerade in seine Gedankengänge hineinpasst. Dies fällt aber A gar nicht auf. Im Gegenteil: A integriert die Äußerung von B wieder in seine Gedankenwelt und antwortet entsprechend, ohne ein Widerspruch oder Missverständnis überhaupt zu vermuten. Dieses Phänomen ist übrigens nicht neu: Ein Geschäftsanalytiker und ein Entwickler unterhalten sich über eine Anforderung, bis alle Unklarheiten beseitigt sind. Wenn dann nach einiger Zeit die Anforderung entwickelt wurde und dem Geschäftsanalytiker vorgestellt wird, sagt dieser: „Ne, so hatte ich mir das aber nicht vorgestellt. Wir hatten da doch ausführlich drüber gesprochen."

Diese Überlegen lassen sich zu zwei einfachen Merkregeln zusammenfassen: „Einer Kommunikation ist es egal, ob sie verstanden wurde und somit erfolgreich war. Eine Kommunikation kennt diese Eigenschaften nicht." und „Eine Führungskraft sollte grundsätzlich davon ausgehen, dass Kommunikationen nicht erfolgreich verstanden werden.". Somit kann mit dem Kommunikationsmodell der soziologischen Systemtheorie sehr gut nachgewiesen werden, wieso Kommunikationsprobleme wirklich einer der Gründe für das Scheitern von Projekten sind. Im Weiteren ist nun zu untersuchen, ob diese Theorie vielleicht auch Hilfestellungen anbietet, um diese Kommunikationsprobleme, wenn nicht zu bewältigen, so doch zu minimieren.

Projekte als temporäre Organisation

Um Hilfestellungen für Projekte ableiten zu können, bietet sich ein Vergleich von Projekten mit Organisationen an. Vielleicht können ja Projekte von Organisationen lernen? Oben wurde gesagt, dass Organisationen soziale Systeme sind. Insbesondere Organisationen zeichnen sich nun dadurch aus, dass sie stabil, langlebig und erfolgreich operieren. Je länger eine Organisation besteht, umso unwahrscheinlicher wird ihre Auflösung. Dies liegt unter anderem darin begründet, dass, je länger eine Organisation existiert, sich umso besser die Organisationsstrukturen entwickeln und stabilisieren lassen und somit Kommunikationen, denn daraus bestehen ja Organisationen nach diesem soziologischem Modell, reibungsloser funktionieren[12]. Diese Möglichkeit haben Projekte, da sie zeitlich befristet sind, nicht. Sie operieren unter extremem Zeitdruck und vernachlässigen dabei genau diese wichtigen Strukturbildungen. Projekte sind halt nur „temporäre" Organisationen.

Es wurden zwei wichtige Merkmale für psychische und soziale Systeme identifiziert: Sie erzeugen ihre Elemente selber (Gedanke vs. Kommunikation) und sie sind in sich geschlossen. Aber wie erzeugt nun eine Organisation diese Geschlossenheit genau? In und außerhalb einer Organisation kommen viele Kommunikationen vor, die eine Organisation nicht direkt betreffen, und müsste sie auf alle Kommunikationen reagieren, wäre sie schlichtweg überfordert. Als erstes muss eine Organisation somit bestimmen können, welche Kommunikationen überhaupt relevant für die Organisation sind. Dies geschieht über die Zuordnung von Mitgliedern zur Organisation. Diese Mitgliedschaft bzw. Mitgliedschaftsregeln ist das erste Strukturbildungsmerkmal, welches Organisationen festlegen, um mögliche, relevante Kommunikationen einzuschränken. Wer nicht Mitarbeiter eines Unternehmens ist, hat erst mal nichts zu sagen. Aber selbst Mitglieder kommunizieren noch zu viel in einer Organisation, sodass weitere Strukturierungen notwendig werden. Dies geschieht dann über Organigramme und Rollen, die die Aufbauorganisation beschreiben, und Geschäftsregeln bzw. Geschäftsprozesse, die die Ablauforganisation beschreiben. Über diese drei Strukturmerkmale (Mitglieder, Organigramme und Geschäftsprozesse) erzeugen Organisationen ihre Geschlossenheit und somit ihre performante und erfolgreiche Operationsweise.

Jetzt ist ein Projekt kein soziales System, aber es kann festgestellt werden, dass einige Projekte diese Strukturmerkmale von Organisationen seit langem kopieren: Projekte bestehen aus Projektmitgliedern, sie definieren Projektorganigramme und versuchen sich an einem Vorgehensmodell bzw. Softwareentwicklungsprozess abzuarbeiten. Auf der anderen Seite fehlen diese Strukturmerkmale in der Projektrealität häufig, und wenn sie nicht fehlen, sind sie schwer umzusetzen, und wenn sie umgesetzt sind, können sie nicht stabilisiert werden. Jedes dieser drei Strukturmerkmale soll nun kurz für Projekte skizziert werden.

Projektmitglieder: Wie kann ein Projekt entscheiden, welche Kommunikationen für das Projekt Relevanz besitzen? Oder: Weiß ein Projekt, wer Projektmitglied ist und wer nicht? Dass eine Antwort nicht ohne weiteres möglich ist, soll an einem Beispiel verdeutlicht werden. Ein Projekt X wird schon seit längerer Zeit von einem definierten Projektteam bearbeitet und der Fertigstellungstermin ist auf einen Zeitpunkt Y terminiert. Nun wird im Firmenintranet ein Interview mit einem Abteilungsleiter veröffentlicht, in dem ein anderer Fertigstellungstermin genannt wird. Das Projekt muss jetzt zwei Entscheidungen

---

12 Siehe ausführlich Luhmann, N. (2006).

treffen können: Gehört der Abteilungsleiter zum Projekt und muss diese Information im Projekt weiter verarbeitet werden. Schon die erste Entscheidung ist nicht einfach zu treffen, denn dies würde voraussetzen, dass es für das Projekt eine verbindliche Zuordnung der zugehörigen Organisationsmitarbeiter gibt. Diese Zuordnung gibt es in den meisten Projekten nicht. Viele Projekte erstellen zwar Projektorganigramme, aber diese sind selten vollständig, geschweige denn korrekt oder aktuell. Wenn Mitarbeiter aus dem Projektumfeld befragt würden, wer zu einem Projekt gehört und wer nicht, kämen mit Sicherheit keine eindeutigen Aussagen zustande. Selbst die Befragung eines Mitarbeiters, ob er denn zu einem speziellen Projekt gehört oder nicht, müsste als Antwort zulassen: „Das weiß ich nicht genau". Eine Betrachtung des obigen Beispiels lässt es auch schwierig erscheinen zu entscheiden, ob der Abteilungsleiter ein Projektmitglied ist oder nicht: Das Projekt wird ihn vermutlich nicht als Projektmitglied sehen, er sich selber aber vermutlich schon. Geklärt werden kann diese Frage letztendlich nur wieder kommunikativ (und somit zeitaufwendig) und nicht, wie es bei der Frage, ob jemand ein Mitarbeiter der Organisation ist, schnell möglich ist: Nachfragen in der Personalabteilung.

Projektorganigramme: Auch in Projekten werden Organigramme erstellt, allerdings sind diese nicht so stabil wie in Organisationen. Sie unterliegen häufigen Änderungen, da die Fluktuation in Projekten größer ist als in einer Organisation, und die zugeordneten Ressourcen stehen eventuell nur teilweise (mit zum Beispiel 50 %) zur Verfügung. Des Weiteren muss ein Projektorganigramm auch immer Organisationsbefindlichkeiten berücksichtigen und sich in bestehende Organisationsorganigramme einklinken. Die berühmten Matrixorganisationen mit all ihren Vor- und Nachteilen sind dann die Folge. Wie schon im ersten Punkt angedeutet wurde, kann auch die Vollständigkeit eines Projektorganigramms nicht zweifelsfrei sichergestellt werden.

Softwareentwicklungsprozesse: Grundsätzlich ist festzuhalten, dass es nicht entscheidend ist, welchen Softwareentwicklungsprozess ein Projekt einsetzt; entscheidend ist, dass es einen Prozess einsetzt, da dadurch wichtige Abläufe und auch Eskalationswege definiert werden. Dabei ist genau zu bestimmen, wie diese definierten Prozesse auch wirklich in dem Projekt konsistent gelebt werden. Es kann in einem Projekt bis ins kleinste Detail beschriebene Prozesse geben, an die sich allerdings keiner hält und wo jeder eigene Wege geht, oder aber, auf dem anderen Extrem, auch Projekte, in denen keine Prozesse beschrieben sind, aber alle Projektmitglieder denselben gelebten und eingespielten Prozessen folgen.

Vier-Felder-Matrix der Projektkommunikation

Fassen wir die Überlegungen der soziologischen Systemtheorie, wie sie bis hier her entwickelt wurden, noch einmal zusammen: Soziale Systeme bestehen aus Kommunikationen. Eine Organisation ist ein Typ eines sozialen Systems und besteht somit auch nur aus Kommunikationen. Dies gilt auch für ein Projekt, wenn es, wie in diesem Kapitel unterstellt wird, als eine temporäre Organisation verstanden wird. Ein Projekt besteht also auch nur aus Kommunikationen. Wie kann dann aber unter diesen Prämissen der Erfolg eines Projekts bestimmt werden, oder, anders gefragt, wie kann ein Projekt den eigenen Erfolg fördern? Antwort: Indem es die Strukturmerkmale einer Organisation kopiert und für sich selbst so definiert, dass eine größtmögliche Geschlossenheit bzgl. der projektrelevanten Kommunikationen erreicht wird. Nun weiß jeder Projektmanager, dass jedes Projekt anders ist und somit auch aus den unterschiedlichsten Gründen scheitert. Trotzdem ist es sinnvoll eine Kategorisierung hinsichtlich des Projekterfolgs bezogen auf die Projektkommunikation vorzunehmen, in die dann jedes Projekt, wie unterschiedlich es auch im Vergleich zu anderen Projekten sein mag, eingeordnet werden kann. Dies soll im Folgenden versucht werden.

Alle drei Strukturmerkmale lassen sich über eine Vier-Felder-Matrix der Projektkommunikation hinsichtlich des Projekterfolgs zusammenfassen (siehe Abbildung 10.9). Unter beschriebenen Strukturmerkmalen sind dokumentierte und für alle zugängliche Prozessbeschreibungen, Organigramme und Mitarbeiterlisten zu verstehen. Unter gelebten Strukturmerkmalen sind die Prozesse, Eskalationswege und Kommunikationswege zu verstehen, wie sie konkret in einem Projekt gelebt werden, wenn sie denn dann existieren. Wie bei Organisationen könnte auch hier zwischen einer formellen (beschriebenen) und einer informellen (gelebten) Projektstruktur unterschieden werden. Die einzelnen Quadranten lassen sich nun wie folgt interpretieren: Bei einem erfolgreichen Projekt sind die einzelnen Strukturmerkmale beschrieben und decken sich mit den im Projekt gelebten Kommunikationswegen. Bei einem erfolgsversprechenden Projekt fehlt die Beschreibung komplett oder auch nur teilweise. Ein Problem ist dann zum Beispiel, dass neue Projektmitarbeiter nicht schnell in die Projektstruktur eingearbeitet werden können, da es keine Dokumentation gibt. Dadurch sind Störungen in der Kommunikation zu erwarten. Unterschiedliche Verständnisse von Prozessabläufen können auch nicht durch Rückgriff auf eine Dokumentation geklärt werden, sondern müssen mühsam ausdiskutiert werden. Ein erfolgsversprechendes Projekt kann durch eine Nachdokumentation der Strukturmerkmale schnell in ein erfolgreiches Projekt transformiert werden. Schwieriger ist dies bei einem kritischen Projekt. Hier muss durch Schulung, Coaching etc. versucht werden, die beschriebenen Strukturmerkmale zum Leben zu erwecken. Dabei ist mit dem Problem zu rechnen, dass auch Änderungen in den Beschreibungen vorzunehmen sind (Lerneffekt, Rückkopplung). Ein anomisches (gesetzloses) Projekt, indem also weder Strukturmerkmale beschrieben sind noch gelebt werden, ist eigentlich nicht mehr zu retten.

		beschriebene Strukturmerkmale	
		ja	nein
gelebte Strukturmerkmale	ja	erfolgreiches Projekt	erfolgversprechendes Projekt
	nein	kritisches Projekt	anomisches Projekt

Abbildung 10.9: Vier-Felder-Matrix der Projektkommunikation

Agile Erfolgsfaktoren

Aus den bisherigen Überlegungen ist es nun ein leichtes abzuleiten, wieso agile Projekte erfolgreicher sind als klassische Projekte. Agile Projekte leben von sehr einfachen Strukturen, wie zum Beispiel anhand von Scrum schnell gezeigt werden kann[13]:

- Projektmitglieder/Organigramm: Scrum unterscheidet nur drei Rollen: Product Owner, Scrum Master und Team Member, wobei alle Rollen zusammen ein Scrum-Team repräsentieren und nur die Team Member das Development-Team. Die optimale Größe für das Development-Team ist 7 +/- 2, für das Scrum-Team somit 9 +/- 2. Entscheidend ist auch, dass von Scrum gefordert wird, dass das Team in einem Raum sitzt und jedes Teammitglied zu 100 % im Team mitarbeitet. Durch die Reduzierung auf drei Rollen ist es nicht nötig, für ein Scrum-Team explizit ein Organigramm aufzusetzen
- Softwareentwicklungsprozess: Der Prozess zu Scrum setzt sich aus vier Planungsaktivitäten (Sprint Planning, Daily Scrum, Sprint Review, Sprint Retrospective) und einer Durchführungsaktivität, dem sogenannten Sprint, zusammen. Der gesamte Prozess kann in einem einzigen Schaubild visualisiert werden.

Für ein Projekt, welches sich für das Vorgehen Scrum entscheidet, ist es nun sehr einfach, diese Prinzipien umzusetzen und auch zu leben. Dadurch kann schnell eine Übereinstimmung zwischen gelebten und beschriebenen Projektstrukturen hergestellt werden. Dies darf nicht dahingehend missverstanden werden, dass es in agilen Projekten keine Probleme gibt und dass die Einführungsphase von agilen Methoden in einem Projekt ohne Reibungsverluste von statten geht. Aber die Projektstruktur und damit die Kommunikation und die Kommunikationswege sind schnell stabilisiert und das Projekt kann sich auf die wirklichen Probleme konzentrieren.

Anforderungsmanagement

An dieser Stelle soll das Thema Anforderungsmanagement noch kurz erwähnt werden. Wie in der Einleitung bereits festgestellt wurde, wird auch das Anforderungsmanagement als einer der kritischen Faktoren für erfolgreiche Projekte gesehen. Im Prinzip gilt allerdings für das Anforderungsmanagement dasselbe, wie für das Kommunikationsmanagement: Auch hier kann zwischen dokumentierten (beschriebenen) und implizit gewussten (gelebten) Anforderungen unterschieden werden. Jedes Projektmitglied hat eigene Vorstellungen von den Anforderungen, die zu realisieren sind; und selbst wenn diese Anforderungen beschrieben sind, müssen diese Vorstellungen nicht mit den Beschreibungen übereinstimmen. Vielleicht wird auch etwas anderes umgesetzt, als angefordert war. Dabei kommt für das Anforderungsmanagement noch erschwerend hinzu, dass auch ein zeitlicher Aspekt berücksichtigt werden muss: Anforderungen werden beschrieben, dann werden Anforderungen realisiert und abschließend werden sie dokumentiert (Benutzerdokumentation etc.).

Genau dieses zeitliche Problem wird aber wiederum durch Scrum mit den sehr kurzen Iterationszyklen (ideal: eine Woche) perfekt adressiert. Und auch durch die Teamgröße

---

13 Siehe Beedle, M.; Schwaber, K. (2001) und Hundermark, P. (2014).

kann ein einheitliches, konsistentes Verständnis der Anforderungen sehr gut aufgebaut werden. Aber die Diskussion bzgl. agilen Methoden und notwendiger Dokumentation ist noch nicht abschließend geklärt und es fällt aus diesem Grunde schwer, agile Projekte bzgl. des Anforderungsmanagements auf dem erfolgreichen Quadranten zu verorten. Agile Projekte bewegen sich eher auf dem erfolgsversprechenden Quadranten. Dies ist aber immer noch besser, als Projekte, die umfassende Anforderungsbeschreibungen erstellt haben, aber jedes Projektmitglied ein anderes Verständnis davon entwickelt, was wirklich umzusetzen ist (kritischer Quadrant). Und hier liegt dann auch eine der zentralsten Herausforderungen für agile Methoden: Wie kann die Erstellung von Anforderungsbeschreibungen und daraus dann abgeleitet die fachlichen sowie die technischen Dokumentationen einer Anwendung in agilen Projekten sichergestellt werden, ohne agile Prinzipien zu verletzen. Die Vermutung ist, dass die Lösung in einer Verbindung von agilen mit modellbasierten Methoden und Werkzeugen (UML, BPMN) zu suchen ist.

Zusammenfassung

In dem Kapitel konnte gezeigt werden, dass es manchmal sehr hilfreich sein kann, über den IT-Tellerrand hinauszuschauen. Insbesondere beim Thema Kommunikation bietet es sich zwangsläufig an, soziologische Theorien zur Erklärung von Kommunikationsproblemen zur Hilfe zu nehmen. Durch die sehr differenzierte Betrachtungsweise der soziologischen Systemtheorie können Kommunikationsprobleme in Projekten genau erkannt und beschrieben werden und somit neben psychologischen Erfolgsfaktoren[14] auch soziologische Erfolgsfaktoren für Projekte ermittelt werden. Mit diesen kann dann gezeigt werden, wieso agile Methoden erfolgreicher als klassische Methoden sind.

Mit der hier vorgestellten Vier-Felder-Matrix der Projektkommunikation ist es auch jedem Projekt möglich, sich selber hinsichtlich der Projektkommunikation einzuordnen, natürlich abhängig von konkreten Fragestellungen: Wie sind die Entwicklungsprozesse beschrieben und wie werden sie gelebt? Wie werden die Anforderungen beschrieben und wie ist das Verständnis dieser Anforderungen bei den Projektmitgliedern? Welche Eskalationswege definiert ein Projektorganigramm und welche werden konkret im Projekt genutzt?

---

14 Siehe Kostal, H./Seckinger, O. (2013).

Literaturliste

Agiles Manifest: *http://agilemanifesto.org/iso/de/manifesto.html*

Allweyer, T. (2005): Geschäftsprozessmanagement, W3I.

Allweyer, T. (2015): BPMN 2.0 – Business Process Model and Notation, 3. Auflage. Books on Demand.

Amour, F. (2001): Advanced Use Case Modeling, Addison Wesley.

Balzert, H. (2011): Lehrbuch der Softwaretechnik, Spektrum Akademischer Verlag.

Bath, G.; McKay, J. (2015): Praxiswissen Softwaretest – Test Analyst und Technical Test Analyst, dpunkt.

Beck, K. (2002): Test Driven Development, Addison-Wesley.

Beedle, M.; Schwaber, K. (2001): Agile Software Development with Scrum, New Jersey.

Bergsmann, J. (2014): Requirements Engineering für die agile Softwareentwicklung, dpunkt.

Bittner, K. (2002): Use Case Modeling, Addison Wesley.

Booch, G. (2005): The Unified Modeling User Guide, Addison Wesley.

Bucsics, T.; Baumgartner, M. (2015): Basiswissen Testautomatisierung, dpunkt.

Buschmann, F.; Henney, K.; Schmidt, D. C. (2007): Pattern-oriented Software Architecture, John Wiley & Sons.

Cockburn, A. (2000): Writing Effective Use Cases, Addison Wesley.

CPRE-Glossar: *https://www.ireb.org/de/cpre/cpre-glossary/*

Duvall, P. (2007): Continous Integration, Addison Wesley.

Eriksson, H.-E. (2000): Business Patterns with UML, John Wiley & Sons.

Fowler, M. (1996): Analysis Patterns, Addison Wesley.

Fowler, M. (1999): Refactoring, Addison Wesley.

Fowler, M. (2003): UML Distilled, Addison Wesley.

Freitag, M. (2011): Projektkommunikation, Wiesbaden.

Freud, J; Rücker, B. (2014): Praxishandbuch BPMN 2.0, 4. Auflage, Carl Hanser Verlag.

Gadatsch, A. (2012): Grundkurs Geschäftsprozessmanagement, 7. Auflage, Vieweg+Teubner.

Gamma. E.; Helm, R.; Johnson, R.; Vlissides, J. (2014): Design Pattern, mitp.

Grose, T. J.; Doney, G.C. (2002): Mastering XMI, John Wiley & Sons.

Harmelen, M. v. (Editor, 2001): Object Modeling and User Interface Design, Addison Wesley.

HP-ALM: *https://saas.hpe.com/de-de/software/application-lifecycle-management*

Humble, J.; Farley, D. (2010): Continuous Delivery, Addison Wesley.

Hundermark, P. (2014): Do better SCRUM. *http://www.scrumsense.com/wp-content/uploads/2014/03/DoBetterScrum-v3.02.pdf*

IEEE 610: *https://standards.ieee.org/findstds/standard/610-1990.html*

IREB: *https://www.ireb.org/de*

ISTQB: *http://www.istqb.org/*

ISTQB-Agile: *http://www.istqb.org/certification-path-root/agile-tester-extension.html*

ISTQB-Glossar: *http://www.istqb.org/downloads/glossary.html*

Jira: *https://de.atlassian.com/software/jira*

Johannsen, A.; Kramer, A. (2017): Basiswissen für Softwareprojektmanager, dpunkt.

Kostal, H./Seckinger, O. (2013): Die Psychologie von SCRUM: Welche Mechanismen machen SCRUM so erfolgreich. ObjektSpektrum 06/2013

Krallmann, A.; Lingelbach, M. (2014): Modellbasierte Testautomatisierung, OBJEKTspektrum 02/2014

Krallmann, A. (2017): Plädoyer für den Requirements Engineer, OBJEKTSpektrun 05/2017.

Kruchten, P. (2003): The Raional Unified Process; Addison Wesley.

Leffingwell, D. (2010): Agile Software Requirements; Addison Wesley.

Lehmann, F. (2007): Integrierte Prozessmodellierung mit ARIS, dpunkt.

Linz, T. (2016): Testen in Scrum Projekten, dpunkt

Luhmann, N. (1987): Soziale Systeme, Frankfurt.

Luhmann, N. (2006): Organisation und Entscheidung (2006), Wiesbaden.

Nexus Guide: *https://www.scrum.org/resources/nexus-guide*

Oestereich, B. (2003): Objektorientierte Geschäftsprozessmodellierung mit der UML, dpunkt.

Oestereich, B. (2013): Analyse und Design mit der UML 2.5, De Gruyter Oldenbourg.

Pohl, K. (2008): Requirements Engineering, dpunkt.

Pohl, K.; Rupp, C. (2015): Basiswissen Requirements Engineering, 4. Auflage, dpunkt.

Ries, E. (2012): Lean Startup: Schnell, risikolos und erfolgreich Unternehmen gründen, Redline Verlag.

Rumbaugh, J. (2010): The Unified Modeling Language Reference Manual, Pearson Education.

Rupp, C (2012): UML glasklar, 4. Auflage, Carl Hanser Verlag.

Rupp, C. (2014): Requirements Engineering und Management, 6. Auflage, Carl Hanser Verlag.

Schienmann, B. (2001): Kontinuierliches Anforderungsmanagement, Addison Wesley.

Schlimm, N.; Fischer, S. (2014): Agile Softwareentwicklung, entwickler.press.

Scrum-Team: *http://www.scrumguides.org/index.html*

Sneed, H; Seidl, R.; Baumgartner, M (2010): Software in Zahlen, Carl Hanser Verlag.

Spillner, A.; Linz, T. (2012): Basiswissen Softwaretest, dpunkt.

Spillner, A.; Roßner, T. (2014): Praxiswissen Softwaretest - Testmanagement, dpunkt.

Visual Studio Team Services: *https://www.visualstudio.com/de/vso*

Warmer, J.; Kleppe, A. (2003): The Object Constraint Language, Addison Wesley.

Winter, M.; Roßner, T. (2016); Basiswissen Modellbasierter Test, dpunkt.

Wintersteiger, A. (2015): Scrum – Schnelleinstieg, entwickler.press.

Stichwortverzeichnis

A

Administrator   163

Agiles Manifest   39, 40, 41

Agile Team   166

Agiles Projektumfeld

Anforderung   16, 18, 19

Anforderungsart   18, 19

Anforderungsdefinition   23

Anforderungsliste   23, 24, 26, 33

Anforderungsmodellierer   81

Anlage   13

Abwendungsfallmodell   68

Architektur   128, 161

ARIS   21, 79

Artefakt   41, 42, 43, 44, 159

Ausgangssituation   32

B

Benutzeroberfläche   110

Berechtigungskonzept   37

Bildschirmmaske   33

Brainstorming   22, 23

Business Process Model and Notation   59

C

Change Management   43, 58, 183, 184

Continuous Integration   176

D

Datenfeldbeschreibung   34, 35

Definition of Done   44

Definition of Ready   44

Development-Team   39

Dokumentation   9, 10, 40

Dokumentfreigabe   38

Dokumentgenerierung   123, 124, 125, 126

Dokumenthistorie   32

E

EA Connector   129

EAExtensionAddIn   129

Enterprise Architect   80, 81, 82, 86, 87

Epic   42

F

Fachkonzept   17, 30, 124, 125

Fachkonzepterstellung   21

fachliches Metamodell   77

Fehlermeldung   36, 150

Feinkonzept   31, 32

Folgeverarbeitung 36

Framework 91, 129

G

Generator 94, 95

Generatorklasse 116

Geschäftsobjektmodell 60, 61

GUI Framework 111, 116, 120

H

HP-ALM 137, 138, 139, 140

I

International Software Testing Qualifications Board 131, 133

ISTQB-Glossar

J

Jira 137, 191

K

Kanban 24, 25, 42

KDR 130

KDRAddIn 130

Klassisches Projektumfeld 170

Kontextdiagramm 26, 27, 28, 29

Kontextmodell 54

M

Magic Estimation 45

Model Driven Generation Technology 82, 86

Mengengerüst 37

Metamodell 73, 76, 77, 78, 120, 129, 130, 143

Metametamodell 87, 88, 89

Metrik 121, 122, 123

Modellierungsrichtlinie 76, 159

Modellierungssprache 57, 73

Modellierungswerkzeug 79, 80, 86, 110, 160

O

Object Constraint Language 62, 90

P

Planning Poker 45

Plausibilisierung 99, 100, 101, 102, 105

Präsentationsmodell 63, 64

Product Owner 40, 41, 44, 47

Product Backlog 43, 46, 47

Projektauftrag 31

Projektkommunikation 210

Prozessbeschreibung 33

Prozessmodel 66, 67

Q

Qualitätskriterium einer Anforderung 20

R

Refinement-Meeting 43

Retrospektive 46

Requirements Engineer 162

S

Scrum Board   42

Scrum-Team   39

Sprint   40, 45, 46, 54

Sprint Review   46

Stakeholder   15, 16, 40

Statusdefinition   23

Story Point   43

Strukturierte Analyse   25, 27

Systemschnittstelle   36, 37

T

Team Building   47

Team Services   137

Teamaufbau   157

Teamleiter   161

Teamname   158

technische Anforderung   19

technischer Entwicklungspfad   48

Test Engineer   164

Test Engineering   131, 133, 134, 137

Testautomatisierung   201

Testfallgenerierung   145, 151

Testmanagement   131

Toolbox   81

U

Unified Modeling Language   57, 58, 59, 90

User Story   42, 43, 44, 47, 48

V

V-Modell   54, 134

Versionsmanagement   126

Versionierungswerkzeug   127

Z

Zielgruppe   11